JN047261

ユーラシア・ダイナミズムと日本

Japan's Diplomacy in Eurasian Dynamism

渡邊啓貴・監修　公益財団法人日本国際フォーラム・編

中央公論新社

ユーラシア・ダイナミズムと日本

■

目 次

序論――多極時代の「親米自立」……………………渡邉啓貴 11
はじめに 11
1．ユーラシアの地政学的意味の重要性 14
2．ユーラシア国際環境変容の外的要因 19
3．重層化するパワー影響（勢力）圏の分布 21

第I部

第一章 ロシアのウクライナ侵攻を考える
――国際社会に与えた衝撃と今後の課題 シンポジウム①……………33
〈司会〉渡邉啓貴（日本国際フォーラム上席研究員、帝京大学教授）
今井宏平（日本貿易振興機構アジア経済研究所研究員）
宇山智彦（北海道大学教授）
杉田弘毅（共同通信特別編集委員）
廣瀬陽子（慶應義塾大学教授）
松嵜英也（津田塾大学専任講師）
オフルィズコ・ヴォロディイミル（元ウクライナ外務大臣、書面参加）

第二章　国際社会とアフガニスタンの関係の正常化　シンポジウム②……63
〈司会〉渡邊啓貴（日本国際フォーラム上席研究員、帝京大学教授）
山本忠通（元アフガニスタン担当国連事務総長特別代表）
ナーディル・ナデリー（元アフガニスタン独立人権委員会委員長）
ヴィーガウダス・ウシャーツカス
（元リトアニア外務大臣、駐アフガニスタンEU代表部大使）
アハメド・ラシッド（ジャーナリスト、パキスタン）

第三章　感情とイメージの地政学
——ロシア・ウクライナ紛争とアフガニスタン情勢に寄せて……宇山智彦　111
1．地政学再考　112
2．アフガニスタンの危機はなぜ拡散しないのか　114
3．ロシアとウクライナの関係はなぜ深刻になったのか　117
4．今後の世界情勢に対する含意——中国は感情的に動くか　123

第四章　「ユーラシア外交」という日本の選択……高畑洋平　129
はじめに　130
1．日本におけるユーラシアの位置づけ　132

2. 日本の「ユーラシア外交」の萌芽――橋本政権 135
3. 「シルクロード地域外交」――小渕政権と中央アジア 139
4. 「自由と繁栄の弧」構想――動き出す麻生の「価値の外交」 142
5. 「地球儀を俯瞰する外交」――安倍と「インド太平洋」 146
6. 「ユーラシア外交2.0」 149
おわりに 157

第Ⅱ部

第五章 「ポスト米国」のユーラシア・ダイナミズム……………杉田弘毅 165
1. 米国にとってユーラシアとは何か 166
2. アフガニスタン戦争の不確かな目的と撤退 169
3. 米外交・安全保障の三潮流 173
4. アフガンの教訓とウクライナ戦争 178

第六章 ユーラシアの地政学的変化と中国……………三船恵美 187
はじめに 188
1. 中国の「一帯一路」 188

2. アフガン政変と中国　192
3. ロシアによるウクライナ侵攻と中国　197
おわりに　202

第七章　「ユーラシア大国」ロシアの軍事戦略……小泉　悠　207
はじめに　208
1. 「ユーラシア大国」としてのロシア　209
2. 多様な闘争手段　212
3. 依然として残る軍事力の価値　218
おわりに　221

第八章　ヨーロッパの「グローバル戦略」の中のユーラシア外交……渡邊啓貴　225
はじめに　ロシアのウクライナ侵攻とEU　226
1. EUのユーラシア外交の枠組み　227
2. 「連結性」を通したEUのユーラシア・インド太平洋戦略　232
3. NATO東方拡大に収斂した欧州安全保障の「捩じれ」とウクライナ危機　241
おわりに　250

第九章　大国外交を多面化するインド……広瀬公巳　259
はじめに　260
1. ユーラシアの中のインド　261
2. アフガニスタンからの米軍撤退　264
3. ロシアとの紐帯　270
4. 多面化するインドの外交　273

第一〇章　南コーカサスと「狭間の地政学」……廣瀬陽子　279
はじめに　280
1. 南コーカサスの地政学的位置と背景　281
2. 南コーカサス諸国の国際関係　286
3. ユーラシア・プロジェクトとの関わり　289
4. 大国の狭間で揺れる外交　294
おわりに　296

第一一章　ユーラシアに対するトルコの外交戦略2.0
——機は熟したのか？……今井宏平　299

はじめに　300
1．冷戦後のトルコのユーラシア外交（ユーラシア外交1.0）　301
2．ユーラシア外交2.0の胎動　303
3．トルコのユーラシア外交2.0　305
4．トルコ外交におけるユーラシア主義の伝統と国民のユーラシア観　310
おわりに　313

第Ⅲ部

第一二章　サイバーグレートゲームと二つのハートランド……土屋大洋　321
1．二〇世紀のグレートゲーム　322
2．サイバーグレートゲーム　323
3．ユーラシア大陸を取り囲む海底ケーブル　324
4．二つのハートランド　330
5．新しいサイバーアライアンス　332

第一三章　ユーラシア・ダイナミズムと保健協力……………詫摩佳代　337
はじめに　338

1. 国境を越える保健協力の特徴 339
2. 新型コロナ対応への地政学のインパクト 346
3. 今後の争点 352
4. 重層化する保健ガバナンス 355
おわりに 358

第一四章 資源地政学からみたユーラシア……宮脇 昇 363

1. 接続性と国境の相克 364
2. 接続性の歴史的な発展と競争 368
3. 資源地政学 370
4. 媒介変数としての接続性 374
5. 関係が脆弱であれば接続性は高まらない 376
6. 従属変数・媒介変数にとどまらない接続性と民主主義 378
7. 対ロシア制裁と接続性 379

あとがき 383

監修者・著者紹介 393

ユーラシア・ダイナミズムと
日本

序論――多極時代の「親米自立」

渡邊啓貴

はじめに

本書では、中国の台頭による世界とユーラシアにおけるパワー関係の変化と日本の立場について、日米同盟を意識しながら、ユーラシア大国との関係をより主体的に考察してみることを狙いとしている。そして願わくば後に述べるように「親米自立」の日本外交のきっかけとして、対ユーラシア外交を位置づけることができないかと考えている。「自立」の意味は相対的だが、簡単に言うと、日本外交はいろいろな不可測的要因が多い中で、今以上に柔軟かつ多角的に対応していく発想を持たねばならないということにつきる。

日本はアメリカではない。地政学的立ち位置も違えば国力も国民性も違う。当然、地域的国際認識は日米間で異なってしかるべきだ。日米のメディアは「多極世界」という言葉をあまり使いたがらない傾向があるが、EU加盟国、中露、韓国をはじめとする東アジア諸国ではこの多極的世界観を共有する。

その一方で「アメリカ一極体制」という認識は後退している。われわれはそれをどこまで正面から受け止めているであろうか。日米同盟が日本外交の要であることは事実であるが、中国の台頭を前にして国際秩序の認識が世界では変容していることも考慮しなくてはならないであろう。ただ、中国の台頭といっても、五年や一〇年で中国が総合力でアメリカと対等なパワーを持つようになると考えている人は少ない。まだまだ総合的な意味でアメリカは世界のヘゲモン（覇権国）であり、影響力は落ちていても世界の警察官であってもらわないと困るという見方は強い。しかし米中の力関係が接近していることは確かだ。トランプ政権時代のようにアメリカが内外で大きく揺れていることを見ただけでも、それは明らかだ。バイデン政権誕生決定直後の二〇二〇年末の欧州のシンクタンクＥＣＦＲ（欧州外交評議会）の世論調査では、アメリカのデモクラシーの揺らぎに大きな危機感を持つ欧州人は半数を超えた。

そんな時代の節目にあって、日本の外交の原点に戻り、地政学的な立場からあらためて世界を考え直してみることは不可欠である。地政学的には日本が米中パワーの間で板挟みの状況に陥る可能性がありうることも考えておかねばならないと思われるからである。日本は米中関係の枠組みの中で従属変数になりやすい。それをどれだけ主体的なものにしていくのか。日本独自の外交見識を示していくのか。問いはそこにある。日本外交の理想はむしろ両者の「橋渡し」を演ずるだけの自立した役回りを持てることである。そういうと、「それは正論だが実現は不可能だ」という反応がよく返ってくる。たしかにそれは容易ではない。しかしそこで諦めるのかどうか。橋渡しは難しいから、戦線を縮小してアメリカのジュニア・パートナーの地位に甘んじるのか。日本外交の根幹に関わる問題提起だ。個人で言えば生き方の問題であろうが、国としてはどうだろうか。

本書では今となっては理想主義に思われる向きもあるかと思うが、日本がアジアと世界でさらに重要な政治的役割を果たすためにはどうしたらよいのかという立場から考えたい。少しレトリカルな表現になるが、「親米自立」という姿勢である。自立した信頼できる友人がいたらこれに勝るものはない。人も国も独立している以上意見が違うことがあるのは、当たり前だ。しかし信頼関係が成立している限り、ひとつの目標に向かって知恵を絞り協力することは可能なはずである。それこそ力強い頼りになる仲間の証だ。

その場合には、日本外交には今後ますます発想の柔軟さが必要になる。そのうえで周辺国と世界を納得させるだけの「見識」を磨き、その効果的な「発信」をしていくだけの外交が不可欠だ。あえて言えば、「見識外交」とでもいえよう。それは単なる防衛力強化や軍備競争の議論ではないはずだ。「軍事的リアリズム」の悲劇は勇ましくはあるが、その悲劇はウクライナの惨状が示している。今必要なのは外交の「政治的リアリズム」だ。今般、現場経験のある能吏の発言がともすれば重宝がられるが、その意味では今待望されるのはむしろ「経世家」や高い外交見識のある「政治家」の登場ではなかろうか。日本は世界有数の総合的国力を持つ安全な国として高い信頼を得ている。高い「信用性（クレディビリティ）」を基礎にした良いイメージを持つ国、「国家ブランド」を擁する国でもある。その国が国際秩序の安定（＝グローバル・ガバナンス）のために、それなりの長期的かつ広範な視野からの構想を持ち、自由で柔軟な対応をしていくことは決して蛮勇でもなければ、跳ね返りでもない。むしろ安定の代償として積極的なコミットを躊躇しているように見られるならば、世界の日本に対する期待を後退させることになるだろう。

「動け、日本外交」——インド太平洋・東アジアはもちろんだが、そのもうひとつの選択肢はユーラシア外交ではないだろうか（拙稿「動け、日本外交」『外交』創刊号、二〇一〇年）。

1．ユーラシアの地政学的意味の重要性

異なった地図の見方——日本の地政学的位置の現実

第一に、日本は太平洋域の国だが、同時にユーラシア大陸の一部である。わたしたちは日ごろ、日本海の対岸にあるものとしてユーラシア（アジア大陸）を眺めている。また、太平洋を挟んで地理的にははるかに遠いアメリカとの関係の方が、日本海を挟んだ近距離の中国や朝鮮半島との関係よりも親しいとみなす向きが強いとすれば、それは自然ではないと筆者は思う。地理・文化的属性は東アジアでありながら、政治・外交的親近感はむしろ距離的には遠い太平洋の対岸であるアメリカの方にあるという捩じれの構造がわが国の対外政策にはある。明治時代における「脱亜入欧」以来の歴史的伝統でもあるが、中国、東南アジアのめざましい成長を前にいつまでもそれでいいのだろうか。

地図1を見てみよう。地図は見方によって異なった意味をもつ。地図1は富山県が出している有名な「逆さ地図」である。外交戦略的に日本海はアジア大陸と日本（日中）を分断する海洋ではあるが、この地図ではむしろ日本海は大陸と日本によって挟まれた「内海」のように見える。そのように見ると、ユーラシアと日本はひとつの経済圏・運輸交通圏として捉える方が自然だ。この地図では日ごろ見慣れた、東西を横軸として太平洋を真ん中に据えたメルカトル地図とは異なった日本の地理的位置づけができる。

地図１　環日本海・東アジア諸国図（富山中心正距方位図）

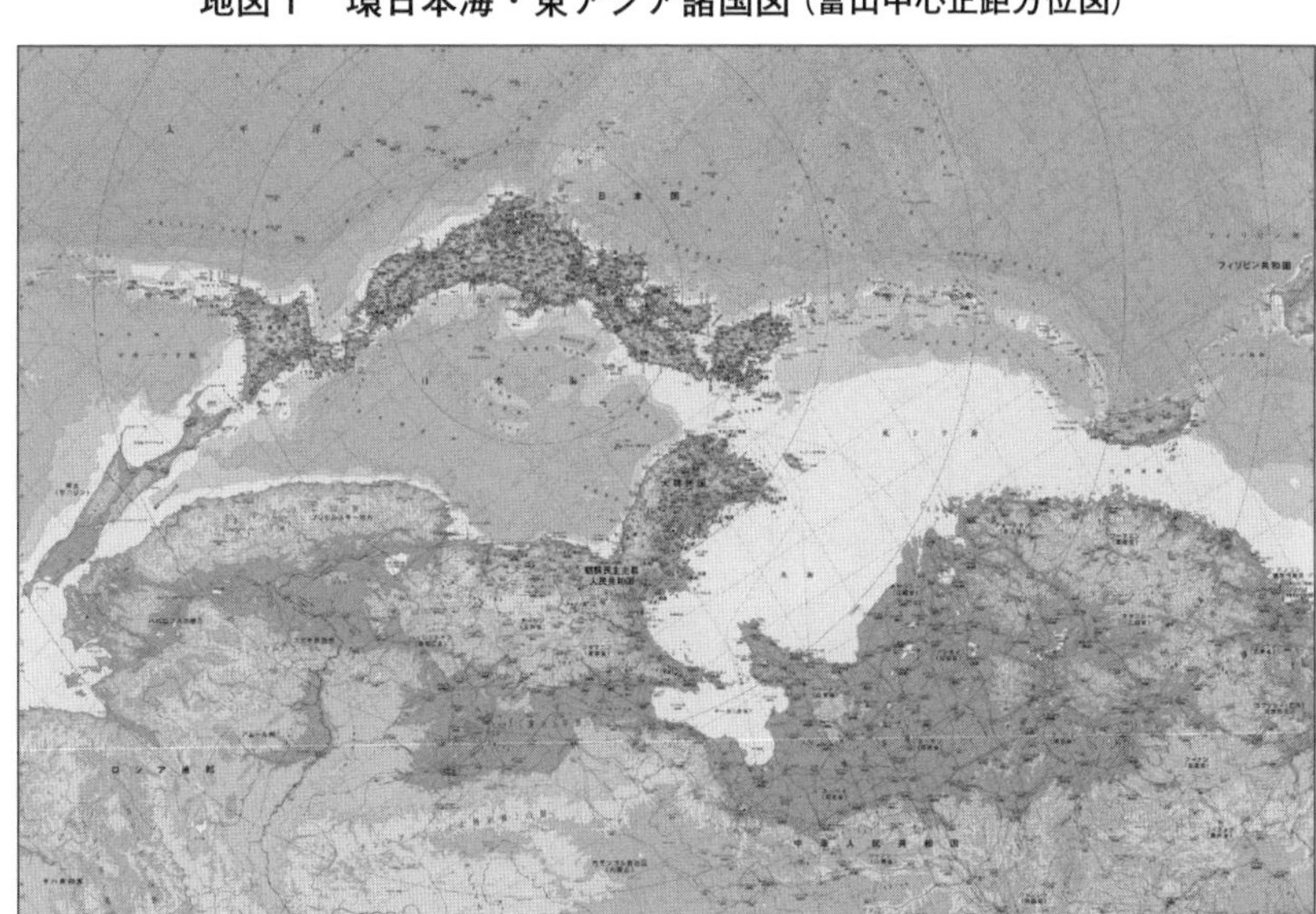

富山県作成の地図より転載

また日本は大陸大国（ランドパワー）と海洋大国（シーパワー）に挟まれた「緩衝国（バッファー）」の位置にある。日本を大陸から太平洋に向かってみると、防波堤・要塞のような位置づけとなる。逆に太平洋の側から見ると、大陸からの進出に対する防波堤・前哨基地だ。つまり日本は大陸と太平洋の両方から見た二重の防波堤の存在となる。

もうひとつ、地図２（次頁）を見てみよう。これは北極上空から見たアメリカの世界における軍事防衛力配置の地図である。北極海を囲む形で安全保障ネットワークが形成されていることがよく分かる。ハワイ、沖縄、インド洋のディエゴガルシア、そしてヨーロッパのいくつもの軍事基地、それに大西洋の第四艦隊、地中海の第六艦隊、東・西太平洋の第三・第七艦隊、インド洋の第五艦隊という配置はアメリカのグローバルな軍備配置だ。沖

地図2　北極上空から見た米軍備配置図

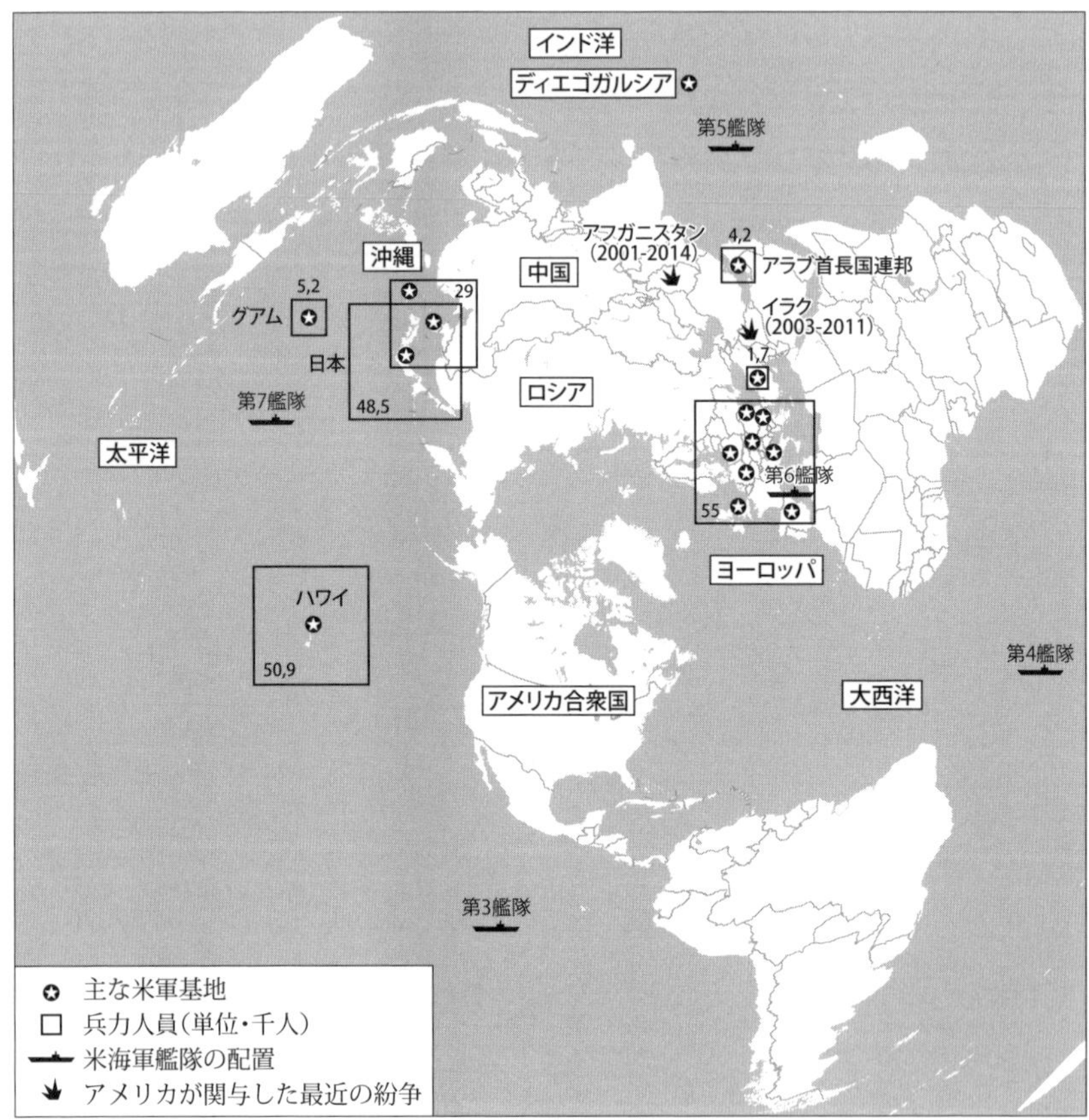

Grand Atlas 2017（Courrier International）p.115より作成

縄はその意味ではグアムとともに西太平洋とアジア大陸の防衛にとって不可欠の位置にある。

一方で北極海を挟んだ対岸には、ロシアの軍港と艦隊基地がある。米露関係が敵対的なものか、親和的なものかということによって北極海の戦略的位置づけは真反対になる。日本海の地政学的意味も同じだ。後述するように温暖化による北極海の実用性が高まっていく中で米中欧露の関係が新しい展開をみせる可能性も高まっている。

日本外交の選択肢の拡大――ユーラシアからの視点

この二つの地図を念頭に日本の地理的位置づけを政治戦略的に考えてみることが可能だ。つまり地政学的な日本の立ち位置だ。それは日本外交の原点を理解することでもある。

結論から言うと、日本の立ち位置は大国間に挟まって不安定になりやすいが、それをうまく利用することによって得をすることもできる。主体的な外交を展開するには制約が多いが、他律的な外交であっても、状況次第でプラス面もマイナス面もある。日本外交は日本を挟むランドパワー（ユーラシアの大国、中国・ロシア）とシーパワー（海の大国、米英）との関係に強く影響される。両者の関係が日本の存在価値・外交的位置づけの大きな決定要因となる。つまり日本は両大国の関係の影響を受ける従属変数であるということだ。

冷戦時代、「シーパワー」が圧倒的に強い時期には、シーパワーとの同盟こそ日本外交の唯一の生命線だったが、両パワーの関係が均衡的なものになり、その関係が対立と交渉と接近の間で揺れるならば、日本はより柔軟なスタンスを常に準備しておく必要がある。筆者はそれこそ真のリアリズムだと思う。

パワーポリティックスの観点から考えると、米中両大国の関係が良好であれば日本列島は交通と商業の要衝地として安定と繁栄の中心地域となるが、逆に両大国の緊張がエスカレートしていくならば、今のウクライナの事態は他人事ではなくなる。繰り返すが、日本外交はもともと他律的性格が強いのである。両大国の真の意味での友好関係が日本にとって最もよいシナリオであることは確かだ。

しかし実際には日本は歴史的にうまくやってきたといえる。ポーランドやドイツ、朝鮮半島のような分断国家となることはなかった。歴史的に日本外交はパワーの庇護の下での安定と繁栄を目指すことに腐心し、バンドワゴン外交は成功してきたといえる。江戸時代以前の日本はランドパワーである中国との朝貢貿易を通した中華圏の構成国だったが、中国の衰退後の日本外交は、近代化の指導国でありシーパワーである英米との同盟関係を基軸とした。例外的で不幸な時期が、一九三〇年代初めから第二次世界大戦終結までの期間であった。欧米の助力で大陸進出政策を強化した日本は、にもかかわらず勢い余って欧米列強と衝突してしまったのである。

しかしもし中国が地域パワーから世界的な影響力を行使するパワーへと変貌していくなら（パワートランジション）、それは近代以後の日本外交の土台が揺らぎかねない事態である。日本はこれまでとは異なったアジアの国際構造の中での対応に迫られることになる。ユーラシア情勢の変容をしっかりと把握しておく必要があるのはそのためである。日本にとって「パワートランジション」の意味は存外に重要なものといえよう。

冷戦終結後の一九九〇年代、二〇〇〇年代前半に日本外交がユーラシアに目を向けた時期があった。しかしその後のユーラシア外交は対中国・北朝鮮外交を最優先させる立場から後退していった（第四章参照)。長期的視野からのユーラシア全体の将来的な動向とそれに対する日本および日米同盟の対応は明らかではない。

本書の問題意識は、冒頭で述べたようにシーパワーとランドパワーの狭間にある日本の地理的位置を政治外交的に考慮しつつ、対ユーラシア外交を活性化することで日本外交の選択肢をもっと広げることができないかということにある。それは中国の台頭を背景とするユーラシア国際環境の構造的変化の中で、日本が「切り離されたユーラシアの半島」でよいのか、という素朴な疑問でもある。

2. ユーラシア国際環境変容の外的要因

アメリカの影響力の後退

ここでは、ユーラシアの国際環境の変容を促す外在的要因を二つあげてみよう。ひところ盛んに言われた「パワートランジション」という現象は中国の台頭を意味するが、それと裏腹の関係にあるのが、アメリカの影響力の後退である。冷戦終結直後、ブッシュ大統領が提唱した「新世界秩序」は明確なヴィジョンを確立できないままとなったが、IT革命によって急成長したハイテク部門を出発点としてアメリカは軍事・経済・科学分野で突出した力を持つようになり、一見アメリカ「一極時代」に移行していくかに見えたのがクリントン政権第二期からジョージ・W・ブッシュ時代であった。しかしイラク戦争でアメリカはベトナム戦争に次ぐ痛恨の経験をし、他国への介入と海外派兵には極めて慎重な態度をとらざるをえないようになっていった。

その一方、資源輸出で息を吹き返したロシアと目覚ましい経済発展を遂げた中国はユーラシアで接近してきた。オバマ政権は二〇一一～一二年ごろから中国の影響力拡大に対抗して「アジア回帰（リバランス）」へと政策をシフトさせたが、中国の海洋進出と北朝鮮の核ミサイル開発を止めることには成功していない。そこでトランプ政権は北朝鮮や中国への強硬姿勢を主張したが、その言葉通りの政策が実施されることに世界は大きな不安を感じていた。政権内部でもそれを抑える意見も強くあった。米朝会談はそうした一端の表れだ。バイデン外交は、外見は異なるが、基本的には前政権の踏襲だ。

その意味では、米国流の「リベラル・デモクラシー」による世界の一元化とユーラシアにおける多極化を通した共存的世界観の角逐はさらに続くであろう。筆者はかつてその対立を二つの普遍主義の衝突と捉え、少なくとも今世紀第一・四半期までは続くだろうと述べたことがある（拙著『ポスト帝国――二つの普遍主義の衝突』駿河台出版、二〇〇六年、『米欧同盟の協調と対立』有斐閣、二〇〇八年）。

地政学的意味の変容――北極海航路の誕生

これまでとは違うユーラシアの変容に与えるもうひとつの要因は自然環境の変化と、それに伴った戦略地図の変化だ。実は日本海の地政学上の位置は日中韓にとって戦略的交通路としてこれまで以上に大きな意味を持つことになることが予想される。北極海航路の誕生だ。

温暖化現象によって年間を通じて航行可能になるであろう北極海航路に対する中国の野心が顕著だ。この問題はユーラシアにおける地政学的な発想の転換でもある。つまりユーラシア大陸は北極海によって北の出口を遮られた大陸ではなく、東西南北四周を海で囲まれた「新たなユーラシア島」になることを意味する。北極海の沿岸地域はユーラシアの国々にとって、地図2のアメリカの軍事基地の配置に見られるように戦略的要衝となると同時に、交易・運輸路の要衝となる。

つまりこれまでユーラシアを取り囲んでいた太平洋・東シナ海、インド洋、大西洋に通じる交通・運輸のルートに加えて、北極海航路が広く利用可能になればユーラシアの新たな交通・運輸路線地図を塗り替える出来事だ。これまでの東西を軸にした地理的ルートに加えて、南北に延びる縦軸のルートの発展がユーラシアの新しい地政学的意味を増幅させることになる。そしてそれに伴ってユーラシア全体の勢力版図も大きく修正されていく可能性がある。その場合には、日露・日中関係の枠組みに新しい軸が必要になるだろう。これが「開かれたユーラシア」になるのか否か。それは今後の関連諸国の努力にかかっている。

3．重層化するパワー影響（勢力）圏の分布

多国間協力枠組みを通した三つの「パワー影響圏」とインド

大雑把に言って、現在ユーラシア全体の国際関係は五つの文明圏と三つの影響圏の合従連衡（がっしょうれんこう）によって展開している。五つの文明圏とは儒教・中華世界圏、正教圏、キリスト教・近代民主主義・市場経済圏、ヒンズー教圏、イスラム教圏である。そして三つの影響圏とはそれぞれの求心力となるパワーをもつ中国圏、ロシア圏、EU圏だ。言葉の問題だが、ロシアのウクライナ侵攻によってロシアの勢力圏という言葉が一般に使われるようになり、それは「軍事・防衛圏」の意味で使用される傾向があるため、

ここでは「影響圏」とした（ただし、本書では勢力圏と影響圏を厳密に区別していない）。

ここで影響圏を三つに限定したのは、大国インド、それにイランやトルコを含む中東地域は文明圏ではあっても影響圏と言えるのかという点では疑問があるからである。この二つの地域をここで外した理由は、一言で言えば特定のパワーが周辺地域に対して強い求心力をもつ影響圏になっていないという理由からである。中東地域はイスラム教の宗教圏という大きなくくりはあっても内情は複雑に分裂していて、宗教対立が国家横断的となっているところが多く、求心力のある国家としてのパワーの存在も明確ではない。またインドは中国・イスラム勢力圏との摩擦の中で、ほかの影響圏の中心国のように近隣諸国を糾合する力がないというのが実態だ。ただ、独自の大国としての外交は存在感を示している。

他方でEUには求心力となるパワーがないが、民主主義を統合の理念とするため核となるパワーを理屈の上では前提としない影響圏である。独仏が中心勢力になっているということは間違いない。EUは大きな影響力をもち、軍事的パワーではなく、経済的パワーということができるが、その統治理念をはじめとして社会規範・秩序形成のモデルを普及させる勢力、つまり「規範パワー」と呼ばれている。

ユーラシアの中では中国・ロシア・EUという三つの影響圏とインドが競争と協力の合従連衡を展開し、そこにシーパワーとしてのアメリカが政権ごとに新しい機軸の外交を展開しようとしている。本書のテーマではないが、アメリカはもともと理念の大国と呼ばれるように「規範パワー」ということもできると筆者は考える。ただしアメリカの射程は地域的ではなく、グローバルで普遍的である。EUの場合は本来地域的であったが、次第にその射程を世界規模に拡大しつつある。

「人類運命共同体」を目指す中国

第一に中国の台頭を象徴するのは二〇一三年に習近平国家主席が提唱した「一帯一路」の構想である（詳しくは第六章参照）。政治・経済・文化の分野を包括した協力と相互依存のウィンウィン（win-win）構想だが、それぞれの領域や計画が必ずしも綿密につながっているわけではない。中国の影響・勢力圏構想を漠然と示したものだが、習近平の提唱した「中国の夢」であるこの構想は中国の戦略的意思を明確にしたもので、近隣諸国をはじめユーラシア全体の国々に期待と不安や警戒感をもたらした。

その重点エリアは「ユーラシア」から「アフリカ大陸」にいたる広大な範囲を包括している。日本ではひところ中国を中心とするAIIB（アジアインフラ投資銀行）に集中した議論だけが行われたが、それはこの構想の一部でしかない。一帯一路とはEU加盟国にまで及ぶユーラシア全域への中国の影響・勢力圏拡大計画である。「五つのコネクティビティ」（政策、インフラ、貿易、投資、国民相互交流）という協力関係を謳(うた)っているが、その実態は中国をハブとする二国間関係の集積であり、それを中国は「グローバル・ガバナンス」や「多国間関係」と称している。言葉は米欧諸国と同じでも、実質は中国流の解釈である。

二〇一七年、中国は東アフリカのジブチに初の海外補給基地を設置したが、そこはユーラシアとアフリカ両大陸の接点である。中国と産油国のある中東諸国やヨーロッパとを結ぶシーレーンの三〇以上の要衝に港湾の利用権を獲得し、軍事基地の展開も視野に入れている。シーレーンの確保としては北極海の利用も一帯一路構想と結びつき、「氷上のシルクロード」と呼ばれる。二〇一八年一月、中国は「北極政策白書」を発表した。安全保障面での上海協力機構（SCO）やアジア相互信頼醸成措置会議（C

ICA)、経済面でのEU加盟国を含む中東欧諸国との「16＋1」は中国を中心とした多国間枠組みである。

威信外交のロシア

第二に、ロシア・中央アジアから見た世界はどうだろうか（第三、第七章参照）。一九九〇年代からロシアでは地政学の書物が多く出版され、ロシアから見た国際情勢分析の視角として受け入れられてきた。歴史的にロシアのアイデンティティは西欧化への同一化志向とその反発を特徴としているといわれる。

ロシア外交は経済よりも外交手腕と軍事力による大国志向が特徴だ。プーチン外交には長期的なヴィジョンはないが、その代わりに対外的威信の回復を最重視すると言われている。二〇二二年二月に始まったウクライナ侵攻はNATOに周辺地域を席巻されそうになったロシアの「帝国」としての栄光と威信回復にあった。プーチン政権の下での反米欧外交の出発はすでにイラク戦争をめぐる論争時に見られていたが、二〇〇三～〇四年の「カラー革命」やEU・NATOの東方拡大以後に顕著になったと言われている。二〇〇七年二月のミュンヘンでの安全保障会議でのプーチンの演説は冷戦を彷彿させる米欧批判だった。

二〇〇八年グルジア紛争への軍事介入は二〇一四年のウクライナ紛争につながる一連の流れの出発点となった。とくにウクライナ紛争は米欧の経済制裁を誘い、ロシアの打撃は大きく、液化ガス・原油の中国への輸出をはじめとしてロシアは経済的に中国への依存度を高めていった。中露接近はユーラシアの地政学的なパワー関係を複雑なものにする可能性がある。二〇一九年九月にマクロン仏大統領がロシアに対して新たな「欧州安全保障機構」を提案したのは、ユーラシアにおける中露の接近に楔(くさび)を打とうとする意図からであった。

中央アジアでもロシア・中国に対する国民感情は複雑だが、ロシアは旧ソ連諸国及び中東との関係強化を意図しており、「ユーラシア経済連合(ロシア・ベラルーシ・カザフスタン・アルメニア・キルギスタン)」と「集団安全保障条約機構(先の五か国＋タジキスタン)」の二つが中心的な地域機構である。ウズベキスタンやアゼルバイジャンはいずれにも加盟してないが、ロシアとの親しい二国間関係を保っている。中央アジア諸国は親露的だが、中国にも比較的に好意的な地域である。

日本と同じように地理的にロシアと西欧とのパワー勢力圏の間に挟まれたコーカサス地域は微妙な外交を常に迫られている(第一〇章参照)。それぞれ中立・バランス外交(アゼルバイジャン)、親露(アルメニア)、親米欧(ジョージア)のような立場をとっているが、それぞれロシアからの地理的文化的距離によって対応に濃淡がある。

「規範パワー」を目指すEU

第三にEUの政策だが、いわゆる総合的な「ユーラシア政策」というものはない。しかしEUのユーラシア政策は欧州近隣政策(ENP)の延長で考えることができる。東方拡大の一環で、ENPの一部として「東方パートナーシップ」がある。ウクライナやGUUAM諸国(グルジア・ウクライナ・ウズベキスタン・アゼルバイジャン・モルドバ)にまで及ぶ広範な影響圏への拡大政策である。ただしEUの場合は加盟の条件として民主化・市場経済化などを中心とする基準を掲げており(コペンハーゲン基準)、近隣政策にも欧州型の近代化・民主化・人権の基準にもとづいた様々な細かい達成目標が定められている。ＥＵではこうした国家の理念や基準に関わる共通基盤の構築に貢献することを最重視する立場を指して自ら「規範パワー」と称している。いわばソフトパワーの影響力だ。

ＥＵはロシアに対し歴史的に親近感を持っており、それは対米・中外交のバランス政策のひとつでもある。とくにドイツの親露傾向が強い。ドイツのシュレーダー元首相がロシア石油企業「ガスプロム」の系列企業の幹部であることはよく知られている。しかし今世紀に入ってプーチン政権下でのエネルギー大国化と外交攻勢はＥＵ各国での警戒感を強めた。ロシアの強硬なクリミア半島の軍事占領やウクライナ内戦でのハイブリッド戦略などは軍事強国ソ連＝ロシアのイメージに重なっていった。二〇二二年二月以後のロシアのウクライナ侵攻はその必然的帰結でもあった。

他方でヨーロッパの対中観は悠久の歴史を持つ国に対する憧憬と経済利益が中心だが、さすがに中国の一帯一路構想が示すアグレッシブな側面に警戒感を強めている。ひと言でいえば、ＥＵの対中政策は「接近」と「警戒」の両対応だということができる。

他方で、ＥＵはその近隣政策の延長で中央アジア諸国との関係の緊密化に努めており、二〇〇七年の「ＥＵと中央アジアの新しいパートナーシップのための戦略」を嚆矢(こうし)として民主化推進、人権・グッドガバナンス、安全保障・テロ対策、エネルギー・インフラ運輸部門での支援協力を進めている。

「開かれたユーラシア＋太平洋共同体」――ユーラシアへの橋渡しの役割

これまで述べてきたユーラシアの現状に対して、日本がどのように対応するのかという問いに対して決定的な妙案はない。日本は冒頭で述べたように他律的な外交を強いられる地政学的位置にあるからだが、そうしたなかでいかにして外交の自立性を担保していくのか。

ひとつはユーラシアの地政学的なパワーポリティックスに対して日本はもっと関心を払うべきである。現状のアメリカの政策には限界がある。「関与とヘッジ」の政策が現状だ。二〇二二年二月のロシアのウクライナ侵攻にもかかわらず、アメリカが直接関与することができないまま、犠牲者を増やしてしまった。それでは日本に何ができるのか。米欧の後塵(こうじん)を拝する以外に特別なことはできない。ウクライナが地理的に遠く離れた国であるということが第一の理由だが、むしろ対ユーラシア外交がないことそのものが最大の問題ではなかろうか。

それでは、日本のユーラシア外交には今後どのような選択肢があるのだろうか。

仮に現状での日本外交の選択肢を次のように考えてみよう。①日米同盟強化で中国・北朝鮮の脅威に対抗していく、②日米同盟の絆を維持しつつ、日中露間の緊張緩和を同時並行的に進めていく、③米中関係の「橋渡し外交」を模索する、④上記政策実現のための間接的手段だがヨーロッパも含むユーラシアとの関係強化に努める、が考えられよう。

①と②は実際に進められている。②の外交が十分であるかどうかは議論があろうが、中露への警戒策と同時に日本が対話姿勢を維持しようとしていることは事実だ。問題は③と④である。冒頭で見たように日本はユーラシア東端の国として、また狭間の国として基本的にシーパワーとの同盟関係を第一としてきた。対英米協調路線だ。しかし今一方のパワーである中国が拡大して、パワーの新たな均衡が実現していくなら、米中両者の間で日本にどのような役割があるだろうか。日本にとって最悪のシナリオは

日本の頭越しのパワー間の交渉による合意の成立である。事前に日本政府に知らされていなかったニクソン訪中の時のキッシンジャーの秘密外交の記憶は語り継がれるところである。

③については、米中の間で日本が存在感を大きく示せる外交であるが、一般的に言えば今の状況ではなかなか難しい。多くの人から見ると不可能である。尖閣諸島をはじめ、米中関係以前に日中間の摩擦が大きいことは言うまでもない。むしろ北朝鮮によるミサイル危機を考えると、日本自身の安全保障を維持するためには日米同盟強化だけで手いっぱいだという見方も強いのではないかと思う。ここで妙に日本が動くと米国との関係まで不安定になるという見方もある。それにこの種の試みは日本外交を不安定化させ、両大国が誤解をもつ可能性も高い。冒険的要素が強い選択だ。したがって①と②の選択しかない。まずそれが無難ではないかというところで落ち着いているのがメディアと世論の大勢だと思う。

しかし米中が何らかの形で接近・妥協すると、日本は完全にその従属変数となる。米中が対立する冷戦構造の方が日本外交の選択肢は限定されて安定していたのだが、それはもともと好ましい国際秩序ではなかった。不安定な国際秩序である。だとすれば、それが崩れることも念頭に置いておく必要がある。その時に日本外交の選択肢の範囲を広げていくとしたら、インド太平洋とともに、ユーラシアへのアプローチは不可欠だ。本書の各章でも触れるが、アフガニスタンとウクライナにおける戦争はユーラシア情勢の重要性を再認識させる出来事であった。米露を中心とする軍事力を背景としたパワーゲームでは、問題の最終解決にはならないことは確かである。

ユーラシアではそれぞれの地域・影響圏の中心国を核とした多国間枠組みがある。これらをひとつの大きな枠でくくることはできないだろうか。それぞれの地域や多国間協力機構では中心国の思惑ばかりでなく、影響圏の衛星国に不満も多い。そこで日韓を含む「ユーラシア安全保障共同体」「ユーラシア安全保障会議」のような枠組みがあってもよいはずだ。「集団安全保障体制」は、「集団防衛体制」とは違う。敵対関係を前提として仮想敵に備えて防衛を強化するために協力するのが後者だが、前者は敵対関係を作らせない、あるいは未然に防ぐための協力関係である。日本が目指すべきは前者にあるはずだ。

ヨーロッパでは冷戦以来のロシアと北米を含む安全保障体制であるOSCE（欧州安全保障協力機構、ロシア・北米を含む冷戦時代の全欧安保協力会議〈CSCE〉の後身）がある。もちろんその有用性については、疑問がある。冷戦終結後のボスニア紛争やウクライナ紛争などに十分対応できていないというのは事実だからである。しかしだからと言って軍事防衛体制（NATO）の拡大が平和をもたらしたわけではなく、ロシアのウクライナ侵攻につながっただけだった。

理想論ではあるが、インド・太平洋戦略ばかりではなく「ユーラシア安全保障共同体」への模索に日本は真摯に取り組み、世界に提唱してもよいのではないかと思う。北朝鮮によるミサイル危機、中国との東シナ海の航行に対する安全保障を背後から支える外交である。そしてユーラシアとインド太平洋を結びつける役割は日本にこそふさわしいと思われる。もちろん広域の安保体制がOSCEにみられるように実効性のある制度・機構になりうるのか、大いに疑問だ。しかしユーラシア・太平洋諸国が集合できる場が将来不可欠であることも事実だ。その実現は今では雲をつかむような話にも見えるが、冷戦終結後にそれを意図した「橋本イニシアティブ」もあった。実現はなかなか容易ではないが、そのためのアプローチの姿勢を世界に見せることは日本外交にとって世界へのアピールになると思う。そのための対話の提案を改めて日本から行ってもよいと思う。「対話」はその結果も重要だが、「対話」が継続しているという事実はより重要である。対話が続けられている限り、武力衝突が回避されていることを意味するからだ。「対話」のチャンネルを失ったり、一方通行のチャンネルしか持っていないという事態こそが軍事衝突に道を開く最大の危険である。

そしてその対話において重要なのは、相手を説得し、協力を促す外交見識である。一方的な理想や世界観の押しつけではなく、協力を可能にする見識と「対話」による外交行動にこそ、政治的リアリズムの本質があるのではないだろうか。

（注記）本章は拙稿「ユーラシアから見た国際政治――地政学とグローバルガバナンスのアプローチ」（『JFIR World Review』「特集　今ユーラシアで何が起こっているのか」日本国際フォーラム、二〇一八年六月）を大幅に加筆修正したものである。

第I部

第一章

ロシアのウクライナ侵攻を考える

国際社会に与えた衝撃と今後の課題

シンポジウム①

出席者

〈司会〉渡邊啓貴（日本国際フォーラム上席研究員、帝京大学教授）

今井宏平（日本貿易振興機構アジア経済研究所研究員）

宇山智彦（北海道大学教授）

杉田弘毅（共同通信特別編集委員）

廣瀬陽子（慶應義塾大学教授）

松嵜英也（津田塾大学専任講師）

オフルィズコ・ヴォロディミル（元ウクライナ外務大臣、書面参加）

二〇二二年三月八日開催

ウクライナ元外務大臣、戦火からのメッセージ

渡邊　昨年（二〇二一年）から、ユーラシア大陸では、米欧のアフガニスタン撤退やロシアのウクライナ侵攻問題など、衝撃的な出来事が続いております。こうした中で、我々はユーラシアをどのように見ていくべきなのでしょうか。私はそれを勢力圏あるいは非軍事的な影響圏という枠組みで見ていく必要があると考えております。

二一世紀に入ってからの中国圏、経済的なボリュームは小さいですがロシア圏、それからヨーロッパ圏（ＥＵ）ですね。他方、中東やヒンズー圏としてのインドもありますが、影響力の大きさという観点から考えると、中国、ロシア、ヨーロッパの三つで捉えるべきではないか、と考えております。

こうした勢力圏・影響圏との関係の中で、ユーラシアの他の国々の、あるいは他の地域での動きが見てとれるんじゃないかという問題提起を私どもの研究会（「ユーラシア・ダイナミズムと日本」）はしております。今回のウクライナへのロシアの侵攻というのは、ロシアの言うような意味での勢力圏の防衛、ないし拡大ということになるかと思います。

実は、本日の座談会に向けて、ウクライナから、オフルィズコ・ヴォロディミル元外務大臣より緊急メッセージをいただきました。今回、ビデオでの出演は叶いませんでしたが、戦火の中で貴重なメッセージをお送りいただきました。冒頭紹介したいと思います。

――

ロシアは三月七日、他の民主主義の国々の中からウクライナと日本をロシアの非友好国に指定し、

そのリストに含めました。これは、センセーションを巻き起こすようなことではまったくありません。自由・民主主義・幸福・人権という、これらすべての価値観は、ロシアにとっては敵なのです。それはなぜでしょうか。ロシアが野蛮で非人道的な国であり社会であるからです。ロシアは攻撃的な態度を取り、占領し殺戮を繰り広げ、市民の建物を爆撃し、考えられるすべての国際基準に違反しています。これが、ロシアを罰しなければならない理由であり、ロシアが罰せられる理由なのです。

現在、ウクライナは最前線にいます。ウクライナ軍はウクライナだけでなく、世界の民主主義の秩序を雄々しく守っているのです。努力を結集すれば、私たちはもちろん勝つことができるでしょう。民主主義の世界は、腐敗したプーチン政権よりもはるかに強力です。日本は友好国として、ウクライナ支援のために何ができるでしょうか。次の一二項目が挙げられると思います。

一. すべてのロシアの銀行が日本国内に保有する資産を凍結する。
二. 日本によるロシアへの投資を禁止し、ロシア直接投資基金へ制裁措置を講じる。
三. ロシア産の天然ガス・原油・石炭輸入を禁止する。
四. ロシア産のソフトウェア製品の輸入を禁止する。
五. ウクライナに対して犯罪を実行したロシアのサイバー部隊を抑圧する。
六. 「アエロフロート」およびその他のロシアの航空会社に対し飛行禁止空域を設定する。

七．ロシア船舶の入港を禁止する。

八．国際組織、国際的なスポーツイベントやスポーツ連盟へのロシアの加盟を一時停止するための国際的な取り組みに積極的に参加する。

九．ロシアの外交パスポート所有者による日本入国の査証政策を実施する。

一〇．ロシア政府の役人およびその家族の査証や居住許可を無効にし、新たな査証の発行や居住許可を与えない。

一一．日本に滞在するロシアの外交官の数を大きく減らす。

一二．ソーシャルネットワークの「フコンタクテ（Vkontakte）」や「アドナクラースニキ（Odnoklassniki）」、インターネットポータルの「ヤンデックス（Yandex）」、Eメールサービスの「mail.ru」に加えて、「Russia today（ロシア・トゥデイ）」やロシアのプロパガンダを担うその他のメディアをブロックする。

ロシアの無法者が私の国を破壊しました。多くの都市が廃墟となっています。私たちが勝利した後には、破壊されたインフラの復興が大いに必要となるでしょう。日本は、つぎのことを始めようとG7の国々の間で声を上げることができます。

第一に、ウクライナのための、国際金融機関の下でのG7による復興資金（マーシャル・プラン）。

第二に、JICAが実施するウクライナ復興プロジェクトに加えたさらなる取り組み。

第三に、ウクライナの経済回復にとって追加的な重要手段となるウクライナとのFTA協定。

ロシアの野蛮な政権のカウントダウンは始まりました。このプロセスを後戻りさせないために、私たちは最善を尽くすべきです。

さて、トップバッターは松嵜先生です。ウクライナ研究者は日本に極めて少ないですが、ウクライナの本音や実態などについて、お話しいただきたいと思います。日本が今取り組むべきことは何なのか、その方向性が示されていたと思います。

西側諸国が自問しなければならない問題

松嵜　ご紹介いただきました津田塾大学の松嵜です。これまでユーラシアの民族問題を研究してきましたが、ここ数年はウクライナ内政や外交の研究に取り組んでおり、最近では政軍関係の論文も書きました。

昨年末からロシア軍がウクライナ国境付近に集結して緊張が高まった後、今年二月にウクライナへと侵攻し、戦争が起こっています。一見するとこの戦争は、突然始まって突然注目されているように見えますが、二〇一四年から火種はありました。周知のとおり、このときにロシアはクリミアを併合し、東部では分離主義的な運動が起こりました。これに対して、ウクライナ政府は東部の対テロ作戦を遂行してきましたので、ウクライナからすると、結果的にそれが続いており、今は激化している構図です。

また、最近とても注目されているゼレンスキー大統領ですが、実は彼の前任者のポロシェンコ大統領の時に、すでにウクライナは軍事ドクトリンや国家安全保障戦略などで、ロシアを自国の脅威として認定しています。そのため、誤解を恐れずに言いますと、ウクライナから見ると、随分前からロシアとは敵対関係にあったわけです。

本日、私のほうからは、一丸になっていると言われている、ウクライナと西欧の関係に絞ってお話しさせていただきます。それによって、ロシアとは違った角度から今回の戦争の構造的な問題を浮き彫りにしたいと思います。

最初に指摘したいのは、独立後の約三〇年間を振り返ったとき、ウクライナにとって西欧とは、EUやNATOへの加盟を必ずしも意味しなかったということです。その大きなターニングポイントが二〇一四年のロシアのクリミア併合ですが、それ以前は、ウクライナはロシアと西欧のどちらにも完全に与(くみ)することなく、独自の国家像を主体的に模索していました。

ソ連から独立した後のウクライナには、国民から直接選出された大統領が全部で六名います。初代のクラフチュクの時期では、EU加盟を目指していましたが、他方でロシアにエネルギー依存しており、むしろ西欧とロシアの軍事的な架け橋になることを目指していた時期もありました。また米欧とかなり関係が深かったのが、オレンジ革命を経て選出されたユシチェンコ大統領です。このときにウクライナ政府は欧州近隣政策に同意し、EUやNATO加盟を掲げましたが、大統領の方針によって、ウクライナ政治が全て変わったわけではありませんでした。

というのも、オレンジ革命に伴って憲法体制が変わりましたので、政治体制は変更されましたが、それは決して民主化を意味したわけではなく、この時期の政治体制の学術的な評価も分かれています。またユシチェンコはオレンジ革命の後に国民からの支持を失い、議会では彼の政敵だったヤヌコーヴィチが首相となって、地域党主導の内閣が発足されるなど、国内の政治状況が大統領の外交政策を制約していました。

その後、ヤヌコーヴィチは次の大統領となり、NATO加盟を掲げず、EUとの連合協定の署名も撤回しましたが、それと同時にロシアの主導する関税同盟にも入りませんでした。つまり、二〇一四年以前のウクライナでは、大統領ごとに程度の差はありますが、ヨーロッパとロシアのどちらにも完全に与することなく、独自の国家像を模索していました。

それが変わったのが、二〇一四年の一連のウクライナ紛争です。この時に、ユーロマイダンの政変が起こり、ロシアはクリミアを併合し、東部の分離主義的な運動が発生しました。当然、クリミアの一方的な帰属変更や東部の分離主義的な運動は、領土の一体性や主権の侵害にあたりますので、ウクライナには受け入れられませんでした。しかし、その当時、ロシアとウクライナの間には圧倒的な軍事力の差がありましたので、ウクライナだけではそれを回復させることができませんでした。そこで、ウクライナ政府はNATO加盟を目指しながら、西欧諸国から多額の支援を得て、軍改革などを実施し、軍事力を増強してきました。EU加盟を目指した改革も同様に多くの支援を得て実施されました。

このような一連の改革は、こんにちまで約八年間続いており、その間、ウクライナは非常に多くの支援を獲得してきました。その発端は、二〇一四年のロシアのクリミア併合だったので、ウクライナには西欧からの支援を獲得して、領土の一体性を回復させるしか道がなかったようにも思いますが、それによって、一体何ができたのでしょうか。それは、ウクライナは西欧からの支援に頼らないと、主権を回復させて独立を維持できない状況になったということです。

二〇一四年を境として、この西欧からの支援に依存せざるを得ない状況ができてしまったこと自体に、今の戦争の大きな背景の一つがあるように思われます。

現在、ゼレンスキーの徹底抗戦の姿勢が注目されており、国際社会において、ウクライナは、ある意味で評価されています。しかし、日本を含めて、ウクライナを支援している西欧諸国は、自問しなければいけない問題があるように思われます。それが、この約八年間、ウクライナの依存体質をどの程度理解し、いかなる意図で支援してきたのかということです。

また、ウクライナとの連帯が盛んに言われていますが、この八年間のあり方を考えたときに、果たして西欧とウクライナは同じ立場だったのでしょうか。この戦争が全て終わった後の国際秩序に関係しますが、今後は大国中心の秩序観で突き進んでいくよりも、小国の主体性に目を向けて、世界のあり方を考える必要があるように思います。

渡邊　ありがとうございました。それでは、ロシアについて廣瀬先生お願いします。

プーチン・ロシア滅亡の序曲か

廣瀬　慶應義塾大学の廣瀬と申します。私は長年、旧ソ連の小さい国からロシアの外交を見るということをやっておりまして、昨年は、それらの研究の一つのまとめとしてハイブリッド戦争についての本を出したところでした。しかし、今回の出来事によってそのハイブリッド戦争の全容がまさに体現されてしまったことに非常に大きな衝撃を受けています。他方で、これまで私がやってきた研究のセオリーと全く異なる、完全に非論理的なことが展開されていることにもまた衝撃を感じているところです。

最初に渡邊先生がご紹介くださったように、私は本研究会ではロシアの勢力圏構想に注目して研究を進めているわけですが、その勢力圏構想を体現していく上でも今回の一連の動きは全く論理的に説明がつかないのです。勢力圏構想によれば、ロシアにとって一番重要なのは近い外国、すなわち旧ソ連地域です。その中でもとりわけベラルーシ、ウクライナがロシアにとって重要だということには歴然とした理由があります。

第一に、ロシア、ウクライナ、ベラルーシの各民族は東スラブ系で民族的に近く、ソ連時代も共にソ連を形成、牽引してきたということがあります。第二に、歴史的にも共有する部分が多く、特にキエフ・ルーシないしキエフ大公国の共通の歴史などはプーチン大統領のウクライナ史観に特に大きな影響をもたらしていると思います。第三に、地政学的に考えてNATOとEUがポーランド、バルト三国にまで迫っている中で、それら両国はロシアにとって非常に重要なバッファーゾーンになっているということもあります。つまり、その三点から、ウクライナ、ベラルーシの重要性というのは、近い外国の中でも特に重いということをまず申し上げたいと思います。

そして近い外国を維持するために、これまでロシアは政治・経済・エネルギー、そして未承認国家の問題を鍵にそれらの地域を縛り付けるということをやってきました。未承認国家というのは、国家の体裁を整えつつも独立の承認を多くの諸外国から得られていないエンティティーになりますが、旧ソ連には、現在六つの未承認国家があります。そして、ロシアは、それらに影響力を行使することで本国の政治を不安定化させるということをやってきたわけです。今回については、ウクライナの東部二州、すなわちドネツク、ルハンシクの独立を承認したというところから非常に驚きだったわけですが、さらに侵攻にまで至ったことは、全く論理的には説明できないものです。

実は私はずっとロシアは侵攻しない、つまり昨年秋から一〇万人以上の大規模なロシア軍がウクライナ国境周辺に集結している最中も、それは単なる外交的脅しであって、侵攻はないだろうと見ておりました。実際、侵攻前夜の状況は、まさにロシアが外交的勝利を得ていたわけですが、東部二州の独立承認そして侵攻によって、その勝利を自ら捨て、そして泥沼化する戦争に突入していったわけです。

このあたりのプーチン大統領のメンタリティーについては、このあと宇山先生がお話しくださると思いますが、私はこの理解できない部分の最初の一歩が二〇〇八年にあると思っております。二〇〇八年八月に、ジョージアとロシアは戦争をしたわけですが、その直接の引き金になったと思われるのが二〇〇八年の二つの事件です。

一つ目は、主に欧米によるコソボの独立承認、そして同年四月にウクライナそしてジョージアにNATO加盟の登竜門とされる「加盟行動計画（MAP）」を適用するという話が出たことでした。結局、MAP適用をめぐる議論は十二月に持ち越しとなったのですが、その間の八月に戦争が勃発し、ウクライナ・ジョージア両国のMAP適用の話は立ち消えになり、NATO加盟が遠のいたということがございました。そして、その戦争の後、ロシアはアブハジアと南オセチアというジョージアの未承認国家を国家承認してしまったのです。

それらを国家承認してしまうということは、ジョージアに対する有力な外交カードを自ら捨てることを意味し、その行為に大きな疑問を抱いたわけなのですが、その時点では、私はその出来事を「例外」

だと位置付けてしまいました。

つまり、コソボ問題やNATO拡大問題に絡む欧米に対するロシアの怒りがあまりに大きかったので、例外的にコソボ問題の意趣返しとしてアブハジア、南オセチアの国家承認をしたという分析をしてしまっていたのです。もしかすると、私の分析の間違いはそこから始まっていたのかもしれないと今は思います。

そして二〇一四年にも一三年からウクライナで続いていたユーロマイダン革命などのさまざまな出来事を経て、クリミア併合に至ったわけですが、一連のことを思い返すと、プーチン大統領は「非常に大きな怒りがあった時」に、これまでのセオリーから逸脱する例外的なことをやっている気がいたします。また、今年このような暴挙に出たことにもプーチン大統領なりの意味があるように思えてなりません。まず、昨年一二月にソ連解体三〇年を迎えていろいろなことを考えたのだと思います。

「この三〇年間、ロシアはずっと欧米に蔑まれてきたし、世界秩序はロシアにとって良くない状況だ。NATOはどんどん迫ってくる。他方、米国の大統領はバイデンに変わって、ロシアより中国をより大きな敵と見做(みな)している。ロシアはやはり軽んじられているのか……」

「でも、今はそのロシアに都合の悪い秩序を変えるには良い時期かもしれない。トランプ時代に秩序を変更しても、トランプ自身が同盟や秩序を崩していたので、周りもそれを恒久的なものだと思わない。しかしバイデン時代に秩序を変更すれば、それは定着しうるのではないか。しかも米国はアフガニスタン撤退で大きな失態を犯し、外交的には大したことはない、しかも、バイデンはロシアに「リセット」を迫った弱腰オバマ大統領時代の副大統領で、きっと大したことはない」

というようなことを考えた可能性は高いのではないでしょうか。

さらに、西欧諸国とくらべると、一〇歳くらい寿命が短いロシア人として、自分の限られた時間にも思いを馳せたかもしれません。そういういろいろな思いの中で、ウクライナに侵攻し、ウクライナを手中に収めたいと思った可能性は低くないと思います。

今回の戦争が始まった時、私はこれはフィンランド型の戦争になるのではないかと思っておりました。つまり今の戦争が、かつてのフィンランドに対する冬戦争および継続戦争のような形で展開され、そしてその結果、ロシアがフィンランドのカレリア地方を奪ったようにウクライナのドンバス地域を奪取し、そしてフィンランドに中立（フィンランド化）を強いたように、ウクライナにも中立を受け入れさせるのかと思っていたのです。

しかし、今回、ロシアはウクライナに対し、中立化だけでなく非武装化も強いており、状況はもっと深刻なわけです。となると、むしろ別の選択肢、つまりアフガン化ということが頭をよぎります。つまり代理戦争化しているということです。ロシアはウクライナのうしろに欧米を見ているということが言えそうです。そうなると今度のウクライナ戦争というのは、アフガニスタン戦争がソ連解体の序曲になったように、プーチン・ロシアの滅亡の序曲になるのではないかという気がするのです。つまり、仮にロシアが軍事的に勝利したとしても、国際政治的なロシアの勝利は絶対にありえないと思っております。

渡邊　どうもありがとうございました。最後におっしゃったウクライナのアフガン化は重要な指摘かと思います。

それでは次に宇山先生より地政学的立場からのロシア外交についてお願いできればと思います。

プーチンのウクライナへの妄執

宇山　私はこの研究会には中央アジアの専門家として参加していますけれども、広く言えば帝国の歴史、それから権威主義的な政治体制の研究をしていて、二〇一四年、クリミア併合の時も、その観点から論文を書きました。そこでは、クリミア併合、ウクライナ介入は、プーチンの国家の威信に関する感情に大きく発しているということを指摘しました。今回の行動はその延長線上で捉えられる部分と、相当エスカレートした部分があって、それを解く鍵は、彼の歴史観にあると考えています。

今回やっていることが非常に非合理であるということは廣瀬先生を含め多くの方が指摘されているとおりです。安全保障だけとっても、これまでバルト三国などにNATOが拡大していったことによって、ロシアが危険にさらされたということは決してないわけですね。そのことは現在の政権プロパガンダを担っている人たちも分かっていて、ある記者は、プーチンは、ウクライナ問題の解決という歴史的責任を引き受けたのだ、安全保障は二義的なのだと言っています。

プーチンのウクライナへのこだわりは二〇〇〇年代からすでに現れていました。廣瀬先生が話題にされた二〇〇八年のグルジア、ウクライナをNATOに入れるかどうかの話し合いをしていた時に、プーチンがアメリカのブッシュ大統領に向かって、「ジョージ、ウクライナというのは国家でさえないんだ」、「領土の一部は東ヨーロッパだし、他の大きな部分はロシアが贈ったものなんだ」と言って、ウクライナがNATOに入れば、この国家は存在しなくなると脅したということです。

二〇一四年、クリミア併合の時には、クリミア領有の歴史的正当性を主張しましたけれども、それ以上に欧米の世界各地への介入や、歴史的なロシア封じ込めへの非難を重点的に話していました。当時は、ウクライナ東部・南部について「新ロシア」という言葉をいい加減に使うなど、彼の歴史観はかなり粗いものだったと言っていいと思います。

その後、二〇二一年七月に「ロシア人とウクライナ人の歴史的一体性について」という「論文」を書きました。彼は、どうやらアマチュア歴史家として、歴史に非常に熱中しているということが近年はっきりしてきています。この論文はロシア人とウクライナ人が一つの民族であるという主張を、ロシア帝国時代の民族観に基づいて行ったものです。実際にはウクライナはロシアと共通した面もあるし、かなり違った面もある歴史を持っているわけですが、プーチンは、その違った面はポーランドなど外から持ち込まれた異質なものであって、ロシアはウクライナを外国から「解放」する役割を担ったのだと主張しました。また、ロシア帝国時代のウクライナ人がロシア人とは違う民族であったという主張には歴史的根拠は無かった、ロシア革命後に一時期成立した独立国は、少数のナショナリストにより、外国の関与のもとで作られた偽の国家だと主張しました。

そして、ソ連崩壊後はアメリカ・ヨーロッパがウクライナをアンチロシアにした。反ロシア的という形容詞はよく使われますが、名詞としてのアンチロシアというのは、ある種、アンチキリストを思わせる言葉です。そして、ウクライナの本当の主権はロシアとのパートナーシップの中で可能になるという、少なくとも現在のようなウクライナ国家の主権を否定する、相当過激な主張をしています。ただ、ソ連、ロシアで教えられてきた歴史の内容と共通する点も多いので、一般のロシア人には受け入れられやすい、巧妙な書き方になっています。

先日、二月二十一日にドネツク、ルガンスク両人民共和国の独立を承認する際の演説でも歴史を長々と語りました。特にソ連建国の際のレーニンのやり方、つまりウクライナを連邦構成共和国として認めたことは不当であると述べました。その主張には他の旧ソ連諸国、特にカザフスタンの領域の正当性を疑問に付すことにつながる言い方も入っています。そして、ウクライナはソ連によって作られたものだから、ウクライナにとって本当の脱共産化というのは現在のような国家の否定を意味する、という趣旨の脅しをし、そのほかいろいろな言い方で独立国家としての正当性を否定しました。

ですから、二〇一四年から連続した動きではありますが、二〇一四年にはウクライナで実際に生じた混乱に付け入る形でクリミアを併合し、ドンバスに介入したのに対し、今回は特段の混乱が生じたわけではないのに一気に侵攻した。その際、ウクライナの軍人たちにクーデターを起こせ、権力を取れと呼びかけたり、ゼレンスキー政権とウクライナ人は別だという発言をしたりしていますので、一般のウクライナ人というのは、まさに彼が考えるところのロシア人の一部としてのウクライナ人の意識を持っていて、ロシア軍を解放者として歓迎すると考えていた可能性が高いです。

つまり、相当な一方的思い込みで実行したものです。歴史的ロシアの再統合が自分の使命だと思い込んだプーチンが、これまで八年間介入を続けてもウクライナはロシアの言うことを聞かないということにしびれを切らした。欧米その他についてもいろいろなことを言っていますけれども、特にウクライナへの妄執が、どうも近年、非常に高まってきた。その結果として今の事態になっていると考えます。

渡邊　どうもありがとうございました。次に、アメリカの立場から、杉田先生お願いします。

ユーラシア大陸におけるアメリカの目標

杉田　共同通信の杉田です。それではアメリカの対応ということで、ご説明させていただきます。今後のアメリカのユーラシア政策はどういうことになっていくのだろうかという展望にも触れさせていただきたいと思います。

バイデン政権の政策は、アメリカはウクライナに軍事的支援はするがロシアと直接戦争はせず、経済制裁あるいは外交的な孤立をロシアに科していくということになっております。私は今回のウクライナ危機、あるいはウクライナ侵攻に対するアメリカの対応は今後のユーラシアにおけるアメリカの政策のプロトタイプを作っていくというふうに考えています。

冷戦後のアメリカのユーラシア大陸における軍事的な関与を振り返ってみますと、まず一九九一年の湾岸戦争がありましたが、これは冷戦後の世界覇権の確立が意識されました。九四年と九五年にはボスニア、あるいは九九年のコソボで、NATO軍が空爆をしている。この両地域は共にアメリカの同盟相手ではないので、国際法的には今回のウクライナと同じ状況だが、当時は空爆をして今回はしない。相手がセルビア人勢力という民族勢力、セルビア共和国であるか、あるいは核兵器を持っているロシアであるかということが大きな違いであって、同盟国であるかどうかというのは、形式的な理由であるとの見方もできます。

九〇年代においては、旧ユーゴにおいての介入は人道を目的としていました。続いて世紀が変わって、九・一一以降のアフガニスタン戦争とイラク戦争はアメリカ本土の安全保障、アメリカの防衛を主な理由に挙げています。

さらに進んで、いわゆるアラブの春におけるリビアに対するNATOの空爆に参加し、二〇一四年においてはイスラム国（IS）対応ではありますけれどシリアで空爆をしています。こうした空爆は広い意味で人道的な目的ということになるかと思います。二〇一三年にシリアで化学兵器が使用されたわけですけども、これに対してオバマ大統領はいわゆるレッドライン破りに対して軍事介入をしなかった。

この時、オバマは「オバマ・ドクトリン」というものを明らかにしています。アメリカが軍事介入をするのは一つはアメリカ本土と同盟国を守る、エネルギーの流通を確保する、それからテロリストのネットワークを潰す時で、当時は九・一一の記憶がまだ非常に鮮明だったのでテロ対策が入っています。それから四つ目は大量破壊兵器の拡散の阻止です。特徴的なのは、いわゆる人道あるいは人権、あるいは民主主義を守る、促進するために軍事介入するというネオコン的な発想がこの段階で消えるわけです。そのかわり、そういった民主主義とか、人権を守るために何をするか、ということについては国際協調による行動や制裁で対応するということを言っています。

実際、制裁多用の傾向がこの頃から表れてきて、イランあるいは北朝鮮への非常に強力な制裁となっていくわけであります。象徴的なのが昨年夏のアフガニスタンからの撤退です。これはバイデン大統領の決断でありますが、オバマ・ドクトリンを具体化したものだと思います。アフガニスタンの安定は当面アメリカ本土や同盟国の安全には関係ない、あるいはテロ対策という意味でもタリバンはアメリカ本土にテロを仕掛けるような意図および能力はないと。それから大量破壊兵器についてもタリバンはそれほど心配ないということです。

一方で、女性の教育などの人権、あるいは少数民族に対する弾圧阻止、これについては金融制裁を使ってタリバンに圧力を掛けて、政策の変更を迫るというやり方が続いています。

今年に入ってロシアのウクライナへの侵攻がありまして、これは、これまで私が申し上げたさまざまな要素を最大限使って対応するということだと思います。直接的な軍事介入はしない、兵器や軍事情報は提供する、同盟国は守る。そして国際協調行動による経済制裁。前例のないような経済制裁を科していくというのは、クリアな形でアメリカのユーラシア対応の特徴が出ていると思います。ただ、制裁をもってしてもプーチン体制を揺さぶる程度で戦争を止める効果はない。一方で制裁はおそらく半永久化するでしょうし、ロシア経済をかなり痛めるでしょう。

では、ユーラシア大陸におけるアメリカの目標とは何か。一つはいわゆる影響圏です。つまり民主主義影響圏と言うのでしょうか。同盟を守る、NATOを守る。そのために米軍をすでにNATOの東部に派遣している。しかし、ウクライナは民主主義国であるが、ロシアの核兵器使用を懸念して米軍を投入しないという矛盾がある。経済制裁を使ってロシアの経済をかなり痛めて、ウクライナを越えての戦争、つまりNATOとロシアの直接対決は回避する。それから権威主義国家の、あるいは独裁者の怖さ、プーチン大統領の精神構造の問題等も、喧伝することによって、ロシアだけではなくて中国共産党をも視野に入れた権威主義国家の怖さを浮かび上がらせることで、相対的な意味での自由民主主義陣営への魅力あるいは価値を上げていくということになると思います。

このあと、もしも台湾において有事が起きた時に果たしてどういう展開になるかというと、おそらく、今回のロシアとの対応とは違う対応になるという漠然とした予測があります。ロシアは核保有国でありますけれども、経済力や今後の潜在的な力を見ると、アメリカの覇権を脅かす国ではない。ユーラシア中央部における勢力を伸ばすかもしれないけれども、それはアメリカの影響圏からすると重要性は低い。一方、中国の場合は明らかにアメリカの世界覇権を脅かす潜在力を持っている国であるので、ユーラシア大陸でのみ影響圏を広げるロシアに対する対応とは違う展開になると思います。

渡邊 どうもありがとうございました。続いて、今井先生、トルコが仲介役を買って出て、少し動き始めておりますが、いかがでしょうか。

小国としてのウクライナの主体性

今井 アジア経済研究所の今井です。トルコを専門にしております。今、渡邊先生が言われたトルコの動きについては、ロシアのウクライナ侵攻前までは、トルコは最もロシア寄りのNATO加盟国でした。ただ、そのトルコにしてもやはりNATO加盟国であるので、今回のようなことが起こってしまうと基本的にNATO側に立ちます。

ただ、これまでトルコとロシアの関係は利害対立しつつも良好な形で推移してきた経緯がありましたが、今回のこのウクライナ侵攻を見て、トルコ側もロシアに対する認識を改めていく可能性があります。一方で天然ガスや原発開発など、いろいろな分野でトルコはロシアに依存しています。ウクライナとトルコの関係も密接です。そのため、トルコは両国間の仲介を模索していますが、仲介せざるを得ない立場にあります。

渡邊 どうもありがとうございます。私、ヨーロッパ担当ですので、一つ問題提起をさせていただこうと思います。私は戦争にならないような形で引き延ばすような形をとれないか、と二月中旬ぐらいまでは思っておりました。正直申し上げて、こういった形で戦争が始まるとは思いませんでした。

他方、戦争はいったん始まってしまうとなす術がないというのも現状です。一言で言えば、NATOに対してウクライナが要請している飛行禁止区域について、NATOはそれはのめないというふうに言っております。それは米露の直接対立、NATOとロシアとの直接対立につながり、戦闘が始まるから、ということであります。

それから核兵器の配備についてプーチンはどこまで考えているのかということですね。ヨーロッパでは、たとえばフランスのマクロン大統領などはこれは断固としていけないと強硬に主張していますが、どうやって抑えるのかというと手はない。それから北欧、特にフィンランドやスウェーデンでは、NATOの加盟が急がれます。今日も少しウクライナ、ジョージアのNATO加盟のテーマが出ましたけれども、今の時点でNATO加盟もEU加盟も非現実的です。加盟に必要な条件である政治・経済の安定性を満たしていないからです。

二〇一四年のロシアのクリミア併合直後の夏、ヨーロッパでEU研究者の世界学会がありました。そこで私は関係者にいろいろ質問しました。あの時は連合協定という形でしたけれども、欧州の研究者は異口同音に連合協定に入ったからと言ってすぐに加盟国になるものではないという。一〇年先か二〇年先か分からないと言われ、ヨーロッパの人は結構冷たいんだと感じました。

ただ欧州全体の冷戦後の国際安全保障体制に関して言えば、本来はゴルバチョフソ連大統領が提唱した「欧州共通の家」の中には当然ロシアも入っていました。欧州安全保障協力機構（OSCE）は米露を含む敵と味方の対立関係をつくらないための制度やルールを定めた安全保障体制構築の試みです。それが結局は軍事的集団防衛機構、つまり潜在的な敵国の存在を前提とした防衛体制であるＮＡＴＯ強化とＮＡＴＯ加盟の議論に収斂（しゅうれん）していきました。冷戦後の欧州の安全をめぐる議論がＮＡＴＯ強化と拡大の議論にすり替わったのです。欧州から見ると、ウクライナ紛争の重要な論点だと思います。

それから、ＥＵも一緒になってやる制裁強化、追加制裁について、この二月の終わりに外相会議が開催されていますが、果たしてどのぐらいの効果があるのか疑問です。中国の存在感は、今後大きくなる可能性もあるし、ロシアに対する影響力も強まるのではないかと考えられます。また仲裁者として、先ほどトルコの話も出ましたが、中国の立ち位置は注目されるところだと思います。これからさらに議論を進めたいと思います。

一つはなぜ今だったのかということと、また日本としては、プーチンなきロシア国家の実現は可能なのか、それからなぜ戦争は止められなかったのかというような大きな質問もあるのではないでしょうか。

それから、松嵜さんが最後に小国としての主体性ということを仰っていました。ウクライナは小国ですが、そこにどういった主体性、現実があるのかという点、それから廣瀬先生、アフガン化とおっしゃられたけれども、代理戦争って言っても冷戦の時みたいな純粋の代理じゃなくって今回はロシアの正規軍が出ているので、そのあたりをもう少しご説明ください。宇山先生については歴史的な解放とおっしゃられた点について、プーチンの歴史観について少しお話しいただけますでしょうか。杉田先生には制裁の可能性について、お話しいただければと思います。

松嵜　渡邊先生がおっしゃられた小国の主体性についてですが、ロシアが軍事侵攻するなかで中立化や非武装化を求めても、それはウクライナが地位を自由に選べる状況ではないように思います。

他方で、ウクライナは米欧や日本からの支援がなければ、主権を喪失する恐れもあります。今のウクライナでは主体的な選択をとることがとても難しいように思います。先ほどアメリカは民主主義影響圏を作ろうとしているというお話もあり、その対応についてもう少しお聞きしたいこともありましたが、いずれにしてもロシアとは性質がかなり異なるとしても、西欧の側にも勢力圏的な発想が垣間見られるように思います。少なくとも、ウクライナとの連帯を掲げても、ウクライナと西欧は完全に同じ立場ではなく、温度差があるように思われました。

プーチン周辺のエリートの動向

廣瀬　ありがとうございます。先ほど渡邊先生から、アフガニスタン戦争との比較についてのご質問がありました。

細部を見れば見るほど多くの違いがあるのは承知の上で、大局的な話をさせていただくと、両方とも軍部がためらいがちだったということ、そしてウクライナ戦争ではロシア軍が軍事作戦を進めていく中で、欧米が非常に厳しい経済制裁をロシアに科す一方、ウクライナへの軍事支援を非常に積極的に行っているという構図は、アフガニスタンを彷彿とさせるものであります。ロシア軍の戦費の消耗が非常にひどいと言われていまして、軍事行動の遂行や軍人の食糧や燃料の確保、さらに制裁で本来得られるはずであった収入が得られないことなどを総合すると、一日に日本円にして三兆円レベルの支出となっているようです。

ロシアが受けている経済制裁はとにかく厳しいもので、ＳＷＩＦＴ（国際銀行間通信協会）からの排除という最高レベルの金融制裁や個人レベルの制裁は、特に重くのしかかっていると思います。それでも現状ではまだSWIFT排除の対象から、エネルギー部門や最大手銀行のズベルバンクが除外されているという意味では、ロシアはまだ首の皮一枚でつながっている状態です。現在は、情報統制によって国内の反発を抑えられているという状況です。実際に経済的なダメージが国民に及んでくると、国民もさすがにおかしいということに気づいてくると思います。

今はSNSなどに精通した若者は現状を憂いていて、しかし、抗議行動は政府によって抑圧されているという状態ですけれども、逆に地方の方や高齢の方は、官製メディアのプロパガンダを信じています。だからこそ、プーチン支持率はかなり高くなるのです。経済的困窮が強まれば強まるほど、国民もどこかおかしいということに気がついてくる。そうなると、プーチン政権がどれだけ持つかという問題が現実味を帯びてくるかと思います。

宇山　まず、渡邊先生がおっしゃった欧米に関するプーチンの歴史観についてですが、西側がロシアの封じ込め政策をずっとやってきた、そして、ソ連崩壊後も不当なことをやってきたということを彼は以前から繰り返しています。ただ、米欧との関係ではそれなりに計算して振る舞ってきたと思います。近年、ウクライナへのこだわりが以前に増して激しくなってきていて、不合理な行動につながっているというのが今日の話の趣旨です。

また、なぜ今なのかですが、バイデンやゼレンスキーは弱いとプーチンが思ったからやったのだと思います。実は、メドベージェフが昨年、なぜウクライナの現在の指導部と接触することは無意味なのか、というタイトルの記事を書いています。そこでゼレンスキーについて、いろいろなことを持ち出して、現在のウクライナ指導部は弱いということを、さんざん書いているんですね。プーチンも同じ認識だと思います。ただ、メドベージェフは最後に、ではどうすればいいのかということで、もっとまともな指導部が出てくるのを待つことだ、ロシアは忍耐強いということを書いていたのですが、プーチンは待てなかったということになります。

それから、これは要は民族紛争であってカラー革命のせいではなかったのかという質問を視聴者の方からいただいていますが、ウクライナでウクライナ人と仲良く住んでいるロシア人もたくさんいるし、ロシアに溶け込んで住んでいるウクライナ人もたくさんいます。ですから、これは民族対立ではなく、ウクライナが西洋の一部なのか、ロシア世界の一部なのかという対立です。それも、ウクライナ国内で激しい対立になっていったのは、二〇一四年およびその少し前からで、米欧側が少しあおった面もなくはないですが、やはりプーチン政権が、ウクライナはどっちにつくんだとさんざん迫ったことによって焦点化した問題だということは強調しておきたいと思います。

今後については難しいですけれども、ロシアの一般国民の動向と並んで、エリートの動向が重要です。今回、両人民共和国承認の時に、安全保障会議を招集して、プーチンは一人一人に意見を言わせましたけれども、そこで、プーチンの若いころからの仲間である、ナルイシキン対外情報庁長官がかなり躊躇したんですね。プーチンがはっきり言えと迫って全面的に賛成だと言わせましたけれども、やはり、これほどのことにはついていけない気持ちの人が、彼の周辺のエリートの中にはいるはずです。その人たちが今後どうするのかということに、かなりかかっていると思います。

杉田　まず、制裁の効果ですが、これは制裁の目的をどこに定めるかということで変わってきます。もちろん今回の場合は、最大限の前例のない制裁と言ったにもかかわらず、侵攻が起きたということで、抑止力はなかった。それから、侵攻が起きた後、いろいろな制裁を科しても、プーチン大統領の行動に変化はないということで、今のところ戦争を止めるという直接的な効果は表れていないということです。

一方で制裁の効果を先ほどから先生方がおっしゃっているような、ロシアにおける長期的な意味での政権の交代、あるいは政策の変更、あるいは中期的な意味でのプーチン大統領の今後のウクライナを越えての軍事行動に対する抑止力という意味では、ロシア国民やエリートの反発、あるいはプーチン大統領を囲む側近たちのなんらかの離反といったものを促すことになると期待されている。南アフリカでは対アパルトヘイト制裁が一九六〇年代から科されましたが、アパルトヘイトが終わり政権交代が実現したのは、一九九〇年代初頭です。つまり二〇年以上制裁が続いて最後に成果が出た。ですので、制裁については長期的に見る必要があると思います。

それから、松嵜先生のご指摘でアメリカの民主主義の影響圏というのは何なのかということですけれども、今回ウクライナは、民主主義国であり、EU、NATO加盟を目指している。そうした国に対する攻撃があったにもかかわらず守れていないということで、アメリカの民主主義に対するコミットメントは揺らいでいる。ウクライナをどう位置づけるかという基本的な問題が、アメリカの中で解決できていない。国民世論もウクライナへ兵力を送り、ロシアと戦争することは反対している。NATOにすでに加盟している国々への防衛コミットメントは今回兵力を増派したことで明確にしている。それに一緒になって制裁を科すことで、ちょっと緩んでいた同盟を、たがを締め直して影響圏を改めて再確認する効果があったと思います。長期的な対ウクライナ支援は、どこまでロシアがウクライナを制圧しようとするのかによりますが、核戦争にエスカレーションする可能性だけは避けるという制約があると思います。

日本の対応はどうあるべきか

渡邊　どうもありがとうございました。EU、NATOから見て、いろいろな点で打つ手がないというような状況があると思いますが、この戦争をどういう形で終わらせるのか、日本の対応はどうあるべきなのかという点についてはいかがでしょうか。

松嵜　まず、どのように戦争を終わらせるのかという難題ですが、勢力圏や影響圏という発想で、ウクライナに介入し続ける限り、戦争は終わらないように思います。これまで日本は多額の支援をしてきましたが、ウクライナの主体性を回復させる上でも、今後はその復興に取り組むことが必要なように思います。

廣瀬　ロシアが戦闘をやめれば戦争は終わるけれども、ウクライナが戦闘をやめればウクライナが無くなってしまいますので、ウクライナは最後まで戦うでしょう。それでも、最終的にはロシアが軍事的に勝利する可能性はやはり高いように思います。だとしてもロシアは国際政治的には絶対に勝てませんので、非常に厳しい制裁の中で国際的に孤立し、また新しい国際関係のパラダイムが生まれてくる中で、ロシアは取り残されるという状況になるのではないか。そして、国際政治学などにおいて、この冷戦後の時代に語られてきた、覇権安定論や核抑止論など、多くのアカデミックな議論もこの戦争を契機に見直されていくでしょう。新しい世界秩序が生まれてくると思われる中で、国際政治学にも大きな転換が求められてくると思います。

宇山　やはり、簡単には終わらない。電撃的な作戦のつもりでやり始めたのだろうけれども、それがうまくいっていないので、ロシアも落としどころが見いだせない状況である。だから、プーチン政権が突然崩壊しない限り簡単には終わらないと思います。米欧の対応を見ていると、かなり前から侵攻の可能性を考えていたことは評価できますが、やはり、準備は十分ではなかった。だから、軍事的にどこまで介入できるのか、戦闘機の提供というような話は出ていますけれども、それだけで済むのか、もっと深く介入する必要が出てくるのではないかという気がします。当面、停戦交渉ということになりますが、今、ウクライナ側にとっては、いわば敵地であるベラルーシで停戦交渉が行われています。これはやはりたくさんの国が関わり、また、OSCEなど国際機関が関わって、もっと対等な態勢で交渉できるようにしなければいけないと思います。そして、日本は言うまでもなく、北方領土があるからとか、平和条約がどうとかいうことは一切抜きにして、国際社会で歩調を合わせてやっていくことが必要だと思います。

杉田　戦争がどう終わるかということについては、他の先生方と全く同じ意見です。日本の立場については、核兵器を持った軍事パワーが力で世界を動かすというのは日本の国益に全く反することです。それに異議を唱えないと、日本の今後の生きる道はどんどん狭まっていってしまう。東アジアが今後どうなるとか台湾情勢への影響ということだけではなくて、非軍事でここまで国を作ってきた日本が望ましい国際秩序、軍事を前面に出さない国際関係を維持するために、同じように軍事的にはパワーがないウクライナに当事者としてどれだけ強い連帯を示せるかということが問われている。それから、連帯を示して戦争が続けば、ますますウクライナの犠牲が増える。そのことも考えなくてはいけない。他国の犠牲に無関心で日本の国益を守ればいいんだという発想には、私は違和感を抱きます。

渡邉　ウクライナ問題をヨーロッパから見ておりますと、ウクライナは親しいようでいてもいろいろな意味でやはり距離があります。

どこまでヨーロッパがコミットできるかということでは、アメリカもそうですけれども、非常に慎重にならざるを得ない。表向きの題目としては民主主義、反独裁と言っていますが、民主的に発展した国としてウクライナをEU加盟国として迎えることは簡単ではない。ウクライナ問題は明確で決定的な解決のつかないままに少しずつ改革を進めていき、その間の解決は、言葉はよくありませんが、塩漬けのまましばらくあるのかなというふうに思います。それが長引かないことを祈るばかりです。

歴史的に見ると、ヨーロッパの首脳は一応、プーチンと直接話したりしているわけです。日本外交については、現政権はできるだけのことをやろうと努力している姿勢は見られますが、どうも日本外交の動きにはもともと制約が大きい。ロシアや中国の首脳と交渉し、事態解決の具体的な糸口を率先してつけられるようなことができない。日本外交そのものが側面的で二次的支援・協力の形しかとれない。それは今の内閣とか外務省というよりも、歴史的にさかのぼって日米同盟の枠組みを超えた外交活動がしにくい形ができてしまっている。日本外交そのものの構造的な問題があるのだと思います。それが改めて問われているのではないでしょうか。どうもありがとうございました。

第二章

国際社会とアフガニスタンの関係の正常化

シンポジウム②

出席者

〈司会〉渡邊啓貴（日本国際フォーラム上席研究員、帝京大学教授）

山本忠通（元アフガニスタン担当国連事務総長特別代表）

ナーディル・ナデリー（元アフガニスタン独立人権委員会委員長）

ヴィーガウダス・ウシャーツカス
（元リトアニア外務大臣、駐アフガニスタンEU代表部大使）

アハメド・ラシッド（ジャーナリスト、パキスタン）

二〇二二年二月一六日開催

ユーラシア全体に関わる問題

渡邊　ただ今から、「国際社会とアフガニスタンの関係の正常化」（Normalization of Afghanistan's Relationship with International Community）をテーマに座談会を始めたいと思います。

最初に、本座談会開催の背景について一言申し上げます。日本国際フォーラムでは五年前から「ユーラシア・ダイナミズムと日本外交」という研究会をやっておりまして、私がそのチームの主査を務めさせていただいています。

日本外交にとって最も重要なパートナーは米国や中国ですが、日本の地政学的な視点から考えますと、もっと広く世界を見た中で日本外交を考えてみることも必要ではないかというのが私たちの問題意識です。

冷戦後、日本でも橋本龍太郎総理のときに「橋本イニシアティブ」という形で、一九九〇年代にユーラシアへのアプローチを積極的にした時期があります。しかし、その後二一世紀に入り国際社会の情勢も大きく変わってくる中で、日本の外交的プレゼンスが少しずつ薄れているのではないかと考えられるわけです。

こうした中で、昨年（二〇二一年）八月、アフガニスタンから米国が撤収するという事態が起き、米国、欧州、そして日本をはじめとするアジア諸国も非常に大きな影響を受けました。あるいはユーラシアにおけるそれぞれの国際的な立場、あるいは国際的な貢献について改めて考えさせられる機会になりました。

日本でも昨年、アフガニスタンの政変時に盛んにニュースでも取り上げられましたけれども、そのときにちょうど本日中心的なパネリストになっていただいている山本忠通大使にも、我々の研究会にご参加いただき、最新のアフガニスタン事情や、日本の対応の可能性についてお話しいただきました。

しかしその後ウクライナ問題などもあり、アフガニスタン問題の報道は、次第に少なくなってきています。ただ、このユーラシア・ダイナミズムを研究する私たちのグループにとっては、このアフガニスタン問題は、まさにユーラシアのど真ん中で起こっている重要な問題です。アフガニスタンは、ユーラシア全体に関わる問題であろうと考えられるからです。

そしてまた、日本のユーラシアに向けた外交だけではなく、世界に向けた外交の中で、どういう位置をこのアフガン問題が占めるのか。そしてまた、今後どんな可能性があるのかということを、本日は、アフガン問題の専門の方々に議論していただきたいと思います。

私自身は、ヨーロッパを専門としており、フランスおよびヨーロッパの外交を見ていますので、そういう立場から少し発言したいと思います。

今回の座談会を開催するにあたって、最初にお声をかけさせていただいたのが、山本大使です。山本大使は、駐米大使館特命全権公使、広報文化交流部長、パリにあるユネスコ日本政府代表部の大使、ハンガリー大使等々を歴任して、その後、国連事務総長特別代表を務められました。日本人の中では最もアフガニスタン問題に通じている方です。

アフガニスタンに関する座談会を企画したいとお話をしましたら、快くお引き受けいただいたうえに山本大使の親しい方々に声をかけていただきました。ナデリー氏、ウシャーツカス氏、ラシッド氏です。

ラシッド氏は『タリバン』（二〇〇〇年、講談社）というご著作が、特に九・一一直後には日本でも大変有名になりましたので、お名前をご存じの方も多いと思います。

まず山本大使からそれぞれの方々についてのご紹介をいただきたいと思います。また、ご挨拶もかねて一言いただければと思います。

山本忠通　渡邊先生、どうもありがとうございます。本日は時間が限られていますので、私はゲストスピーカーの紹介のみ、させていただきます。アフガニスタン政策に関連して、それぞれの領域で今なお非常に影響力があり、活動的な三人の著名な講演者を迎えることができて、私たちは非常に幸運であると思います。

講演の順番に従い、三人の講演者を紹介します。まず、ナーディル・ナデリー氏。アフガニスタン関係者で彼を知らない人はいないでしょう。かように申し上げることをお許しいただけるなら、彼は良心の声でありつづけ、アフガニスタンを代表する高潔な人（a man of integrity）です。

彼は二〇〇一年のボン会議では若者世代の代表として参加しました。その後、七年間、アフガニスタン独立人権委員会の委員を務め、委員長になられました。この間、人権をめぐるアフガニスタン国内の意識は飛躍的に向上しました。彼はガニー大統領から求められてアドバイザーを、また閣僚も務められました。カブールの外交団をはじめとする国際社会の代表はナデリー氏の誠実さと公正さを尊敬し、見解や助言を求めました。私自身にとっても、他の人々にとっても、複雑な状況下では特に、彼は最も頼りになる発信者でした。彼の冷静さと問題の核心に迫る能力については疑いの余地がないと思います。

次に、ウシャーツカス大使にご講演いただきます。おそらく彼は、リトアニア、そして欧州の最も著名な外交官の一人です。リトアニアの外務大臣になられる以前には、米国、そして英国駐在の大使でした。その後、アフガニスタン、そしてロシアへのＥＵ特別代表に任命されました。もちろん、彼は今でも欧州、米国、ロシア、そしてこの地域の多くの主要人物と親交のある、最も影響力のある人物の一人です。

さて、アハメド・ラシッド氏を紹介する必要はほとんどないでしょう。大変有名なご著作である『タリバン』は一四〇万部以上売れたと思いますが、他にも多くの重要な著作があります。最新の著作は『瀬戸際のパキスタン（Pakistan on the brink）』というタイトルですが、その前のものとして、『カオスへの転落（Descent into chaos）』があります。こちらも、この地域、特にアフガニスタンで働いた経験のある人なら誰でも読むべき重要な本です。彼は多くの政府や国際機関から相談を受け、その意見は尊重され、傾聴されています。

三つの異なる視点から、おそらくそれぞれの国と地域のトップクラスの講演者に参画いただいております。私からの紹介は以上としまして、お三方にお話しいただきましょう。

破滅的な人道危機の様相

ナーディル・ナデリー　山本大使、過分なご紹介をいただきどうもありがとうございました。久しぶりに友達のラシッド氏とウシャーツカス大使にお会いできて本当に嬉しく思います。このオンラインセミナーにパネリストとしてご招待いただき感謝申し上げます。

時間が限られていますので、二つの分野だけに焦点を絞ってお話しいたします。それは、問題の範囲と規模において、今日のアフガニスタンを定義する上で非常に重要な二つの分野です。

第一に、私たちがよく知っているように、それは破滅的な人道危機です。私はこの大惨事の異なる様相とそのコストについて簡単に話したいと思います。第二は、国内問題だけでなく、国際問題としても主要な部分を占める政治的危機です。

人道危機については、国連の報告によると、二〇〇〇万人以上が貧困に瀕しており、失業率は驚くべき値に達しています。人々はわずかな食べ物しかなく冬を迎え、そこでの人道的大惨事の状況はさらに悪化しました。

この大惨事には、数多くの要因が考えられます。

第一に、よく語られている通り、アフガニスタン中央銀行の準備金の凍結を含む制裁です。他の多くの人々とは異なり、私は、この準備金の凍結だけが人道危機の主な、あるいは唯一の理由だとは思いません。他にも、以下に私が挙げるような要素があります。

第二に、国際開発援助全体の削減あるいは縮小です。これが、経済を衰退させる大きな要因となり、市場における事業を衰退させたため、多くのアフガニスタン人が雇用と収入の機会を失ってしまったのです。

第三は、タリバンの言動と活動そのものです。金融部門のガバナンスは、一貫性がなく、一定の明確な法の支配に基づいていません。中央銀行は独立機関たるべき機能を失っています。「最高ガバナンス評議会」も機能していません。銀行、特に中央銀行の業務にどの法律が適用され、どの法律が施行されているかという点が曖昧になっています。

この結果、また、事実上の政府（注・タリバン政権のこと）が招集した適切な会議が一度しか開かれなかったため、適用されるさまざまな法律の問題や、企業がどのように運営されるのか、またどの法律が企業家にどのような種類の保証を与えるかについて、タリバンによる内部的な審議や一般的な審議が全く行われていません。そのため、投資に対して企業が自信を持てないだけでなく、消費者も支出に対して自信を持てません。

アフガニスタンの人々は過去に多くの悲惨な状況を経験していて、経済が衰退と崩壊を続け、その後貧困が拡大し、人々がほとんど貯え（たくわ）を持っていなかった九〇年代を鮮明に記憶しています。彼らは現在も、食料などの必需品や冬の暖房や避難場所のために、そうしたわずかな貯えを費やしているのです。それは新たな（困難の）波をもたらすこととなりました。

また、アフガニスタンのインフォーマル経済（闇経済）は、フォーマル経済と同程度か、時にはフォーマル経済よりも大きくなります。流動性に大きな問題はありません。事業もしくは資本や富に何が起こるかについての自信が持てないため、人々はお金を使いたがりません。彼らは資金と流動性預貯金を国外へ持ち出しています。これが第四の要因と言えます。現在の人道危機には、こうした少なくとも四つの相互に関連した理由があると思います。

人道状況に対処するための巨大な任務に対応せねばならない国連の努力に対して、もちろん、銀行システムの制裁措置を取ることは、救助を遅らせています。また、過去二〇年間に構築された国家の能力、および非政府組織の能力は、国連や他の援助機関によって適切に再編成されたり、活用されたりしていません。それゆえに冬の後半を迎え、人々は苦しんでいます。冬の終わりまでに、すべての運営が適切かつ迅速に展開されるかどうかについては、十分な自信がありません。

依然明らかではないタリバンの統治方法

ナデリー　私たちが今直面している二番目の大きな危機、政治的危機へ話を急ぎます。第一の問題は、タリバンの国内統治における正当性と信頼性の欠如です。戦争や革命と彼らが呼ぶジハード以外について、彼らは話しませんでした。歴史的、伝統的に、アフガニスタンでこれら以外に政治権力が正当性を獲得してきたメカニズムはありませんでした。

他方、過去二〇年間に、伝統的なロヤ・ジルガ（国民大会議）とアフガニスタンの人々が受け入れてきた選挙を組み合わせた形で統治が行われてきました。この統治には困難もありましたが、それでも世論調査の分析によると、アフガニスタン人は選挙で選ばれた政府が機能することを望んでいます。現在はそれが欠落しているため、多くの人々がその点の信頼の欠如のために、パキスタンやイランに、そしてそれらの国境を越えて欧州に行くことを望んでいるという事情が窺われます。

第二の問題は、行政の不明確さ、中央・地方の行政機能の消滅、行政サービスの管理・提供能力に関するものです。人々は、財政能力の欠如だけでなく、適切な統治の欠如と、この段階で国がどのような統治をするのかについての明確さの欠如に苦しんでいます。

その一部として、人権状況は重大な関心事です。カブールおよび共和国崩壊とタリバン政権成立からちょうど六か月が経ちましたが、統治の方法が未だに明確になっていません。その一環として、少なくとも四つの重大な人権侵害のパターンが発生しています。司法手続きを経ずに行われる殺害は、その分かりやすい例です。統治方法において対立する要求を行っていた元軍当局者や、地域の長老を含む治安当局者などが被害に遭っています。また、市民社会と女性の権利に関する活動家の一部も含まれています。

人権侵害のパターンとしての二つ目は、よく語られている通り、女性の人権問題です。女子生徒のための学校へのアクセスだけでなく、重要なのは、政府機関で働く女性の地位です。彼女たちが公務に意味ある形で参加し、職場に戻り、国のために奉仕することに関して、未だ不明確です。これも、人権上の大きな懸念となっているのです。

三つ目は、表現の自由の侵害です。表現の自由はほぼ完全に失われようとしています。メディアの自由は著しく制限され、大きく後退しています。四つ目は、集会と結社の自由の侵害です。デモは制限され、多くの場所で抑圧や暴力が見られます。拘束されたり、失踪したり、誘拐された活動家もいます。

これらは、依然として大きな懸念です。タリバンの代表からは聞こえのよい言葉が語られていますが、これらの問題は広域に及んでいます。これらの人権侵害が組織的に行われているように見えることがあるという点も、懸念されています。

国際関係に目を移すと、国際的な信頼の欠如が非常に明白です。タリバンのメンバーの中には、国内の信頼を得ることを第一として、国際的な関係者に接触し、説得するために非常に積極的に活動している人もいます。その結果、しばしば彼らは国際的な信頼と承認を得ることもあり、同時に、我々の国際的なパートナーや関係者の中にも、タリバンと交渉するのに非常に積極的な人もいます。しかしそうしたことは、私たち市民社会自体の様々な領域における緊張を作り出しました。

というのも、例えば「我々は注意する必要がある」とか、「アフガニスタンの人々の要求やメッセージにおいて一貫性を保つ必要がある」とか、「タリバンのように辛抱強くならなければならない」とか、「タリバンが国内的にも国際的にも求めているような認識を得るまで待とう」などといった、いくつかのかたちの反応が生じているからです。

最後に、来月（二〇二二年三月）行われる予定である、国連アフガニスタン支援ミッション（UNAMA）の任務の見直しは、重要なポイントとなるでしょう。山本大使はきっと大きなご関心を抱いて注視していらっしゃることと思います。安全保障理事会は、UNAMAの任務について再び投票する予定です。我々は、一部の常任理事国がUNAMAの権限を変更するのではないか、つまり、政治的権限を除去し、人道的権限のみに限定するように変えてしまうのではないかという噂を耳にしています。

しかし、UNAMAの人権および法の支配に関する権限は、これら分野において何が実際に起こるのかを可視化するという、アフガニスタン人と国際的なパートナーやアクターの双方にとって重要な役割を担っているともいえるのです。

終末的なシナリオは表出していない

ヴィーガウダス・ウシャーツカス　まず、私たちをお招きいただき、アフガニスタンとの関係に時間と労力を割いてくださった日本国際フォーラムと渡邊先生に感謝いたします。

外交官としての長いキャリアの中で、私は常に日本の著名な外交官の経験と見識によって豊かになってきました。山本忠通大使はその一人であり、この非常にやりがいのある難しい仕事に長い間献身してきた方と友人でいられることを、誇りに思っています。

私のアフガニスタン滞在中のもう一人の友人に高橋礼一郎元在アフガニスタン特命全権大使がいます。同大使とは政治・人道の両面で、またテニスのパートナーとして緊密に協力しました。いつの日か、カブール国際テニスクラブが平和な状態で再開されることを願っています。

ナーディル・ナデリー氏が話された内容をフォローする形になりますが、アフガニスタンで主な紛争が終結し、米国とNATO軍の迅速な撤退により、タリバンが抵抗を受けずカブールに進入したのは、たった六か月前のことで、まるで昨日のことのようです。私は、ナデリー氏とは微妙に異なる評価をしています。これについては後ほど議論できれば嬉しく思います。

少なくとも半年が経過した現在についての私の考え、あるいは結論として申し上げたいのは、重大な変化は起こったものの、終末的シナリオが表出したわけではない、ということです。確かに、この国は深刻な人道危機に直面しています。タリバン政権は国民への適切な公共サービスの提供に奮闘していますが、財政危機に直面しています。とりわけ人権に関しては、一部の元政府高官、市民社会人、人権擁護活動家の逮捕や誘拐の報告が続いており、引き続き懸念されます。もちろん、このような状況下で、ますます多くのアフガニスタン人が国を逃れることを選んでいます。

その一方で、国内外の観察者と話をしていると、現在のタリバンの女性に対する扱いが九〇年代ほど厳しくないことを知っている人が多くいます。それはもちろん、私が、現在の彼らの実践を正当化するメッセージを送りたいわけではありません。しかし、そこには違いがあるのです。タリバンはイスラム国へのテロ対策へのコミットメントもおおむね実行しているようです。それは、米国の国連特使トーマス・ウェスト氏が米国平和研究所における発言で述べたことでもあり、概してタリバンが米国との間の二国間コミットメントを満たしているということです。

タリバンの前向きな兆候や肯定的な発言を見出すこともでき、例えば女性や女子を学校に行かせると約束しています。アフガニスタンの経済・人道状況は引き続き悪化していますが、タリバンは財政の安定に向けていくつかの積極的な措置を講じています。

世界銀行などによると、アフガニスタン政府は二〇二一年九月から一二月末までに約四億ドルの歳入を得ました。二〇二〇年の同四半期と比較すると半分以下ですが、二〇二一年七～八月の歳入を消し去り、経済の崩壊をもたらした突然の政権交代による混乱に鑑みれば、これは確かな成果だといえます。

私たちはまた、二〇二二年一月二四日と二五日のオスロで、非常に重要な会合を目にしました。そこにはタリバン代表の外務大臣やその他の人々、つまり西側諸国の代表、さらに重要なことに、アフガニスタンの市民社会や人権団体の代表も参加しました。その会合で、米国と欧州の外交官はアフガニスタンのタリバン当局者に、人道支援は同国の人権状況の改善に関連づけられると伝えました。

西側の外交官はまた、人権尊重の重要性と、アフガニスタンの安定と平和な未来を確保するための包括的で民意代表的な政治体制の必要性を強調しました。

オスロ会談の後に発表された米国および欧州の共同声明によれば、会談以後、ムッタキー外務大臣代行をはじめとするタリバン政府関係者は、包括的政府の定義について疑問を呈し、外国政府はこの用語の意味する具体的基準を提供していないと述べ、また現在の暫定政府は多様であると主張しました。

もちろん、今の状況は完璧ではなく、むしろそれとは程遠いということは申し上げておきたいのですが、しかし私が言いたいのは、より単純には説明できないような複雑さがあるということです。

日本政府を含む西側政府のみならず、地域の利害関係者の誰一人としてタリバン政権を認めていない一方で、西側の政策アプローチにおいては、プラグマティックな交流が形成されつつあります。これはEUと加盟国が採択したアプローチでもあります。

話を九月に戻しますが、EUの上級代表兼欧州委員会の副委員長であるジョセップ・ボレルは、欧州議会討論会で次のことを強調しました。彼の言葉を引用します。

「出来事に影響を与える可能性を持つためには、タリバンと接触する以外に選択肢はない。接触は承認を意味するものではない。接触するということは、語り、話し合い、可能なときには合意することを意味する」

その文脈で、EUの二七加盟国は、この接触のレベルと性質が、以下の五つの基準に関する新政府の行動次第とすることに合意しました。

その基準とは第一に、アフガニスタンが他国へのテロ輸出の基地にならないことです。第二に、人権、特に女性に対する人権の尊重です。第三に、未だ達成されていない包括的で民意代表的な政府の樹立です。第四に、人道支援への自由なアクセスです。第五に、危険にさらされ出国を望んでいる外国人およびアフガニスタン人への出国許可です。

EUは事実上、カブールで欧州連合代表団を運営し続けています。大使はブリュッセルに住んでいますが、少なくとも六人の外交官がおり、EU加盟国の十数人の大使はカタールを拠点としています。EUの人道支援部隊であるECHOは、九〇年代のタリバン政権期と同様に、アフガニスタンでの活動を続けています。

ＥＵもアフガニスタン支援に一〇億ユーロを約束しました。わずか一週間前、基本的および人道的なニーズのために二億六五〇〇万ユーロが国連運営信託基金に割り当てられました。さらには米国による凍結資産の条件付き解除をも主張しています。二月一二日、バイデン大統領がアフガニスタン中央銀行の半分凍結された七〇億ドルの資産を最終的にアフガニスタン国内で分配することを許可する大統領令に署名したことについても、我々は歓迎しています。この七〇億ドルのうち、三五億ドルがアフガニスタンに、三五億ドルが九・一一テロの犠牲者に割り当てられた理由について議論があるのは知っていますが、それを米国の友人たちは明確にし、説明しなければなりません。

最初に強調したように、ＥＵは全般的に、日本政府や日本の外交官との緊密な運用上の協議、およびアフガニスタン内外における人道上および政治上の複雑な難問に取り組むための貴国の関与を高く評価しています。

前に述べたように、アフガニスタンで過ごし、ロシア、中央アジア、そして最近パキスタンを訪れた経験から、日本はアフガニスタンの人々にとって公平で長期的なパートナーとして非常に高い評価を得ていることを私は知っています。岡田隆駐アフガニスタン日本国大使は、引き続きカブールを定期的に訪問しており、欧州の同僚から高い尊敬と評価を受けています。

アフガン人自らによる調和プロセスを

ウシャーツカス　ＥＵも、アフガニスタン周辺諸国との外交的接触を積極的に進めており、タリバン政権を承認はしないまでも、現実的かつ実用的な対話を行うため、国際的なコンセンサスを固めようとしています。

しかし、実際的な外交と関与の面では、以下の主要な関心事がアフガニスタンに対するEUの政策決定者を動かしているように思われます。それは、第一に、潜在的な難民流入の阻止です。第二に、欧州のNGOや政府機関で働いてきたアフガニスタン人の避難の継続です。第三に、人道危機に先進的に取り組む準備です。そして第四に、国際テロの拡大防止です。

概して、同じ要因がおそらく異なる順序で、または逆の順序で米国のアプローチに影響を与えているのですが、地理的な距離ゆえに、米国は難民リスクにはそれほど関心がありません。西側の外交官の間には、タリバンとの正常化ロードマップと呼ばれるものを作成する考えがあります。オスロ会談が示したようにそれは望ましいものですが、難しい挑戦かもしれません。

その理由としては、第一に、アフガニスタン社会が直面している深刻な人道危機について、タリバン政府との間に共通理解がないことです。オスロ会談の内外の話し合いの中でタリバンの代表者たちは、これは全能の神が取り組まなければならないことであって、政府がすることではないと信じている、とも言及していました。

第二に、「より包括的な政府」には何が必要であるのかについて共通理解がないという点に、タリバンの外相は異議を唱えています。

第三に、日本、EUおよび米国が非常に重視している、女性の権利です。この問題は他の近隣諸国によって条件付きで支持されるでしょう。それはおそらくアハメド・ラシッド氏が、答えを出すことを助けてくれるでしょう。

第四に、今秋の中間選挙前に米国内でタリバンの承認をめぐる動きがあるとは思えません。バイデン政権によるアフガニスタンからの迅速で恥ずべき撤退（と私は言います）後の否定的な影響を念頭に置くと、バイデン政権が終わる前でさえ、承認の動きはないでしょう。

結論として、前進するにあたっては、アフガニスタンという教科書から、少なくともその欧州連合版から学んだ主要な教訓を思い出すことが重要です。私たちは包括的なアプローチを適用し、応急処置を期待するのではなく、持久力を備える必要があります。私たちが山本大使とともに二〇一二年に日本で立ち上げた、「相互の責任と条件付け（mutual accountability and responsibility）」の考え方を推進することが重要です。

アフガニスタン人たちが自ら努力して、彼ら自身の調和プロセスを形成しなければならないという信念は今後も保持していくべきでしょう。

すでに歴史が証明しているように、軍事的解決策はありません。政治的和解は地域の大国に受け入れられ、支持されなければなりません。特にパキスタン、イラン、中央アジア、中国、ロシアの支持が必要です。アフガニスタン人たちは、ＥＵや日米のアフガニスタンに関する教科書とは全く違うやり方で物事を進めていくでしょうから、私たちが驚く可能性は常にあります。

これらのことを考慮すると、ＥＵと日米がより包括的な社会、自らと近隣諸国とが平和に暮らす社会、政府が国民にサービスを提供し、人権を尊重することを目指す、アフガニスタンの新たな旅において、それを支援し促進する役割を引き続き果たしていくことが非常に重要であると思います。

タリバンと向き合うための戦略的課題

アハメド・ラシッド　私をこのセミナーに招待してくれた皆さん、特に日本国際フォーラムの方々に感謝します。日本で行われる企画への参加は、私にとって常に大きな喜びです。ナーディル・ナデリー氏が残念ながら私の論点のほとんどを取ってしまったのですが、私たちの間に何か違いがあるかどうか見てみましょう。

タリバンと国際社会が向き合うべき三つの戦略的課題があり、六か月の間、彼らはそれについてほとんど何もしてこなかったと、私は考えています。

戦略的課題とは、第一に今後のための政治的ロードマップの必要性です。それを提供し得るのはタリバン以外にないのですが、それは建設的で広い基盤を持ったものであり、また、マイノリティを包括するものでなければなりません。しかし、タリバンが何を望んでいるのか、私たちにはわかりません。彼らは選挙の実施を拒否し、アフガニスタンの伝統的な合意形態であるロヤ・ジルガにも反対しています。彼らが何を望んでいるのかを理解できていない国際社会は、この国の政治的将来のロードマップを全く見出せていません。

第二の戦略的課題は、あまり語られないことなのですが、軍とタリバン民兵の統御です。それは、国連、国際社会、タリバンによる、何らかの管理下に置かれなければなりません。なぜなら、私たちがすでに目にしているのは、米国人によって置き去りにされた膨大な数の武器が地域に浸透し、テロを助長しているからです。

例えば、最近のパキスタン、バロチスタン州での攻撃では、武装勢力が以前は入手できなかったような米国製の武器を携帯していることが分かりました。つまり、米国人が残していった武器が売られたり、流通したり、賄賂として渡されたりしているのです。もちろん、これはこの地域のテロを制御する上で重大なことです。しかし、現在までタリバンは、この地域におけるテロを制御し、中央アジア、中国、パキスタン、その他の場所からのテロリスト集団を支援しないと約束したドーハ合意のいかなる側面も履行していません。繰り返して言いますが、履行していないのです。私たちはタリバンがこれらのテロリスト集団を厳しく取り締まるところを見ていません。彼らの多くは率直に言ってタリバンと同盟関係にあるからです。

第三の課題は、ナデリー氏が述べた通り、経済復興です。これは、人道的危機への対処とは異なる、より複雑な課題です。経済が回復しない限り、人道危機は、来年、再来年と、ますます悪化するでしょう。建設的な方法で行われる雇用創出は絶対に必要です。

さて、この三つの戦略課題において、日本が過去に主導的な役割を果たしてきたことは特筆に値すると思います。九・一一以後、日本はムジャーヒディーンと軍閥の武装解除のために資金援助を行い、それは教育と経済の復興に役立ちました。そして政治面でも日本は重要な役割を果たしました。そこには、他の諸外国に共有されるべき教訓があります。

現在、これら三つの戦略的課題の多くを、タリバンは解決できていません。例えば、タリバンはNGOに関してどのようなプロセスなら受け入れるのか。現在のところ彼らはNGOを支援していますが、これは経済復興に役立てるために彼らが実行した、いわばNGOや国連を見定めた政策です。女性、教育、高等教育、人権に関する様々な問題に対する、国際社会とタリバンの政策は何でしょうか。私はこの戦術的問題の長いリストについて詳しく述べるつもりはありません。

しかし、これらの戦略的課題のうち、アフガニスタン国民と国際社会の利益のために解決されたものはほとんどないことを強調したいと思います。しかし同時に、国際社会はタリバンにこれらの問題に対処させ、包括的な方法で彼らの要求をまとめ上げるための適切な政治的戦略の適用に失敗したということも指摘しておきたいと思います。

つまり、タリバンにはこうした内部の問題に対処するための計画が必要ですが、国際社会の側にもそうしたものが必要であると言いたいのです。これまでは、混乱するばかりでした。バイデン大統領が米国内で凍結されているアフガニスタン中央銀行が保有する九〇億ドルの資金のうち、七〇億ドルを分割するという大きな過ちを犯したのを我々は目撃しました。米国にこのようなことを行う権利はないはずであり、アフガニスタン人も世界中の多くの人々も、抗議しています。

しかし、繰り返しになりますが、必要なのは、米国だけではなく、国際社会の合意、場合によっては国連を通じた戦略です。しかし、ナデリー氏が言ったように、国連の地位低下という大きな誤ちが起こっています。

非常に簡単に説明しますと、三つの戦略的な課題と複数の戦術的な問題がありますが、どれも未解決のままなのです。地域情勢に関する限りでは、カブール陥落直後、パキスタン、中国、ロシア、イランがタリバン政権の早期承認を考えていた時期があったと思われますが、ありがたいことに、彼らはそれをしませんでした。タリバン承認には国際的な合意が必要であるという常識の下、彼らは思いとどまったのです。もしも各国が足並みをそろえずに独自に承認を行ったなら、ロシアがアフガニスタンから撤退した後と同様に、新たな国際的混乱が生じたことでしょう。つまり、軍閥主義と民族間の緊張の拡大、そして宗派間の緊張といったものが懸念されます。

タリバン承認のためには、連帯した共同の取り組みが必要です。これは国際社会が文書として明記すべきことです。そして、国際社会の要求をタリバンに認識させるべきです。それが実現するまでは、つまり個別にではなく共同で取り組めるようになるまでは、人道的問題、経済的問題、軍縮問題など、アフガニスタンが直面している主要な問題のいずれにおいても、進展はありません。私は、このようなセミナー等の働きかけにより、これが前進の方法なのだとタリバン側に提示し、彼らをそこに参加させるよう働きかけるような体制を、国際社会が協力して創り上げることを希望しています。

個別に申し上げますと、タリバンと最も親密な関係にあるパキスタンは、この時期に教訓を得たと思います。パキスタン自体が破産した国家で、深刻な政治的経済的危機に直面しています。選挙で選ばれた政府を転覆させる恐れのある反対運動があります。世界の他の地域と同様に、多くのインフレと生活費の上昇、そしてパキスタンの不安定性があり、パキスタンに波及するアフガニスタンの不安定性について語られています。

私は、パキスタンの不安定さが、我々が見てきたより活発なテロ集団や攻撃とともに、アフガニスタンに波及する可能性を非常に感じています。現在、パキスタンのバロチスタン州とカイバル・パクトゥンクワ州で二件の反乱が起きています。四州のうち二つが反乱状態にあるのです。明らかに、これはアフガニスタンの解決を助けることにはなりません。

状況は複雑ですが、タリバンが具体的な何かを得ることができ、そして国際社会が戦争や紛争の勃発を防ぐことができるよう、政策立案者による、正面からアフガニスタンと向き合う公正な戦略的視点が必要です。

国内での対話のメカニズム構築を

山本　ありがとうございました。三つのプレゼンテーションすべてに感謝します。問題が浮き彫りになり、また、具体的に考えていくための多くのヒントを与えていただいたと思います。タリバンが六か月間政権を掌握していますが、国際的にもアフガニスタン国内でも、以前からの関係者による、混迷の中でも継続された努力の結果、問題の所在がはっきりしてきたと思います。具体的な課題を理解できるようになってきたということを、お三方は説明されたと思います、時間が限られていたため、ラシッド氏は、戦術的な問題と呼んでいたことについては触れられなかったのですが、私は、より大きな戦略的問題に踏み込みたいと思います。

私は、アフガニスタンとその地域の将来について考えます。アフガニスタンのみについて語ることは適当ではなく、常に地域について語るべきであると思うのです。その際に、守られるべき基本的な要素があります。

それは、第一に、アフガニスタンの国作りは、アフガニスタン人自身のものでなければならず、外部からの思想の押しつけであってはならないということです。これは、タリバンだけでなく、すべてのアフガニスタン人が主権を持つべきことを意味します。そのためには、アフガニスタン内で対話のメカニズムが明確に確立され制度化される必要があります。

タリバンが反政府勢力を政府に迎え入れることを拒否していることはよく知られていますが、おそらくそれは最大の問題ではありません。なぜなら、どんな国の政府でも全国民を満遍なく代表するものではなく、常に政府担当勢力と反対勢力が存在しているからです。しかし多くの国には、全国民の声を組織的に反映させる仕組みがあります。

第二に、アフガニスタンは近隣諸国や国際社会と協調して生きなければなりません。タリバンは近隣諸国が安全面で懸念を抱いていることを明確に認識し、安全を保障すべきです。私は、ドーハ合意の実施に大きな関心を寄せています。このような観点から、今後の目標として、地域の結びつきの向上や地域統合に向けた取り組みを常に進めることと、現在の取り組みがそれに繋がることも重要です。

第三に、これはアフガニスタン人とタリバンにとっては、アフガニスタンという国、あるいはそれを今率いているタリバンが、国連に議席を得て国際社会で名誉ある地位を占めるためには、国連憲章に示された普遍的概念の実現を目指す必要があるということです。

国連憲章を引用するのは、タリバンが国連に参加したければこれに反対することはできないからです。憲章が述べていることの一つは、「人間の尊厳と価値、男女の平等」の権利における基本的人権を再確認することとです。このことは明確に記されていて、曖昧さはありません。

次に憲章が述べていることは、「社会の進歩とより良い生活水準をより大きな自由の中で促進すること」です。繰り返しますが、これは直接の引用です。そしてタリバンはイスラムやコーランに対する悪評に対して反論ばかりしているべきではなく、ガバナンス、人権、自由について、また国際社会がどのように発展していくかという点についての国際的な合意を受け入れなければなりません。これらが守られなければならない三つの基本的事項です。

その障害となる問題については、三人のスピーカーがすでに述べてくれましたが、根本的な問題は信頼の欠如であり、それには三種類あります。まず、アフガニスタン国民との間の信頼の欠如です。あまり詳しく述べる時間はありませんが、その時だけの取り決めではなく、対話を通じ制度的な仕組みに合意することが必要です。

さらに二つの信頼の欠如があります。一つは国際社会からの信頼の欠如で、もう一つはタリバン自身に関するものです。国際社会としては、アフガン国民の総意を尊重すべきです。タリバンは、現代社会に生きることが何を求められることになるのか、についての理解と、自ら考えている現実とのギャップを埋めることについて、努力すべきです。

アフガニスタンがこの地域と国際社会において豊かで意味のある地位を占めれば、アフガニスタンは孤立しません。しかし、もしアフガニスタンが孤立の道を歩めば、現在そこにいる人々を守ることはできません。彼らは現実を理解し、折り合いをつけなければならず、厳格なイスラム解釈に固執するのではなく、科学や、男女平等の権利について教育することの意義を理解しなければなりません。

日本の立場だからできること

山本　これらの障害を克服するために何ができるでしょうか。多くの人が言及している通り、国連の役割は重要でしょう。国連はおそらく、これらの基本的な問題すべてに公平に対処するために最善の場です。比較優位を有しています。しかし、国連の権限は限られており、加盟国の支持が必要です。ナデリー氏がすでに述べたように、一部の常任理事国は、国連が政治的な任務を持つことの阻止を望むかもしれませんが、それは止めなければなりません。そしてそのためには、日本やEUなどの、この地域について真剣に考えている、常任理事国以外の国々の努力が必要です。日本のような国々が率先して国連に正しい権限と任務を与え、国連と協力してそれらの仕事を開始することが非常に重要だと思います。

国連の果たしうる役割についての私の考え方を語る時間はないので、これについては一月の国連事務総長による報告書をお読みいただきたいと思います。この報告書は、政治、経済、人権問題に関して国連が担い得る役割について述べています。そして彼らの見立ては正しいと思います。彼らは主に、アフガニスタン内の対話、地域諸国との対話などの必要性について語っています。

私は、国連はそれほど石頭ではないと断言できます。人権分野においても柔軟性があります。人権の専門家、例えば私の下で働いていた人たちは、伝統的な社会と協働することの必要性を理解しています。そこから私たちは将来的なシナリオを描くことができます。

また、日本が有益な能力を発揮できることへの信頼を示してくれたウシャーツカス氏とラシッド氏の両名に感謝します。そして私もこれに同意します。まず、日本は非常にユニークな立場にあります。

日本は、人権、自由、民主主義の基本的価値を欧米諸国と共有しており、米国の同盟国です。しかし同時に、伝統的な価値観を持った社会から移行して、国際社会に参加したという経験も有しています。伝統的な価値観を持った社会が移行するとき、何が求められるのか、そしてそれがいかに難しいかを日本は理解しています。アフガニスタンの人々や伝統的な社会、そしてタリバンの抱える困難についても、

しょう。私たちは理解できると思います。私たちは共感を通じて、より現実的な方法を考え出すことができるで

私たちはアフガニスタンに直接的な安全保障上の、あるいは政治上の利害関係を有していません。私たちは、パキスタン、イラン、インド、中央アジアなど、この地域のすべての国と良好な関係を築いています。ロシアおよび中国とも強い絆を持ち、また米国の同盟国です。つまり、誰とでも対話ができる最良の立場にいるのです。私たちは経済支援のトップ拠出国の一つでもあり、長い間ナンバー2の位置にいました。今は三番かもしれませんが、それでもアフガニスタン開発のための二度の閣僚会議を開催しましたし、今後もできるでしょう。私は、日本が単独でこれを行うべきと論じているのではありません。むしろ関係国と協力し、基本的な課題が解決されて常任理事国が妨げにならないよう、日本は国連をも支援していくべきであり、それこそが大変重要であると考えています。

ここで終わりにします。パネルディスカッションについては、時間が限られているため、タリバンと国際社会が前進するためにやるべきことを一つか二つに絞って具体的に示していく必要があるでしょう。ラシッド氏はすでに私たちにいくつかの点を示してくれていると思いますが、結果に繋がる本当に具体的で実践的なことを考えることができれば、今後のプロセスに役立つでしょう。

渡邊　ありがとうございます。山本大使には、国際社会、国連と日本の立場、最後に重要な問題提起をしていただきました。まさに具体的に何ができるのか、どうすればいいのかということです。

皆さんのお話には、たくさんの論点がありましたけれども、結局、突き詰めていけば、タリバン政権、アフガニスタンそのものの近代化、民主化、それをどうやっていくのかというのが第一で、単なる経済

制裁などの外的圧力では成果が上がらないだろうということでしょう。アフガニスタン人自身の意識の問題だという話もずいぶん出ていると思います。

私もEUの問題として一〇年ほど前に、アフガニスタンへの対応を調べたことがあります。EUは九・一一以降、すぐに、アフガンに軍隊および援助を出し、教育の近代化に早くから取り組んでいたかと思います。そういう意味では、具体的な対応については、本日大使からお話が出ましたが、早い段階から議論されていたことでもあると思います。それから、ラシッド先生からは、NGOの話が出ましたけれども、NGOが一体どういうふうに今回この場では有効なのかというお話もあろうかと思います。

そうしたことを含めて、具体的な対応、長期的ビジョンと短期的な対応が必要になるかと思います。それについて皆さんのお考えを、まず簡単に一言ずつ、ご提案いただければと思います。ナデリー先生からいかがでしょうか。

アフガンで称賛された「カカ・ムラード」

ナデリー　私はまず、二人のパネリストに加わって、アフガニスタン人として日本に感謝したいと思います。日本は私たちの心の中に特別な場所を持っています。例えば私たちの英雄である中村哲医師は、「カカ・ムラード（中村のおじさん）」と呼ばれて親しまれ、国じゅうで賞賛されてきました。過去一〇年間、そしてこれ以降も、日本の貢献は中立的で、干渉や独裁をしないパートナーであり、同盟国であり支援者であると考えてきました。したがって、ラシッド氏が述べたように、日本が開催した第一回東京会議から他のいくつかの閣僚級のイベントまで、世界的な舞台でのリーダーシップ、特に開発面でのアフガニスタン問題について継続的に取り組んでいくにあたり、日本は最適の存在なのです。

私は、英国が近いうちに八つのコミュニティによる同様の会議を主催するか、共同主催するという発表を目にしました。日本が学んだ教訓、特にウシャーツカス大使が示唆した相互の説明責任という点での教訓は、日本で始まって発展し進化を遂げた結果、これらの新たなイニシアティブにすでに生かされているのだと思います。

しかしながら具体的な提案という点で欠けていると思うのはロードマップです。それはアフガニスタン人と国際的なパートナーが共同で作成するロードマップです。国内の正統性、信頼性、包括性、女性の権利とその詳細についての公約、そしてアフガニスタンの人々が求めているその他の問題を含む一連のポイントについて明確化する責任をタリバンが負うためのロードマップです。

また、このロードマップの一部として、援助機関、国内組織、地方組織、NGOといった活動について検証するためのモニタリングメカニズム、さらに独立した第三者モニタリングを通じた国連の活動といったものも、このロードマップに組み込む必要があります。

さて、ウシャーツカス大使は幾つかの点において私と意見が異なると述べました。私は二つの特定の問題についてウシャーツカス大使に挑戦しなければなりません。

第一に、タリバンの行動についてですが、それが九〇年代とは若干異なることは事実です。彼らは当時、私を逮捕し、刑務所に入れて拷問しました。彼らはまだ同じことをしています。しかしながら、女性の権利については、アフガニスタンは違う国となったことを忘れないでください。社会は変わりました。

かつてアフガン人の女性の間には組織的な運動がなく、個人として活動していました。今は、運動があります。男性よりも多くの女性たちを街中でもよく見かけます。彼女らには勇気があります。彼女らはたとえ銃口が向けられても、路上でその権利を主張しています。これは比較検討すべき重要な相違点であり、タリバンバージョン1.0はタリバンバージョン2.0となったのです。

そしてそれはアフガニスタンの人々の要求とも比較されなければなりません。また彼らが欲しているのは西洋的なそれとも異なります。EUや米国などの国々にあるものとは異なるものです。カブールや他の都市の路上にいるアフガニスタンの女性たちが欲しがっているものについては、比較検討されなければなりません。

第二の問題についてですが、二〇二一年八月一五日までの時期には、教員を含むアフガニスタンの公務員の三〇%が女性となっていました。社会の一部を率いていく点において、完全な統合が存在していたのです。この点については十分に考慮されなければなりません。

つまり私がここで提起したかった二番目の問題というのは、包摂性の明確化という問題です。私はアフガニスタン人自身が包摂性についてそのような明確さを持っていると思っています。そしてもし国際社会が最小限のアプローチを追求し、ミニマリスティックになるとすれば、難民危機などの重要な優先事項のいくつかに対処する方法を見つけることと、そうした問題は、完全に別のものなのです。

アフガニスタン人にとって、包摂性はそのように定義されるのです。第一にそれは、ラシッド氏が言ったように、民族的な包摂性という観点における多様性を意味します。すべてのアフガン民族は統治構造の一部でなければならず、彼らはそこで自身を見出す必要があります。アフガニスタンの女性も、その統治構造や権力構造の一部である必要があります。

第三に、政治的多様性を代表する必要があります。それは、かつての指導者たちが政府の一部となることを意味するのではなく、アフガニスタンに存在する様々な政治組織やその考え方が、政府の一部であるか野党であるかを問わず、政府において代表される必要があり、彼らの活動は法律によって積極的に保護される必要があります。

最後に、彼らは選挙を通じて権力が形成されることを望んでいます。何らかの形での選挙が必要です。私たちは伝統的な選挙手段であるロヤ・ジルガを持っていましたが、我々はそれを発展させ、他の民主国家におけるのと同じような近代的な選挙となるように、人々の要求を吸い上げられるようにしました。私たちはこれまであらゆる問題を抱えてきましたが、選挙を通じて、そこから教訓を得ることができるのです。それこそがアフガニスタン人がずっと期待していることなのです。アフガニスタン人は、その点においては明確です。国際社会は、アフガン人のこうした明確さに応え、そこから主導をしていく必要があります。

渡邊　ありがとうございました。それでは、ウシャーツカス大使、次にお願いいたします。

国連のプレゼンスを強化すべき

ウシャーツカス　ナデリー氏の私に挑戦する発言のおかげで、議論がより活発になります。ありがとうございます。

第一に、ナーディル・ナデリー氏の発言に対して、日本や欧米諸国による二〇年間に及ぶアフガニスタンへの関与の中で、最も顕著で肯定的な遺産の一つは、アフガニスタンの多様な市民社会が自由に機能し、自らの意見を勇敢に表明するための制度設計への貢献です。この点については私も全面的に同意し、賛成します。それは私たち全員が誇りを持ち、大切にし、できる限り守らなければならないものです。そうした肯定的な遺産に疑問の余地はありません。アフガニスタンの人々は、タリバン政権の決定や政策の形成・立案時にも、自らの立場を維持し続けているのです。

同様に重要な留意事項として、タリバンには国を運営し公共サービスを提供した経験がないからという理由で、テクノクラートや専門家の中には、中・低レベルでこの新政府に参加する献身的な人々が存在するということです。政府に参加し、政府内での地位を保持し、またはその地位を得ようとしている人々は賞賛に値します。

第二に、包摂性に関して、ナデリー氏の説明に賛成します。復唱はしませんが、私が言いたいのは、そして問いたいのは、その包摂性がタリバンによって支持されているのかどうかということです。そして今はまだそうではありません。そして、四点の包摂性、つまり、多様性と民族的包摂性、女性、政治的多様性、選挙を通じた権力の共有、これらは地域の権力によってどこまで支持されているのか、ということです。これは、「具体的に何ができるか」という山本大使の問いに答えることに繋がります。

まず、アフガニスタンへの四四億ドルの支援要請が、国連から発表されました。それに関しては、国際社会とEU、日本が提供しようと動き出しています。

二つ目は、政治的提案の観点から言うと、政治プロセスを支援し形成することについて、国際社会が手助けをするにせよ、それは、アフガニスタン人主導でなければならないということです。

三つ目は、私たち全員が協力して取り組もうとしているのは、アフガニスタンがおそらく最初の実験場となっている事態であるということです。つまり、米国が主導権を握ることなく、紛争や紛争後の解決に取り組むにはどうすればよいかということです。

私は、米国が近い将来、アフガニスタン危機に対処するための主導権を握ることはないと思います。ロシア、中国、パキスタン、イランなどと米国が協議している3プラス方式（トロイカ・プラス）を見る限り、主導権を外部に委譲しようとしているように思えます。

そのような中で、日本、ＥＵ、英国などの国々の役割は何でしょうか。お金を払うだけなのか、それとも行動を起こすのか。私が見出している唯一の答えは、私たちは国連加盟国として、国連のプレゼンスを強化すべきということです。

私たちは、国連の代表者および、援助供与の調整者としての役割だけでなく、国際社会を代表してアフガニスタン社会およびタリバンとの主要な接点としての役割を強化しなければなりません。しかし、「言うは易く行うは難し」です。私たちはいかにしてそれを成し得るのかについて、山本大使のご経験と知恵に問いかけたいと思います。

なぜ国家建設を失敗してきたのか

渡邊　ありがとうございました。ここで一つ、質問をしたいと思います。二〇年間の米国の支配にもかかわらず、なぜ、アフガニスタンは国家の建設が困難なのでしょうか。

ナデリー　ありがとうございます。これは非常に重要な質問ですが、回答するためにはおそらく一日中議論しなければなりません。そうやってアハメド・ラシッド氏が私と共同でこの問題について本を書くようなことになるでしょう。私たちは確かに失敗してきました。そしてその理由はたくさんあります。

その失敗の第一の理由は、ボン会議を終えて恒久的な政府機関を設立しようとしたとき、新しい国家を作り上げようとしたのではなく、すでに三〇年にわたる戦争の残骸の上に、新しい国家を建設し始めたことにあると思います。国家建設の能力が低かったのです。

国家や諸機関を建設するという壮大な仕事が二年という非常に短いスケジュールに乗せられており、また、国家機関を運営することさえほとんど経験したことのない人々の肩に負わされました。したがって長い間、私たちは、私たちが構築したいと思い描く国家構造のビジョンを適切に共有し、それを実行に移すことができませんでした。私たちは国際的なパートナーたちにこれらの部分の構築を任せきりにしてしまったのです。

我々の国際的なパートナーは、善意に基づいてはいますが、山本大使が述べたように、あらゆるステップにおいて当事者意識をアフガニスタン人自身に持たせることができませんでした。すなわち、アフガニスタン人がそれらのステップを自らの手で展開していくのを手助けするという重要なポイントを大きく見落としたことにより、失敗したのです。これは複雑な問題です。さまざまな歴史的、政治的、地域的問題がからんでいます。戦争の遺産もこれと大いに関係があります。ロシアの侵略もこれと大いに関係があります。彼らは私たちの社会にある社会的組織、政治的安定と社会構造を引き裂きました。私たちの政治社会のとてもゆっくりとした自然な成長は、これによって損なわれました。

それに始まって、パキスタンの役割や、またアフガニスタンにおける絶え間ない干渉と、悪意ある関係アクターの台頭、そして暴力の蔓延は、アフガニスタン人とアフガニスタン内の国際パートナーが失敗を経験したこととの基本的な要素です。

それから、他の地域の関係者も同じ役割を演じました。私は米国が、一年間の短期的軍事計画および開発計画を二〇回、つまり二一年間にわたり繰り返してきたのは大きな間違いだったと思います。国際社会も、米国も、軍事面または開発面での五年間の計画または一〇年間の計画を構築することはありませんでした。それはアフガニスタンの指導力の欠如によるものでした。またそれは国際的な理解の欠如と、短期的視野によるものでもありました。

また、開発や安全保障に関する一連の価値観の設定について、非常に高い理想を目指して計画を作成していくのか、あるいは、最小限レベルでミニマリスティックなアプローチを直ちに実行すべきなのか、という問題にも、多くの時間が費やされました。いずれにせよ、この非常に複雑な質問に今後答えていく必要がありますが、ここでは簡潔に触れるだけにしますが、その失敗にはこのように非常に多くの異なる要因が関係していたのです。

渡邊　重要なご指摘ありがとうございました。考えさせられるところがたくさんあったと思います。それではラシッド先生、この点いかがでしょうか。

タリバンは過激派やテロ組織との決別を

ラシッド　ご質問、ご感想ありがとうございました。ナデリー氏が言ったことに一つ付け加えたいことがあります。タリバンが国際的な人権と国際機関を尊重する上での最大の障害の一つは、彼らのイスラム教の解釈です。彼らの解釈は、非常に保守的なイスラム教の宗派であるデーオバンド派に従うものですが、それは決して暴力的なものではありません。今日のようなタリバンの姿は、デーオバンド派によるイスラム法（シャリーア）の独自の解釈に由来するものです。

第一の問題は、大部分のアフガニスタン人やその他の民族、つまりタジク人、ウズベク人、トルクメン人、ハザラ人が、同じ宗派に属していないということです。彼らは同じような希望を持っているわけではありません。ソ連の侵攻前の時代には、アフガニスタンでは現在のような大規模な宗派間戦争は起こっていませんでした。しかし残念ながら、現在ではそれが起きています。これは、今はタリバン次第だと思っています。

もし彼らが、女性の権利やその他すべてを拒絶するような、非常に厳しく残酷な方法で宗教を解釈し続けるなら、私たちは全く前進しないでしょう。このように、タリバンは宗教のレベルにおいても検討されるべきなのです。しかもそれはおそらく西洋人によってというよりも、湾岸のアラブ人やパキスタンなどの国などによってであると思いますが、実際にはまだ起こっていません。しかし、先ほど一つの質問が提起されました。私は、政治的ロードマップという点が、現在最も重要かつ差し迫った問題であると思います。しかし、私は違うことも指摘しておきます。ドーハ合意における、テロに関するポイントの履行は、タリバンによってまだ着手されていないことに触れておかなければなりません。西側で信頼を築き、資金の凍結を解除し、自由に国外に移動し、テロ組織のリストから抜け出すことを望むのなら、タリバンは、アフガニスタンで活動し、過去にタリバンを支援してきた複数の過激派やテロ組織に対して何らかの措置をとらなければなりません。

つまりタリバンはこれらのグループと決別しなければなりません。中国のウイグル人武装勢力、中央アジアのグループ、パキスタンのグループ、カシミールのグループ、そしてもちろんＩＳＩＳも含まれていますが、これらは今この地域で非常に活発に活動しています。

タリバンが彼らと何をしたいかについて包括的な方針を持って、これらのグループに実際に対処するまで、タリバンは米国、ＮＡＴＯ諸国、あるいは西側全体による信頼や受容を得ることは決してないでしょう。それは彼らに突き付けられなければならない単純な事実であり、六か月が経過した後になってもなぜ、あなたたちはこの問題について何もしていないのかと問わなければなりません。それはドーハの際にそうであったように、現在も変わらない、西側の基本的な要求です。

渡邊　ありがとうございます。タリバンについての厳しい評価ということになります。報告者の中で最後になりましたが、山本大使から、今のお三方の意見を踏まえて、日本の対応等につきましてご提案いただければと思います。

山本　残念ながら今回のラウンドテーブルは少々消化不良気味であると感じています。つまり、私たちはちょうど問題の核心に入り始めたところで終わらなければなりません。しかし、いくつかの重要な問題が提起されたと思います。おそらく、タリバンと国際社会、タリバンとアフガニスタンの人々が話し合い、何が起こっているのかを評価できるような本当の対話、あるいはそのメカニズムが必要だというコンセンサスがあると思います。それは十分に反映されなければなりません。

もちろん、話すだけでも可能ですが、それだけでは十分ではありません。組織的なメカニズムとは、タリバンと国際社会が何らかの形で対話の結果を吟味し、実行に移せるようなものでなければなりません。おそらくその方法の一つは、国連の権威が普遍的に受け入れられているという理由から、国連を利用することであり、この目的のためには国連アフガニスタン支援ミッション（ＵＮＡＭＡ）に任務を与えることが極めて重要です。

また、ラシッド氏が言ったように、おそらくタリバンが西側諸国の要求を受け入れるだろうという主張には説得力がないと思います。そうした要求はイスラム教の教えを理解しているイスラム諸国からのものでなければなりません。またそうしたものが、国連が確立しようとしているメカニズムに何とか組み込まれなければなりません。これは難問ですが、私はそれができると思います。

米国はその点では主導的役割を果たせないかもしれないというウシャーツカス氏の評価を聞くのは少し残念ですが、おそらくそれは事実でしょう。もしそうだとすれば、欧州と日本、そして地域諸国はまさにこの点において利害関係を共有しています。私たちは何をすべきかを知っていて、同じような結論に達しているようなので、プロセスを本当に前進させるためには、政府レベルでもっと非公式な話し合いをすべきでしょう。

私たち全員がそれぞれの政府や他の機関と協力して将来のプロセスを手助けし、タリバンや国際社会の代表者が実際に話し合い、評価やフィードバックを行える体制を確立できることを願っています。

渡邊　国連を重視していくというご発言だと思います。対話メカニズムというのがキーワードだったと思います。

さて、ここで我々以外からの質問を紹介したいと思います。一つは、「アフガニスタン経済が崩壊しているとの報告だが、なぜ出生率が非常に高いのか」という質問です。出生率と経済の関係です。それから次の質問、「タリバンを育てたのはパキスタンではないのか。アフガニスタンの支配を求めてパキスタンが育てたのではないのか」というパキスタンとタリバンの関係についてです。

次は、世界銀行とUNDP（国連開発計画）のエコノミストが注目しているベーシックインカムの話です。すなわち、「全員個人向けの無条件現金移転政策。一人一日三ドルを一〇年間継続するという政策を掲げてタリバンと交渉し、その政策を実現させていくと問題の解決に繋がるのではないか」ということかと思います。

そして、「ナミビアとインドの村落でのベーシックインカム給付実験で、貧困撲滅、経済活性化、コミュニティ活性化、犯罪減少、ジェンダー差別解消などの効果が確認されています」という、これもまたベーシックインカムの質問です。

ウシャーツカス　私はただアフガニスタンの経済的側面における危機的状況について話したいと思います。もちろん、出生率の論点やパキスタンの役割に関しては、ナーディル・ナデリー氏とアハメド・ラシッド氏に任せます。まず今の段階では、アフガニスタンにはまだ十分な統治インフラがないことを、関与する各主体が理解することが重要だと思います。タリバン政権は、まだその形成途中であるのと同時に、タリバン政権のみならず、社会全体が厳しい人道上のニーズに直面しています。この段階で、国際社会、国連、世界銀行は、可能な範囲で援助を提供することによって、その人道危機への対処を組織化しようとしていると思います。

第二に、国際社会が提言する内容の重複を避けつつ、予算執行によって歳入を生み出し、必要に応じて配分されるような、中央銀行と金融機関との間の金融システムの正常な機能を回復することを支援することが重要です。

三つ目は最も重要なことですが、いかにして経済を回復させ、いかにしてこの国を自立的かつ持続可能となるよう支援するか、いかに農業部門への支援、また工業部門の機能を開始させるか、という点です。それは、パズルの他の部分がどのように構築されるのか、すなわち政府が農業、産業、税関などから収入を得ることを支援するために、国際社会が関与する規模と深さの面でどう動くべきかについて、現地政府とともに合意を形成しない限り、私たちが関与することはできません。私は漸進的(ぜんしんてき)なアプローチがあり得ると思いますが、それはまた政治的プロセスと同時並行的に進んでいくでしょう。

渡邊　ありがとうございました。最後に一言ずつナデリー氏、山本大使のほうからコメントいただきたいと思います。

出生率と貧困について

ナデリー　現金支給への解決策という問題については、九〇年代に学んだ非常に重要な教訓があります。つまり過去二〇年間を通じて、援助に依存する人口は、人道支援のための直接支援として給付金を受け取ったり、現金を受け取ったりする方法によって、長期的な援助依存体質になったということです。アフガニスタンで私は、まずは九〇年代においては援助の方法が手渡しのみで、非常に小規模なスケールのものであったことを見てきました。すでに述べたように、この方法では何年経過しても、この国が人道危機から抜け出す助けにはなりませんでした。

膨大な量の文献や教訓が世界的に、特にアフガニスタンで学ばれたこの段階で、国連や他の援助機関、特に世界銀行やＡＤＢ（アジア開発銀行）のような開発機関や銀行は、まず関係する短期的な人道危機に対処するために、現在利用可能な資金をどのように活用できるのかをイノベーティブに検討していく必要がありますが、そのうえで、これらの資金が経済成長を軌道に乗せるために、中長期的にどのように利用されるべきかも、やはりイノベーティブに考える必要があります。それによって、国民自身が力を得たことを感じ、関与することができるようになれば、直接現金給付や援助の支給を受ける期間の長期化から脱することができるでしょう。

一例として、アフガニスタンではコミュニティ開発協議会が形成され、それが社会とコミュニティの意思決定の構造の自然な一部となっています。それは、過去の伝統的なジルガの方法と、コミュニティの議論の中から構想されたものです。しかしここで新たに発展したのは、女性のグループ、年長者のグループ、若者のグループからのコミュニティメンバーが加わり、このコミュニティの意思決定に参画してきたということです。

そうした援助はまず、当事者意識を醸成し、コミュニティ間の議論や協議を実現するために用いることができるでしょう。またそうしたものに女性が参加することは、タリバンやその他の人々が鈍感になっている側面ですが、ゆくゆくは地域社会の基本的なレベルにおいてそうした主体が代表されていることを強調することになるでしょう。

第三に、コミュニティが責任感を持つようになることです。ここにいくらあるから、食べ物でも何でも買いなさい、と言うのではなく、その状況に責任感と権限を感じるようにするためには、コミュニティ全体が用いることのできるような贈与でなければなりません。

私は、こういった教訓に基づいて、地域社会に対する継続的な現金支給には反対します。なぜなら、それが現在あるような人道危機を持続させてしまうからです。私たちの言うように、労働集約的なプログラムにこそ投資される必要があり、さらに市場が促進される必要があります。市場とビジネスコミュニティが、地域社会と経済の前進に寄与できるレベルのビジネスを創出・維持するための活動を開始できるよう、米国財務省による制裁解除のほかに、市場、民間部門のために発行されるより多くの権限が必要となります。

出生率と貧困については、出生率は高いものの、乳幼児死亡率も非常に高いことが懸念されています。この過去二〇年間でその割合は徐々に減ってきましたが、それでも高いままです。しかしながらアフガニスタンの人口は二〇年間で増加してきました。これは、日本をはじめとするドナーからの寛大な支援による医療施設の提供によって、人々が医療支援を受け、死亡率が低下したためです。

また家族計画に関するプログラムがないことも問題です。以前はある程度存在しましたが、現在では完全に停止しました。家族計画やリプロダクティブ・ヘルス（性と生殖に関する健康）が欠如していること、家族構成や家族数についての伝統的な見方などの要因が組み合わさって、ここでは出生率が高いのです。

本当に達成可能な目標を

山本　私もナデリー氏が今言ったことすべてに同意します。特に経済分野では、過去の古い考え方から脱却することが重要だと思います。

現在、悲惨な人道状況のため、西側が主導して食糧、資金などの援助を提供しています。しかし、それが将来アフガニスタンを維持するための主要な方法であってはなりません。ナデリー氏は、経済をどう発展させていくか、地域レベルでの理解が大切だとおっしゃっていました。自分たちの生活を維持するためには、地域レベルでの人々の理解が必要だと思います。これは、よりミクロな話です。

例えば、中村哲医師が灌漑（かんがい）を通した地域支援により、六五万人という規模の地域社会を創出することができたのは、人々にとって何が必要なのかを理解するという地域密着型のアプローチをベースにしていたからでした。こうしたものを拡大したいと思われるかもしれませんが、しかしむしろ、地域諸国との関係性にこそ優先性を与えるべきだと思います。

この地域の国々は、アフガニスタンの経済的将来を発展させるための主要なパートナーにならなければなりません。そのアプローチは何年も前から試みられていました。例えば、私が二〇一二年の東京閣僚会議を開催していた時も、すでに議題になっていました。二〇一八年に私がジュネーブで再び同じ閣僚会議を開いた時も、これが議題に上っていましたが、実際には進展がありませんでした。地域やコミュニティレベルでの経済開発に、地域の国々を巻き込もうとするもっと真剣な努力が必要です。これが一つ目のポイントです。

第二に、アフガニスタンにおける当事者意識が重要だということです。そのことは、国際社会のメンバーや、国連の役割について論じる人々にも、真に理解してもらう必要があると思います。抽象的で概念的な理想を語るのではなく、アフガニスタンを本当に助ける方法とは何か、アフガニスタンで実際に可能なこと、達成可能なこととは何か、ということについて語るべきです。

キッシンジャーは八月一五日の後にそのことについて言及しました。国際的な取り組みがうまくいかなかった要因の一つは、適切な達成可能な目標を見つけられなかったことだと彼は述べました。おそらく彼の意見は正しい。私たちは本当に達成可能な目標を見つけるべきだと思います。

渡邊　ありがとうございました。NGOの活動、中村哲先生のご活躍の話もでてきています。最後にナデリー氏と山本大使に一言ずつお願いします。ナデリー氏からすれば、日本の政府として、なかなか難しいところもありますが、どういう対応が期待されるのか。また、山本大使からすれば、これまでのご経験を踏まえ、どのような期待を持てるのか、また、どこに改善点があるのかについて、おっしゃっていただければと思います。

日本のリーダーシップが不可欠

ナデリー　山本大使は、達成可能な目標についてのヘンリー・キッシンジャーの発言を引用してご自身の発言を締めくくられていましたが、私はアフガニスタン国内の様々な場において、日本が達成できることが多くあると思っています。例えば、私たちが「カカ・ムラード（中村のおじさん）」と呼んで親しんでいる中村医師のような例は、日本がアフガニスタンで可能なことの一つだと思います。

また、私自身の経験を通じて得られた教訓や、利用可能な技術、そして適切に分け与えられた資源といったものも重要です。私は過去二〇年間、父から聞いたことや、本から学びながら暮らしてきましたが、これからも可能な限りそれを拡大し続けたいと思っています。

第二に、現在のリーダーシップには、他のグローバルな課題において相反する立場にある国際社会を結集させていくことが求められています。彼らは共に歩もうとはしませんでした。例えば、米国が何かをリードする場合には、ロシアと中国からの反発に直面し、そのために望まれている方向に協力が向かわないといったことがありました。これは欧州の一部のメンバーについても同様です。

日本は、特にアフガニスタンの場合には適切に位置付けられており、そこではコンセンサスをもたらし、リーダーシップを構築することが可能です。そのような、主要なリーダーとしての日本と国際社会の他の国々との間には、アフガニスタンや周辺地域に関連する問題についての利害の対立がありません。ロシアと中国については、国際関係を少しでも知っていれば、程度の差はあれ、さしたる問題はないでしょうし、米国も欧州も、アフガニスタンに関して、日本主導のプロセスについて何の異議もないでしょう。

したがって、まずは山本大使も強調したような、UNAMAの権限に関する今度の国連安全保障理事会決議から取り組むべきでしょう。国連のより強力な権限のために早期に取り組み、または少なくとも現在の権限を維持し、こうした要素をさらに明確化していくためには、現在のペンホルダー（起草国）であるノルウェーを含む他の国々を結集させる必要があります。短期的には、日本のリーダーシップが不可欠となるでしょう。

より長期的には、支援に関する内容を含む合意形成を発展させること、また、タリバンに対応する際の国際社会の相互説明責任のロードマップを作成すること、そのうえで、パキスタンやカタールのようにタリバンに深く関与している国々をまとめ上げることで、特に市民社会、非政府組織、現地の女性グループに関連した状況がどのように変化していく可能性があるかを検討することが重要です。

山本　ありがとうございます。私もナデリー氏の言うことに賛同します。日本にできることは二つあると思います。一つはタリバンとアフガニスタンの人々、もう一つは国際社会に対してです。

まず、国際社会については、例えば人権、民主主義、自由という点で私たちと同じ価値観を持つ欧米諸国に対しては、日本ですら、一九世紀後半からの大きな転換期を経る必要があったというメッセージを発信できると思います。

当時の日本は社会や政治体制や価値観を大きく調整しなければなりませんでした。当然、これは簡単なプロセスではありません。したがって、アフガニスタンが結束するために必要となるであろう、よりゆっくりとしたアプローチや手法を提案する以外に、おそらく日本はこれらの国々を説得する手助けをすることはできないでしょう。これは慎重に行わなければなりません。なぜならアフガニスタンが、国際的に受け入れられないような特定の事柄を支持するものだと見なされてしまうことがあってはならないからです。しかし、これは「伝統」の立場を代表して言うべきことであり、日本が西洋諸国に対してできることだと思います。

他方、タリバンやアフガニスタンの社会に対して日本は、一九世紀後半には孤立主義国家だった過去から、今や開かれた国際社会の一員となり、国際システムのおかげもあって大きな発展を遂げた経験や、その成長発展のプロセスについて、様々なことを説明できると思います。これはおそらくタリバンであっても、知っておくと役に立つ事柄として認識してくれると思います。彼らは私たちが経験しなければならなかったのと同じような心配やトラウマを理解し、共有することになるからです。

この二つのことは、言ってみれば、より心理的な事柄といえるかもしれませんが、他国と協力してより具体的なことを考えていく際に活用できる、とても重要な点だと思います。

渡邊　ありがとうございました。ナデリー氏に、「アフガニスタンは部族社会だが、それがうまく近代的な社会に変革できるのだろうか」という質問も来ています。難しい質問ですが、一言お願いできればと思います。

ナデリー　ありがとうございます。アフガニスタンは原始的な部族社会であるという神話があります。しかし山本大使はそこに実際に行ったことがあり、したがってアフガニスタンにも文明があることの証人でもあります。長い間、そこではいわゆる都市国家が発達してきました。過去二〇年間でこの都市と農村の神話も大きく変わりました。人口の大半が都市に住み始めました。二〇〇一年に人口五〇万人だったカブールの人口は現在、およそ五五〇万人となっています。他の都市も同様の状況です。地方から都市へと多くの人々が移り住み、すでに都市生活を営むようになったのです。

たしかに、他の社会と同様に、伝統的な集団や部族文化といったものが、様々な地域社会の問題としてある程度は残存していますが、世界に対する理解や、現代的な生活との結びつきが著しく拡大し、そうしたものへの適応が加速しています。またアフガニスタン人の七五%は二五歳以下であり、非常に若い社会となっています。彼らは私たちの社会の伝統的な要素のいくつかを維持しつつも、伝統的なメディアのみならず、ソーシャルメディア等を通じて、生活の現代的な側面を急速に取り入れてきました。アフガニスタンが完全に原始的で伝統的な部族社会であるという神話はもはや通用しないのです。

渡邊　ありがとうございました。最後にナデリー氏と山本大使に言っていただいたことは、我々にとってとても参考になることだと思います。一つは、日本の役割として、コンセンサス構築に貢献できるのではないか、また、西欧諸国に対しても、説得力を持った形の働きかけができるのではないかということです。

同時に、日本は、近代アジアの中では、民主主義、近代化を率先してきた国ですけれども、西欧諸国とは違って、先ほどの大使の言葉で言えば、鎖国を経験しており、やはりアジアの歴史的な特徴を持った国であろうかと思います。そういったところから、アフガニスタンに対して働きかけやすいのではないのかという話が出たと思います。私たちが、今後、日本のアフガニスタン問題を考えていく上で重要となる点を、ご指摘いただきました。

皆さん今日は、本当にありがとうございました。大変有意義な意見交換ができたと思っています。

第三章

感情とイメージの地政学

ロシア・ウクライナ紛争とアフガニスタン情勢に寄せて

宇山智彦

1. 地政学再考

二〇二二年二月二四日に始まったロシアのウクライナ侵攻は、それがロシアの長期的な国益に合致するとは考えにくいという意味でも、冷静・緻密に計画された行動には見えないという意味でも、合理的に説明できない点を多く含んでおり、プーチン大統領は以前と違って感情に動かされているのではないかという見方を多くの論者が提起している。しかし筆者は、プーチンは冷静で現実主義的な政治家だという従来のイメージ自体が一面的で、もともと感情的な政治家だと考えており、二〇一四年のクリミア併合の時にも、彼の行動は米欧に対して抱いてきた屈辱感と意趣返しの欲求を抜きにしては説明できないこと、感情的であるがゆえに民衆の支持を得やすい面があることを指摘した。[*1]

研究者やジャーナリストなどの分析者は、物事を合理的に説明することを是とする傾向が強いが、実際の政治は必ずしも合理的に動いているわけではない。国内政治では、政治家が自分の政敵やマイノリティなどが国民の敵であるかのような宣伝をして支持を調達するポピュリズム的な行動をとることがある。ただし反撃を招いて自らが国民の支持を失う危険もある。

それに対し国際政治では、国の指導者が外国に対して持つ恨み・復讐心や攻撃心と国民のナショナリスティックな感情が容易に結びつき、外からの批判もむしろ結束を強める方向に働きやすい。その際、個人的な感情だけではなく、国家としての優越感・劣等感や威信に関わる感情、集団的なトラウマなど、さまざまなファクターが組み合わさりうる。また、恨みなどの激しい感情だけではなく、他国に対するイメージや距離感といった感覚も、国際政治の重要な決定要因になる場合がある。それにもかかわらず、国際政治学では、抽象的な欲望としてのパワーの追求を議論の前提とはしていても、感情やイメージが国際関係に与える影響を扱うことは少ない。

近年、国際情勢の複雑化や大国間競争の激化に伴い、国際政治学の補助的アプローチとして地政学が再び注目を浴びている。しかし多くの場合、地政学は単なるパワーポリティクスや資源争奪戦の問題として語られ、地政学の「地」、つまり地理的なファクターは軽く扱われている。地理的な概念が使われる場合でも、ランドパワーとシーパワー、ハートランドとリムランドといった古典的な（そして多分に有効性が疑わしい）概念やその応用版が安易に使われることがしばしばである。政治地理学者たちによる「批判地政学」では、地理的イメージ、特に欧米中心主義的な偏見のこもった地理的イメージの政治性を分析する研究が進んでおり、[*2]参考になるが、国際情勢の分析に必ずしも直接役立つわけではない。本稿では、国際政治における感情やイメージと地理的なファクターの関係を考察することによって、地政学的な視角が国際情勢のより正確な把握に役立つものとなるためにはどうすればよいかを考えていきたい。

具体的には、二〇二一年八月にアフガニスタンで、アメリカがガニー政権の崩壊を防ぐことができず、ターリバーンが再び政権を握るという大事件が起きながら、危機が隣接地域（特に中央アジア）に拡散しなかったのはなぜなのか、他方ロシアのウクライナに対する態度が、二〇二二年二月からの大規模な軍事侵攻に至るほど対決的なものとなり、そしてこの侵攻が世界を震撼させたのはなぜなのかを、感情と地理的イメージという視角から考える。感情やイメージの背景には、歴史ないし歴史認識の問題が大きく関係していることも見えてくるであろう。

2. アフガニスタンの危機はなぜ拡散しないのか

アフガニスタン情勢に関しては、この国を起点として紛争や国際テロが拡散し、中央アジアなど周辺地域を不安定化させる可能性がしばしば指摘されてきた。しかし現実には、アフガニスタンで四〇年以上戦乱が続いているにもかかわらず、そのために周辺地域が不安定化したという現象はわずかしかない。パキスタン情勢はアフガニスタン情勢と連動しているところがあり、両国にまたがるテロ活動も見られるが、その背景にあるのはパキスタンによるアフガニスタンへの関与・介入であって、その逆ではない。イランはパキスタンに次ぐアフガン難民受け入れ国として苦労しているが、紛争がアフガニスタンからイランに波及しているということはない。

そして中央アジア諸国は、アフガニスタン国境を厳しく管理している。一九九二〜九七年のタジキスタン内戦や、一九九〇年代末から二〇〇〇年代初めにかけて過激派組織「ウズベキスタン・イスラーム運動」が活発化した際に、紛争が中央アジアとアフガニスタンの間で国際化すると語られたことがあるが、これは基本的には、自国での居場所を失ったタジキスタンの反政府勢力やウズベキスタンの過激派がアフガニスタンに逃れるという、アフガニスタン紛争の拡散とは逆方向の動きだった。二〇二一年に再登場したターリバーン政権とタジキスタンの間にはある程度の緊張関係が生まれたが、それでもタジキスタンは今のところ紛争に巻き込まれていない。

アフガニスタン紛争が拡散しないことの主な理由は、ターリバーンをはじめとするアフガニスタン国内の勢力が、国際テロ組織「イスラーム国ホラーサーン州」などを例外として、国外への拡張を基本的に志向していないことや、周辺諸国による安全保障上の対策にあると考えられるが、周辺諸国がアフガニスタンに対して持っている認識・イメージからもある程度説明することができる。ここでは中央アジアに限って述べたい。

アフガニスタンと中央アジアの心理的な距離

歴史的には、アフガニスタンと中央アジア南部は密接に結びついており、明確な境界線は存在しなかった。バクトリア、サーマーン朝、ティムール朝など多くの王朝・国家が両方にまたがる領域を持った。しかし中央アジアを征服したロシア帝国と、アフガニスタンを勢力下に置いたイギリスとの交渉により一九世紀末に引かれた国境線が、ソ連・アフガニスタン国境として引き継がれ、二つの地域は全く異なる現代史を歩んだ。中央アジアはソ連にかなり強く統合され、アフガニスタンは近くて遠い外国になった。一九七九年にソ連のアフガニスタン侵攻が始まると、欧米の研究者の一部は、アフガニスタンでの反ソ聖戦が中央アジアでのイスラーム復興とソ連体制への反感を促すと考えたが、[*3]実際にはアフガニスタンからの影響は小さく、ソ連が崩壊に向かう過程においても、中央アジアはソ連邦の維持を支持する人々の割合がソ連の中で最も高い地域であり続けた。

ソ連崩壊後、中央アジア諸国が独立国家建設を進める際に、アフガニスタンで続く戦乱は懸念事項だったが、それは自分たちにとって「外」の問題であり、影響の波及を食い止めるべき対象であった。そのことは基本的に現在まで変わらない。

ただし、国による見方の違いも大きい。タジキスタンの場合、一〇〇〇万人以上いるとされるアフガニスタンのタジク人の状況に大きな関心を持っており、一九九六〜二〇〇一年の第一次ターリバーン政権期には、同政権に対抗して北部を支配したマスードら北部同盟の指導者たちと緊密な関係を持ち、その後もアフガン政府、特にその中のタジク人高官たちとの関係を維持した。二〇二一年のターリバーン政権再登場に対しては否定的な態度をとり、パンジシール渓谷のタジク人による反ターリバーン運動を支持している。しかしアフガニスタンへの関与よりも自国の安全保障が優先事項であるのは明白であり、タジキスタンのタジク人がパンジシール渓谷に行って反ターリバーン運動に加わる例は少数にとどまっている。

アフガニスタンに同族はいるもののさほど多くはないウズベキスタンとトルクメニスタンの場合は、自国の安全保障を維持することを前提としたうえで、アフガニスタンとの経済関係、特に同国を経由して南アジアとの貿易ルートを確立することを重視している。従って誰がアフガニスタンの政権を握るかは二義的な問題として扱い、ターリバーン政権とも関係を深めている。他方、クルグズスタン（キルギス）とカザフスタンでは、国境を接していないアフガニスタンへの関心はさほど高くない。

このように、中央アジア諸国のアフガニスタンに対する態度にはかなりの違いや関心の濃淡があるが、アフガニスタンとの歴史的一体性が強調されることは少なく、基本的に「外」の存在として見ており、同国の数十年にわたる混乱から自国を切り離して安全を保つことを優先しているのは共通している。

言い換えれば、アフガニスタンと中央アジアの間には、物理的な距離よりも遠い心理的な距離があり、アフガニスタンでの出来事が中央アジアの人々や指導者の感情を刺激することは少ない。従って、中央アジア諸国の指導者たちがアフガニスタンの紛争に深入りすることも、アフガニスタンの宗教的・政治的運動に中央アジアの人々が刺激されて事件を起こすようなこともほとんどないのである。

3．ロシアとウクライナの関係はなぜ深刻になったのか

二〇二一年までの数年間、世界情勢における最大の関心事は、中国の台頭とそれに対抗する米欧日の動きであった。ロシアも米欧からの警戒対象だったとはいえ、GDPで見る経済規模が韓国より小さく、人口も減少傾向にあり、長期的には衰退国であって世界秩序への影響力は中国より格段に小さいと見られていた。そのような中で不意を突くように、ロシアはウクライナに侵攻した。

この侵攻の動機を、純粋に安全保障の観点から説明するのは困難である。ロシア指導部はNATOの東方拡大、特にウクライナのNATO加盟の可能性がロシアに脅威を与えてきたと主張しており、米欧日でもそれを真に受けている人が少なくない。しかし二〇〇四年のバルト三国のNATO加盟で既に、ロシアはその中央部に近い地域でNATOと接するようになっていたが（サンクトペテルブルグからエストニア国境まで一三〇キロほどしかない）、それによって危険な状態が発生したという事実はない。

NATOは拡大にあたりロシアに配慮して新規加盟国への戦力配備を抑制したうえ、ロシア自身とも、一九九四年に開始された平和のためのパートナーシップ・プログラムや、二〇〇二年に設立されたNATOロシア理事会を通じて協力関係を築いた。しかし二〇一四年のロシアによるクリミア併合とドンバ

ス介入の結果、ＮＡＴＯとロシアの協力関係は一部を除いて停止し、中東欧のＮＡＴＯ加盟諸国はロシアを警戒して軍備を増強した。そして二〇二二年のウクライナ侵攻が始まると、ＮＡＴＯ加盟諸国は直接軍事行動には参加しないものの、ウクライナに対し大量の武器供給を含めロシアと戦うための援助を行っている。ロシア西方の安全保障環境を著しく悪化させてきたのはロシア自身なのである。

プーチンのウクライナ観

ロシア中央部との位置関係という意味ではバルト諸国（特にエストニア、ラトヴィア）とウクライナの間に大きな違いはないのに、ロシアが前者のＮＡＴＯ加盟を多少の不快感は示しつつも受け入れたのに対し、ウクライナのＮＡＴＯ加盟については実現の見通しが立っていないにもかかわらず繰り返し激しい苛立ちを示し、侵攻にまで至ったのは、心象地理上の位置づけが違うからである。

ウクライナはロシア帝国期に「小ロシア」と呼ばれ、ウクライナ人も「小ロシア人」として、大ロシア人、白ロシア人と共に三位一体の「ロシア民族」を構成するものと見なされた。つまりウクライナはロシアにとって近しく、それゆえに独自性を認めがたい存在であった。ソ連の中でロシアとウクライナは別の共和国になったが、極めて近い関係を維持した。反面、ウクライナとしての独自性の主張はどの時代にも根強く存在したのだが、ロシアではそのような主張を少数のナショナリストや極右のものと見なす傾向があり、ウクライナ全体についてはロシアの弟分・子分であるかのようなイメージがソ連崩壊後も保たれた。したがってウクライナが米欧に接近しようとすることをプーチンらは裏切りと受け止め、モラハラ・パワハラ的な嫌がらせに走るのである。

プーチンのウクライナ観を示す早い時期の例として、ウクライナとグルジア（ジョージア）をNATO加盟候補国にするか否かを話し合った、二〇〇八年四月のNATOブカレスト・サミットの際に行われた非公開の会議での発言が注目に値する。この時プーチンは、グルジアについてはアブハジアと南オセチアを国家承認する可能性を示しつつも穏やかに語ったが、ウクライナの話になると激昂し、アメリカのブッシュ大統領に向かって、ウクライナというのは国家でさえない、領土の大きな部分はロシアが贈ったものだと述べたという。[*4]

領土の大きな部分はロシアが贈ったものだという主張は、二〇一四年のクリミア併合とドンバス介入につながる。そしてウクライナはまともな国家ではないという主張は、二〇二一年七月のプーチン論説「ロシア人とウクライナ人の歴史的一体性について」[*5]における、ロシア人と別個のウクライナ民族という観念に歴史的根拠はなく、今日のウクライナはソ連の誤った政策の産物だという主張、さらには二〇二二年二月のドネツク、ルガンスク両人民共和国の独立承認の際の演説[*6]における、ウクライナにはかつても現在も本物の持続的な国家性はないという主張につながり、ウクライナ侵攻の正当化に使われることになる。

米欧への一方的な怨念とポピュリスト権威主義

以上のように、プーチンにはウクライナに対して強いこだわりがあるが、これはロシアの大国性に対する彼のこだわり、そしてロシアがソ連ほどの大国ではなくなってしまったことについての被害者意識と結びついている。クリミア併合時の演説では、ソ連崩壊によって「大国がなくなった」、クリミアを

「強奪された」、ロシアは「頭を垂れ、あきらめ、この屈辱を呑んだ」、と述べた。[*7] ドネツク・ルガンスク独立承認演説でも、ソ連崩壊を「不公正、欺瞞（ぎまん）、あからさまなロシア略奪」と表現している。彼は、ソ連崩壊の直接の責任は、ソ連構成共和国のナショナリストたちと、その要求に譲歩したソ連共産党指導部に負わせているが、ここに、ナショナリストの運動はいつの時代も外国と結びついていたという歴史観が微妙に重なる。

そしてソ連崩壊後のロシアに関わるプーチンの被害者意識は、米欧に向けられる。彼がさまざまな演説で述べるのは、一つには、西洋諸国は昔からロシアに対して封じ込め政策や制裁を繰り返してきたという認識であり、NATOへの批判もそこに位置づけられる。しかしこれが一般論として述べられるのに対し、具体的に彼が米欧の不当な行いとして指摘するのは、ロシア以外の諸国に対してなされたこと、つまり旧ユーゴスラヴィア、アフガニスタン、イラク、リビアなどへの介入や、さまざまな国での「カラー革命」への肩入れである。

ここから分かるのは、彼が問題にしているのは、米欧が直接ロシアの安全を脅かしてきたというよりも、世界情勢の重要事項についてロシアの意見に耳を傾けないことと、かつてロシア・ソ連の勢力下にあった国々に影響力を及ぼすようになったことだということである。つまり、彼の米欧に対する不満の根幹は、ロシアは大国として世界に対する大きな発言権を持つべきであるのに米欧に妨げられているということだと言えよう。

おそらく米欧側は、近年までは意識的にそのような行動をしていたわけではなく、ロシアの経済力や民主化の程度に相応した扱いをしていただけだろうし、さらに言えば、米欧中心主義は世界政治全般に見られる問題であり、殊更にロシアを標的にしたものではなかった。米欧が故意にロシアをおとしめるつもりはなくてもロシア側はそう感じ、そしてそのことを米欧は理解できないというミスコミュニケーションが長く続いた末、クリミア併合や、アメリカ大統領選挙など米欧の内政に関わるロシアの工作によって対立は決定的になった。

プーチンのウクライナへのこだわりと米欧への怨念は、彼個人に発する部分が少なくないものの、ロシアの国民感情を巻き込みながら政策に反映されてきた。プーチン政権下のロシアの政治体制は、独裁的であると同時に、圧倒的な支持率が政権の権威の源泉になるため、世論を巧みに操作・誘導し、少数意見を抑圧しつつ多数の国民の支持を調達できる政策を実行する、ポピュリスト権威主義[*8]的な性格を持っている。

本稿で取り上げた諸問題に関して言えば、ロシア人とウクライナ人は兄弟民族である、ソ連は解体されるべきではなかった、ロシアは昔から欧米の陰謀で痛めつけられてきたといった観念は、一般のロシア人が素朴に持っているものである。プーチンはこれらを政策論としてまとめ上げ、他国の主権を無視・軽視する外交的・軍事的行動に利用し、なおかつ対立や戦争が起きるのは米欧のせいだという見方を国民の間に醸成してきた[*9]。

普段はウクライナとの統一を無理矢理実現すべきだなどと考えているわけではない国民でも[*10]、自分たちの感覚に近い歴史観と、「同胞を救う」という美名のもとに指導者が侵攻を開始すると、これは米欧の悪に対抗するためのやむを得ない行為だとして、さほど抵抗なく受け入れてしまいがちになるのである。

ウクライナ侵攻が世界の人々に喚起する感情

ロシア国外に目を向けると、ウクライナ侵攻は、米欧をはじめとする世界各地の人々に強い感情を呼び起こした。ウクライナは、ロシアが糸を引く紛争が八年前から続く東部を若干の例外とすれば、アフガニスタンのように長く戦乱が続いていたわけではなく、普通の日常生活を送っていた市民が突然大規模な武力攻撃を受ける事態は、世界の多くの人々に他人事ではない衝撃を与えた。そしてウクライナ軍が、規模としては圧倒的に大きいロシア軍に果敢に抗戦して多くの地域で侵略を食い止め、市民も抵抗に協力する様子は、感動的な物語となった。また、米欧の多くの人々は普段からウクライナに関心を持っているわけではないとは言え、ヨーロッパの一部で軍事侵略が起きたという事態は、他の地域での紛争よりもはるかに身近なものと感じられ、ウクライナ難民への対応も、シリア難民などとは違う積極的なものになった。

しかしこれは逆に、他の紛争、特に米欧の介入や支持・黙認を伴う紛争に苦しめられてきた地域に対し、米欧ないし国際世論がウクライナほどの関心・共感を示してこなかったことへの不公平感を生む。特に中東諸国では、米欧のダブルスタンダードや白人優先主義を批判する声が上がっている。[*11] アフガニスタンについても、国際ドナーの注意がウクライナに集中して同国の深刻な人道危機に対する援助がますます不足する可能性が指摘されている。[*12] 三月二日の国連総会におけるロシア非難決議では、アジア、アフリカなどの三五か国が棄権、一二か国が欠席した。これは、ロシアとの関係を荒立てないことで自国の安全を守ろうとする意図や、武器輸入を通してのつながり、事なかれ主義など、さまざまな個別事情を背景としているものの、米欧中心の世界観との距離感が多かれ少なかれ作用していることは間違いないだろう。中央アジアや中東の一部では、ロシアは援助や紛争調停などを通じて、一定の共感を得る基盤を築いてきたということも指摘できる。[*13]

以上のように、ロシアにとってウクライナは物理的な距離が近いだけでなく、心理的にも極めて近い場所である。それにもかかわらずウクライナが米欧に接近することは、「小ロシア」、「白ロシア」を含む「本来あるべきロシア」の最終的崩壊をもたらすと共に、ロシアの発言権を軽視して世界を動かす米欧を利するという二重の意味で、ロシアの大国としての威信に関わる問題である。ウクライナへの強迫観念的なこだわりと、超大国ソ連の消滅や長期的な国力衰退という現実を受け入れられない感情は、指導者プーチンの中で混ざり合い、国民感情とも一定程度共鳴しながら、ウクライナ侵攻をもたらしたと考えられる。そしてウクライナ侵攻に対する世界各国の反応も、ロシア、ウクライナ、米欧に対する複雑な距離感を反映している。

4．今後の世界情勢に対する含意——中国は感情的に動くか

アフガニスタンと中央アジアも、ウクライナとロシアも、前近代の歴史や文化の面で類似性や近い関係性がある隣接地域の組み合わせである。しかしアフガニスタンは中央アジアとは異なる現代史を歩み、しかも過去四〇年以上にわたり戦争や混乱が続いているため、中央アジアの人々にとっては距離を置いて付き合うべき相手であり、そこでの事件が特別に強い感情を惹起することは少ない。他方ウクライナ

はロシア、特にその指導者であるプーチンにとって、本来は自国の一部だったと考える地域であり、それにもかかわらずウクライナが米欧に接近することは、大国ロシアの威信、ソ連崩壊の無念、米欧への恨みといったさまざまな感情を刺激する。相手国・地域の物理的な近さというよりは、心理的な近さや象徴的価値、それにもかかわらず意のままにできない苛立ちが、政策や関与のあり方を決定づけるのである。

このことは、今後の世界情勢、特に中国の行動の分析・予測にも応用できるだろうか。おそらく習近平国家主席はプーチンほど情動的な指導者ではないものの、「中華民族の偉大なる復興」、「中国の夢」といった大国の威信感情に訴えるスローガンを掲げている。その背景として、中国は、ソ連崩壊後のロシアよりも長い一九世紀以来のタイムスパンではあるが、やはり世界秩序における欧米の被害者という意識と、強国としての地位回復への執念、「本来の」領域（帝国盛期の版図）の回復志向を持ち、しかも回復すべき領域の境界が不明確で、場合によって広がりうるという問題を抱えている。[*14] 一八九五年以降、第二次世界大戦後の四年間を除き一二五年近く中国大陸の政権の統治下にはない台湾を再統一するという国是も、客観的な意味での国益というよりは感情に支えられた目標だと言ってよいだろう。

ロシアも中国も、前身の帝国が持っていた世界的強国としての地位を回復したいという欲求を持ち、その最大版図に比べて領土が狭くなっていることを不満とする。このような帝国意識が清算されない限り、威信感情や怨念に突き動かされた冒険的行動や侵略の危険は消えない。また、ロシアの場合は経済的な低迷が焦りを生み、軍事力によって大国としての力を示そうという傾向に拍車をかけたと考えられるが、中国の場合、急速に成長して強い国になったという自信が過剰に働いて、冒険的行動に出る可能性性が排除できない。

もう一つ留意しなければならないのは、ロシアと中国は大国主義と、米欧中心主義に対する被害者意識・不公平感を併せ持っており、この被害者意識・不公平感、あるいはそこまで行かなくとも米欧との心理的距離感は、非米欧諸国の多くに共有されているということである。ロシアに制裁を科した国の顔ぶれが、冷戦時代の西側先進国を中心に、ヨーロッパの旧社会主義国の一部などを加えたものに限られることからも分かるように、欧米と非欧米、先進国と非先進国という区別は、南北や東西というイメージ上の地理的二分法と連関しながら、現代世界において形を変えながら繰り返し再生産されている。

このような区別に伴う不公平感や違和感は、これまでも常に、米欧中心の世界秩序の不安定要因であったし、近年では中国やロシアが米欧との対抗や制裁の迂回ルート作りのために利用する材料となっている。ロシアや中国の帝国意識の清算と並んで、米欧中心主義が生む被害者意識・不公平感を緩和し南北や東西の心理的な距離感を縮めることが、今後の安定的な世界秩序形成の条件となるはずである。

＊註

＊1　宇山智彦「変質するロシアがユーラシアに広げる不安：進化する権威主義、迷走する「帝国」」『現代思想』二〇一四年七月号、一三四―一三六頁。

＊2　批判地政学についてはたとえば以下を参照。高木彰彦『日本における地政学の受容と展開』九州大学出版会、二〇二〇年、第五章。現代地政学事典編集委員会編『現代地政学事典』丸善出版、二〇二〇年、第四章。ジェラルド・トール「批判地政学の理解のために：地政学とリスク社会」

コリン・グレイ、ジェフリー・スローン編著、奥山真司訳・解説『進化する地政学：陸、海、空そして宇宙へ』五月書房、二〇〇九年、二二七－二六五頁。

＊3 たとえば、Alexandre Bennigsen, “Islam in Retrospect”, *Central Asian Survey* 8, no. 1 (1989), pp. 89–109.

＊4 Коммерсантъ. 07.04.2008 〈http://www.kommersant.ru/doc/877224〉.

＊5 Статья Владимира Путина《Об историческом единстве русских и украинцев》. 12.07.2021 〈http://kremlin.ru/events/president/news/66181〉.

＊6 Обращение Президента Российской Федерации. 21.02.2022 〈http://www.kremlin.ru/events/president/news/67828〉.

＊7 Обращение Президента Российской Федерации. 18.03.2014 〈http://kremlin.ru/events/president/news/20603〉.

＊8 宇山智彦「権威主義の進化、民主主義の危機：世界秩序を揺るがす政治的価値観の変容」村上勇介、帯谷知可編『秩序の砂塵化を超えて：環太平洋パラダイムの可能性』京都大学学術出版会、二〇一七年、四〇－四一頁。

＊9 ロシアの非政府系社会調査機関レヴァダ・センターが二〇二一年一一月二五日から一二月一日にかけて行った世論調査では、五〇％の回答者が、ウクライナ東部の状況を緊迫させているのはアメリカなどＮＡＴＯ諸国だと答えた。Обострение в Донбассе // Левада-Центр, 14.12.2021 〈https://www.levada.ru/2021/12/14/obostrenie-v-donbasse/〉.

＊10 レヴァダ・センターが二〇〇八年から二〇二〇年まで年二～四回継続的に行った調査では、ロシアとウクライナが一つの国家に統合されるべきだと答えた割合は、クリミア併合の時期に三〇％近くに達したのを除けば、概ね二〇％に満たない。Общественное мнение - 2020. М.: Левада-Центр, 2021. С. 126 〈https://www.levada.ru/cp/wp-content/uploads/2021/02/OM-2020.pdf〉.

＊11　酒井啓子「中東徒然日記：ウクライナ情勢をめぐる中東の悩ましい立ち位置」ニューズウィーク日本版、二〇二二年三月八日〈https://www.newsweekjapan.jp/sakai/2022/03/post-23.php〉。

＊12　Abubakar Siddique, "'We Are Desperate': War in Ukraine Diverting World's Attention from Afghan Humanitarian Crisis", Gandhara, March 04, 2022〈https://gandhara.rferl.org/a/ukraine-war-diverting-attention-afghanistan/31736163.html〉.

＊13　宇山智彦「ロシアと中国の地域主義から再考する勢力圏・影響圏：国力・関与・共感」日本国際フォーラム・ウェブサイト、二〇二一年三月三一日〈https://www.jfir.or.jp/studygroup_article/5684/〉。

＊14　川島真「「帝国」としての中国：二〇世紀における冊封・朝貢認識と「中国」の境界」宇山智彦編『ユーラシア近代帝国と現代世界』ミネルヴァ書房、二〇一六年、二一九－二三六頁。

第四章

「ユーラシア外交」という日本の選択

高畑洋平

はじめに

橋本龍太郎首相（当時）は一九九七年七月二四日、経済同友会会員懇談会演説において、次のとおり語った。

「私は、日本外交は、冷戦後の国際関係の大きな転換の中で、こうしたアジア太平洋地域へ向けた外交の地平を大きく前進させなければならない、そして、新しい視点を創造するべき重要な時期に来ていると思うのであります。この視点を私は名付けて『ユーラシア外交』と表現したい[*1]」

橋本が、日本の「ユーラシア外交」を表明してから、四半世紀を迎えた。日本ではこの演説をもって、日本のユーラシア外交が始まったとされる。しかし、ここで「される」とあえて表現したのは、日本の「ユーラシア外交」という概念が、今日に至るまで明確には定義されていない点を強調したかったからだ。その地理的範囲やこの外交戦略が何を目標にしているのかなど、識者や為政者によって見解が異なり、「これが定義だ」ということを導き出すのも難しい。そもそも、戦後の日本外交において、「ユーラシア」という言葉が外交戦略の系譜において使用されることはきわめて稀である。

例えば、二〇二二年一月の第二〇八回国会における林芳正外相の外交演説では、現在、国際社会は時代を画する変化の中にあるとして、次の二点が強調されていた。すなわち、第一に、自由、民主主義、人権、法の支配といった普遍的価値や国際秩序が厳しい挑戦に晒されている点、第二に、革新的技術の出現などにより、安全保障の裾野が急速に拡大している点である。その上で、先人たちの努力により世界から得た日本への信頼を基礎に、今後、三つの「覚悟」（普遍的価値を守り抜く覚悟、日本の平和と安定を守り抜く覚悟、人類に貢献し、国際社会を主導する覚悟）の必要性が掲げられた。

さらに、今後日本が特に重要視する分野として、①日米同盟の強化、②「自由で開かれたインド太平洋（Free and Open Indo-Pacific：ＦＯＩＰ）構想」[*2]の実現、③近隣諸国（中国、韓国、ロシア、北朝鮮）との外交強化、④地域外交（ＡＳＥＡＮ、中東、アフリカ、中央アジア・コーカサス）の推進、⑤新たなルール作りに向けた国際的取組の主導（経済安全保障など）、⑥地球規模課題への対応、⑦総合的な外交力の強化、が七つの柱で再整理されていた。

しかし、いずれも、日米関係の維持・強化、近隣諸国との戦略対話、宗教対立や資源、テロなどをめぐるユーラシア大陸の心臓部の重要性という形でユーラシア諸問題への関心は示されているが、トータルな意味での同大陸への認識や見解及びその対応策について、明確な方向性が打ち出されているとは言い難い。

外務省発行の『外交青書』[*3]においても同じ傾向が見て取れる。すなわち、安倍晋三首相（当時）の在任中二〇一六年から二〇一九年の間には、「日本を含むユーラシア地域全体の安定と発展」という表現こそあったが、二〇二〇年版以降では、この「安定」と「発展」の文言が入れ替わった表現が使用されただけである。このことから、およそ「ユーラシア」という言葉が日本外交の文脈で使用されているとは言い切れないのではないか。

冷戦終焉以降、日本では、「対シルクロード地域外交」（一九九七年以降）、「自由と繁栄の弧」構想（二〇〇六年）、「地球儀を俯瞰する外交」（二〇一二年）や「積極的平和主義」[*4]（二〇一三年）、さらには、Ｆ

ＯＩＰ（二〇一六年）といった、従来の日米関係を超えた広い視野に立った各種の外交戦略が展開されてきた。

しかしながら、今日、ユーラシア大陸では、中国の「一帯一路」構想の具現化、北朝鮮のミサイル多様化、ロシアによるウクライナへの軍事侵攻、タリバーンの復権、Brexit（ブレグジット）（英国のＥＵ離脱）、アフリカの政治と開放、さらに北極海航路の開通など、その国際戦略環境は劇的に変容しつつある。

こうした中、日本としては、「世界の中の日本」のトータルな将来像について戦略的に構想し、ユーラシア大陸に対して中・長期的な外交戦略を展開できているのであろうか。今後、日本外交の選択肢を増やすためにも、従来の非友好国などの脅威への対抗ばかりに力点を置くのではなく、ユーラシア大陸をトータルに捉えつつ、多角的な外交戦略を展開することはできないか。これこそが本稿を執筆するにあたっての問題意識である。

そして本稿の目的は、日本がこれまでユーラシア大陸諸国に対していかなる外交戦略をとってきたのか、これまでの日本外交の二五年の軌跡を概観する。[*5] そこで、日本のユーラシア戦略を語るうえで、およそ外すことのできない、橋本、小渕、麻生および安倍の四政権で打ち出された外交理念を振り返るとともに、今日の日本外交における「ユーラシア外交」を選択する必要性についても提起したい。

1．日本におけるユーラシアの位置づけ

「地政学への回帰」の主たる舞台

ユーラシア（Eurasia）とは、ヨーロッパ（Europe）とアジア（Asia）を組み合わせた呼称である。ユーラシア大陸は、東端は中国、韓国から、西端はヨーロッパ、南端はインド亜大陸までを含む世界最大級の大陸であり、日本列島はその最東端に位置する島国（ユーラシア半島ともいえよう）である。

そもそも日本とユーラシア大陸とのつながりは歴史的にも深い。日本とユーラシア大陸の諸民族は、歴史上、密接な交流（交易や人の移動など）を行ってきたほか、日本人の原型がユーラシアにその起源を持っていることも有名な定説である。[*6]

しかし、普段、我々日本人は、地理的距離の近いユーラシア大陸より、地理的距離の遠いアメリカ大陸を見つめる傾向にある。現実問題として、日米同盟が戦後の日本外交の基軸であることは国内外において自明であり、日米同盟の役割や価値を否定する日本国民は少ない。

こうした中、今日の国際社会では、日本、米国、欧州といった先進民主主義国が中心となって支えてきた自由で開かれたルール基盤の国際秩序が危機に瀕し、いわゆる「地政学への回帰」が多くの論者によって指摘されるようになった。従来の「地政学」といえば、ハルフォード・マッキンダーやアルフレッド・マハン、あるいはニコラス・スパイクマンなどの名前が挙げられ、我々は彼らについて、様々な時代や視点から「再分析」を積み上げていくことで、現代社会を紐解いてきた。

現在の「地政学への回帰」の主たる舞台はまさにユーラシアにある。この地域は古来、「文明の十字路」と称されるとともに、中国（東）、欧州（西）、中東（南）、ロシア（北）といった諸勢力の力学が交錯する地政学上の要衝でもあった。このユーラシア大陸をめぐって、各国の動きが活発化し、きわめて複雑な地域のダイナミズムが生じている。

例えば、中国はその軍事的台頭や海洋進出とともに「シルクロード経済ベルト」（陸路の「一帯」）および「二一世紀の海上シルクロード」（海路の「一路」）からなる「一帯一路」構想を掲げ[*7]、また「一六＋一」という中国と中東欧諸国の経済連携構想を立ち上げるなど、ユーラシアをまたぐ広域の連携を図るユーラシア戦略を展開している。また、欧州諸国では中国への経済的接近を通じて、ユーラシアにおける地歩を固める動きを示しているほか、中東でも、タリバーンの復権に加えて、イエメンやシリアでの大国間の「代理戦争」も発生している。さらに、ロシアについては、ユーラシア経済連合によりロシア・中央アジア・コーカサスなどユーラシアでの広域な経済的連携を強化する一方で、ウクライナへの軍事侵攻という蛮行に踏み切った。

いずれの出来事もユーラシア大陸で起きているわけだが、日本にとって対岸の火事ではない。日本は資源小国である一方、世界有数のエネルギー消費大国でもある。ユーラシアの豊かなエネルギー資源や多彩な鉱物資源の安定的確保は、日本の国家運営を行ううえで不可欠な基盤といえる。二〇一一年三月一一日に発生した、東日本大震災とそれに伴う原子力発電所の事故は、日本のエネルギー及び資源戦略のあり方を根本的に見直すきっかけにもなったことは記憶に新しい。

実際、極東ロシアのガス開発事業「サハリン２」（三井物産が一二・五％、三菱商事が一〇％出資）では、ロシアによるウクライナへの軍事侵攻を受けて、英シェルが撤退を表明する一方、岸田文雄首相は「撤退はしない方針だ」と明言するなど、日本の苦しい台所事情を物語っている。

今後ますます複雑化する国際社会において、先ずもって日本が取り組むべきは、従来の国際情勢認識に加えて、ユーラシアにおける複合的な力学の把握に努め、日本外交の選択肢を広げることではないだろうか。

2．日本の「ユーラシア外交」の萌芽――橋本政権

日本が「ユーラシア外交」へと歩み始めるきっかけになったのが、冒頭に挙げた橋本演説である。そもそも戦後日本外交の第一歩は、対日平和条約と日米安全保障条約の締結の二本立てで始まった。すなわち、サンフランシスコ体制、日米安全保障体制である。くしくも一昨年（二〇二〇年）は、日本の安全保障の基軸をなす日米安全保障条約が改定されてから六〇年の節目でもあった。

この当時、安倍は、「いまや、日米安保条約は世界の平和を守り、繁栄を保証する不動の柱だ」と強調し、その後を継いだ菅義偉首相（当時）も、二〇二〇年の就任記者会見で、「機能する日米同盟を基軸とした政策を展開していく」と表明した。そして、現在の岸田首相においても、昨年（二〇二一年）の就任翌日の記者会見で、「日米同盟の更なる強化」や「ＦＯＩＰの実現」（図1参照）を表明するなど、日本の歴代政権の日米関係重視およびＦＯＩＰ発展への流れは今後も継続するものと思われる。

橋本ユーラシア外交の本質

戦前の日本にも、いわゆる同盟関係は存在したが、特定の国と六〇年以上にわたり同盟関係が存続していることはきわめて稀である。その意味では、戦後日本の外交を考察するとき、米国、そして日米同盟の存在が大きいことは改めて言うまでもない。それはこれから論じる橋本政権においても例外ではな

図1 「自由で開かれたインド太平洋」のイメージ

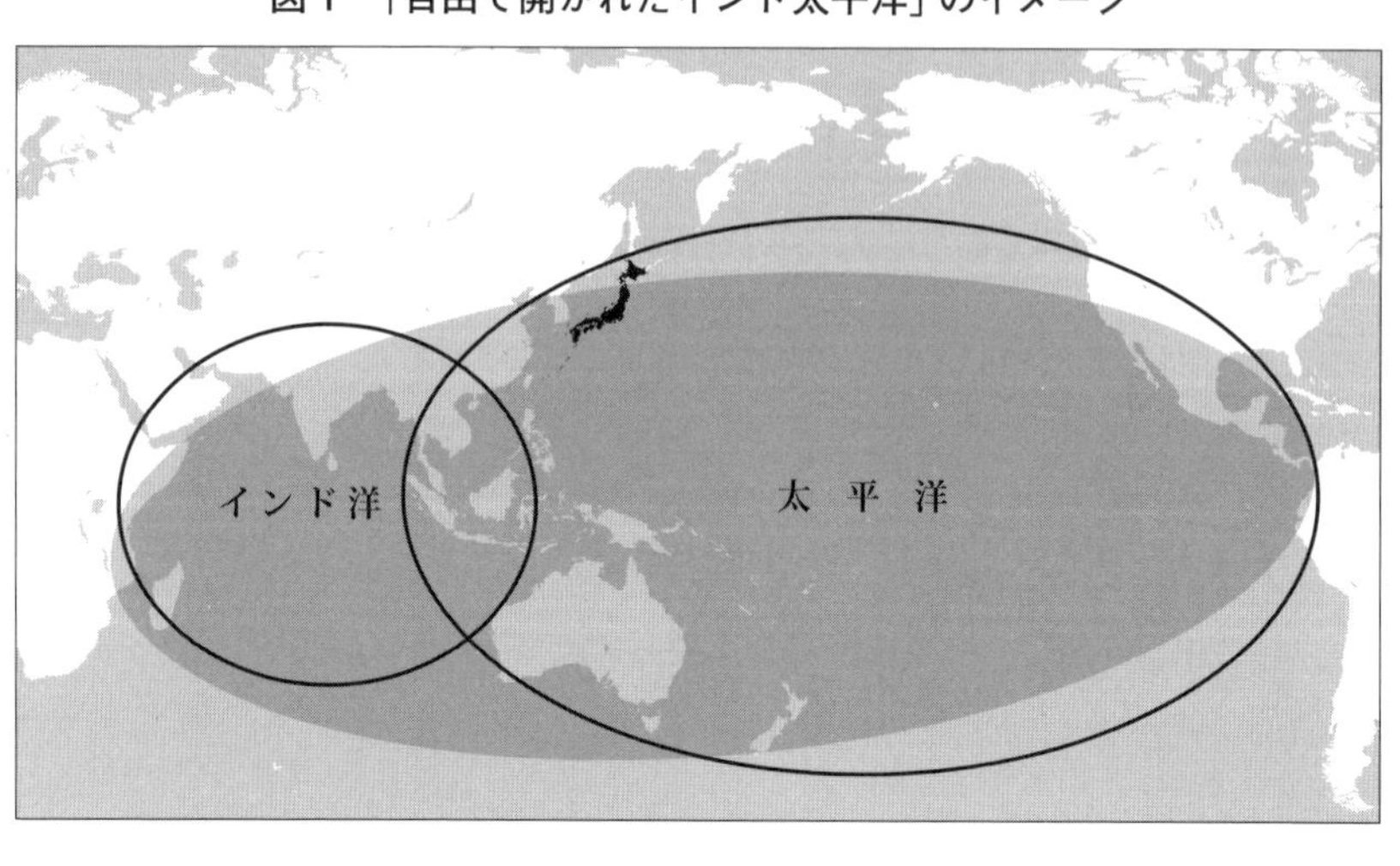

かった。むしろ、橋本政権は、沖縄での少女暴行事件や普天間基地の問題などで、「日米同盟漂流」が危惧される中での船出でもあった。

一九九六年一月に村山富市首相（当時）が突然辞任を表明し、総理の座を継いだのが橋本であった。橋本は同年一月二二日の施政方針演説において、「自立的外交の展開」なるビジョンを掲げた。この「自立」という言葉について、橋本は後のインタビューにおいて「（今後日本は）言われてやるのではなく、自分なりの判断と発想で行動しなければいけない」とし、安全保障面でも日本は自らの手で多くを成すべきである、という思いが込められている、と証言している。[*8]

橋本は在任中、自ら率先して「自立的外交」の成果をあげようと試みた。この「自立的外交」の源流は、橋本政権における次の二つの出来事、すなわち、①米国からの普天間の返還、②日露の戦略的な外交の構想、という各々の流れが合流し、その後、橋本ユーラシア外交という本流に辿り着いたと解釈できる。その際、この二つの支流は偶然合流したという性質ではなく、橋本がユーラシア大陸を多くの国が連なる一つの大陸と見ていたため、必然的に合流したものであるというべきであろう。

第一については、政権発足前の一九九五年九月、沖縄で米兵による少女暴行事件や駐留軍用地特別措置法による米軍駐留地の使用権をめぐって、国と沖縄県との対立などが鮮明になり、沖縄県民の憤りが噴出していた。

橋本はもともと一政治家として沖縄に関心を持っており、普天間基地返還についても、最重要課題の一つとして捉えていた。とはいえ、普天間を議題として扱うこと自体、日米関係を揺るがしかねず橋本は苦悩する。橋本自身、サンタモニカでビル・クリントン米大統領（当時）と初の日米首脳会談を行う直前まで、普天間返還をテーブルの上に置くか否かギリギリの選択を迫られていた。この会談では、橋本とクリントンの両首脳同士がお互いに膝を突き合わせて話し合い、[*9]偶然か必然かはさておき、普天間問題が議論の俎上（そじょう）に上ることになる。その後、一九九六年に普天間基地の返還に日米両政府が合意し今日に至った。

第二については、橋本の頭の中にあった対露外交の骨格として、[*10]いかにして、ロシアをアジアの一員に迎えるべきかであった。そのための妙案の一つが、「アジア太平洋経済協力（ＡＰＥＣ）」へのロシア加盟手続きを日本が代行するというものであった。[*11]また、それと同時に橋本はロシアを日本に惹きつけるべく、昔から頭の中にあった「ユーラシア外交」の素案を経済同友会の講演で披露することを決心する。

橋本はこの講演において、「アジア・太平洋地域の平和と安定に重要な影響を与える米中日露の四ヶ国の相互関係の中では、日露関係が、一番立ち後れをみせていることは否定できません。（中略）この二国間関係の改善は、二一世紀に向けて両国政府が取り組むべき最優先の課題の一つである」と述べ、関係改善に向けた三つの原則として、「信頼」、「相互利益」、「長期的な視点」を掲げた。そのうえで「私たちの目標は、この三つの原則に従い、日露関係全体を改善し、もってアジア太平洋からユーラシア大陸の西の端に至るこの大陸との間で、両国がともに喜びあえるような関係をつくることにあります」と強調した。[*12]

かかる発言を踏まえるならば、橋本ユーラシア外交の本質は、日本外交をさらに力強く進めるために、ロシアを自国陣営に加えることが第一義的な目的であったと推察できよう。[*13]

これを裏付けるかのように、この演説後、ロシアのクラスノヤルスク市において日露首脳会談（一九九七年一一月）が開催されている。この会談では、橋本とボリス・エリツィン大統領（当時）の間で、東京宣言に基づき、二〇〇〇年年までに平和条約を締結するよう全力を尽くすことで一致した。

その後も日露関係は着実に進展していくかに見えたが、残念なことに、すでに同年夏頃に始まっていたアジア通貨危機のあおりを受け、日本経済は次第に悪化し、国民の間で不安が高まってしまう。橋本の内閣支持率も三〇％を下回り、もはや政権維持が危うくなる「危険水域」にまで突入することになる。結局のところ、国民の不信感や将来への不安を払拭するには至らず、一九九八年の第一八回参議院選挙で自民党は獲得議席数四四議席で大敗、橋本は退陣した。

3.「シルクロード地域外交」――小渕政権と中央アジア

橋本の退陣後、総理の座を継いだのが、小渕恵三である。小渕はいわゆる議員外交に積極的に取り組み、一九九七年六月以降、橋本に先行する形で、ロシア・中央アジア対話ミッション（団長：小渕）などのプロジェクトを通じて、トルクメニスタン、キルギス、カザフスタン、ウズベキスタン諸国を回り、日本と中央アジア諸国との関係構築に奔走する。

そもそも「シルクロード地域外交」とは何かについては、冒頭の橋本演説の中で次のとおり述べられている。

「『シルクロード地域』とも呼ぶべき広大な空間に生まれた中央アジア及びコーカサス諸国は、新しい政治経済制度の下に豊かで繁栄した国内体制を確立し、近隣諸国との間で平和で安定した対外関係を創り出すべく多大な努力を傾けています。（中略）我が国がこれら諸国の国づくりに積極的なお手伝いをすることは、新独立国家自身のみならず、ロシア、中国、イスラム諸国の平和と繁栄に対し必ずや建設的な意義を有することとなり、二一世紀に向けての日本外交のフロンティアをユーラシア地域に拡大することとなると確信します[*14]」

つまりこの演説から、「シルクロード地域外交」とは、「信頼と相互理解の強化のための政治対話」、「繁栄に協力するための経済協力や資源開発協力」、「核不拡散や民主化、安定化による平和のための協力」という三本柱を軸に、中央アジア諸国とのより強力な二国間関係の構築を目的とするものであるといえよう。[*15]

資源豊富な要衝の地

そもそも中央アジア地域は一九世紀まで地図上の空白地帯であった。かつてマッキンダーが「ユーラシアの心臓部を制するものは世界を制する」と述べたように、一九世紀からロシアはインド洋への南下を策し、植民地インドを持つイギリスと中央アジア地域で覇を争った。中央アジア諸国はソ連（現ロシア）からの独立以来、ロシア金融危機など、数々の危機を経験してきた地域といえる。

しばしば、同地域は中国とロシアのグレートゲームの地と化しているわけだが[*16]（中国とロシアにとっての「裏庭」）、その理由は何といってもレアメタル、ウラン、石油等の豊富な資源に他ならない。既述のとおり、日本もその一角を占めており、豊富な天然資源を有する中央アジア諸国との「資源外交」は、資源・エネルギー対外依存度のきわめて高い日本にとっても、最重要事案の一つである。

その意味では、中央アジアは従来のユーラシア大陸の深奥部という「陸の孤島」から、中国・アジアと欧州を東西に結び、さらにはロシアと南西アジアを南北に結ぶ、資源豊富な要衝の地といえる。

二〇一五年一〇月二二日から二八日、安倍は、日本の首相として初めてモンゴルと中央アジア五カ国（ウズベキスタン、カザフスタン、キルギス、タジキスタン、トルクメニスタン）を歴訪している。ウズベキスタンでは、火力発電所の建設などに一二七億円の政府開発援助（ODA）を提供したほか、トルクメニスタンでは、天然ガスのプラント建設など総額二・二兆円以上の受注案件が前進するなど、連携に橋頭堡（きょうとうほ）を築いた。

こうした動きの背景には、経済関係の強化のみならず、同地域で影響力を増す中国を牽制する狙いが強かった。実際、中央アジア五カ国の最大の貿易相手国はいずれも中国で、日本は平均一%程度に留まっていた。

実際のところ、中国は自国の企業進出をさらに後押しすべく、二〇一三年九月に習近平国家主席がトルクメニスタン、カザフスタン、ウズベキスタン、キルギスを歴訪し、このうちカザフスタンでの演説において「シルクロード経済ベルト構想」なる経済圏を提唱したのだ。その他、中国はシルクロード基金（資本金四〇〇億ドル）やアジアインフラ投資銀行（AIIB、資本金一〇〇〇億ドル）を創設し、糸目をつけない融資の構えを見せるなど、同地域における中国のプレゼンスを急速に高めていった。

他方、日本も一九九〇年代以降、ソ連（現ロシア）から独立後の中央アジア諸国の国造りを支えてきた。そのアプローチとしては、中国のように単に経済援助というものではなく、この地域の健全な発展のために、農業の育成や企業の発展、あるいは雇用の増大といった、あくまで中央アジア主体の支援であった。

しばしば中央アジアを語る際、ひとまとまりとして語られることが多いがそうではない。中央アジアは様々な国の集合体であり、一枚岩的な存在ではなく、国ごとに状況が異なる点を我々は見失ってはならない。

日本と中央アジアとの交流が盛んになるにつれて、二〇〇四年には、新たな政府ベースの地域協力促進の枠組みとして、川口順子外相（当時）の提唱により「中央アジア＋日本」対話がその歩みを始めた。[*17]

本対話では、主に経済、観光、農業といった中央アジアの開発課題について、双方の識者や実務家などが参加し、重点的に議論が重ねられた。なにより、外交の多様化を求める中央アジア諸国にとって、自国に対して領土的野心も持たない日本は、有望な選択肢の一つであった。

また、既述のとおり、日本の外交アプローチの強みは、ロシアや中国の軍事・経済的アプローチとは異なり、中央アジアの現地の声に耳を傾けつつ、雇用をもたらす産業の育成や、民主化へ向けたビジネス人材の育成など、あくまで現地の人が主体となるものであった。同対話が始動したことで、日本と中央アジアがともに歩み、ともに成長できる持続可能な枠組みが共有されただけでなく、中露関係を理解する上でも有効であった。

ユーラシア外交の枠組みで提起された「シルクロード地域外交」だが、その後、タジキスタンにおいて、国際連合タジキスタン監視団（UNMOT）の秋野豊氏が殉職した影響もあってか、停滞することになる。

4．「自由と繁栄の弧」構想——動き出す麻生の「価値の外交」

二〇〇五年一二月、麻生太郎外相（当時）は「わたくしのアジア戦略：日本はアジアの実践的先駆者、Thought Leader たるべし」と題する政策スピーチを行った。麻生はこの中で、アジアにおける日本とは「何であるか」について、三つの問いを立て、それに対する三つの答えを示した。

すなわち、①アジアの実践的先駆者（Thought Leader）、②アジアの安定勢力（スタビライザー）、③国対国の関係に上下概念を持ち込まないこと、である。その上で、中国の台頭を歓迎すると同時に、様々な分野での「透明性」を求め、中国、韓国、ＡＳＥＡＮ諸国が「Peace and Happiness through Economic Prosperity」（経済の繁栄を通して、平和と幸福を）の道を辿るべきであると訴えたのだ。[*18]

麻生は二〇〇五年一〇月に外務大臣就任以降、世界各地を訪れる中で、日本の国際的地位や日本に対する評価について、まずは、日本人自身が「日本の価値」を再認識・再評価すべきではないかと感じていた。

新たな日本外交の柱

麻生が「価値」にこだわったのには理由がある。二〇〇五年末、外務大臣としてインドを訪問し、地下鉄を視察した際、ある現地のインド人が麻生に語りかけた「日本から学んだことは、なにより働くことの価値観」というメッセージは、麻生の心に少なからず影響を与えたのかもしれない。[*19]

インドからの帰国後、麻生は日本外交の価値とはどこにあるのか、熟慮に熟慮を重ねた結果、二〇〇六年一一月三〇日に、麻生はホテルオークラ東京で、「『自由と繁栄の弧』をつくる――拡がる日本外交の地平」と題する政策演説という形をもって世に示すことになる。

この演説の冒頭で麻生は、「さて皆さん、本日は『価値の外交』という言葉と、『自由と繁栄の弧』という言葉。どちらも新機軸、新造語でありますが、この二つをどうか、覚えてお帰りになってください」と聴衆に語りかけた。それは、日米同盟の強化と国連をはじめとする国際協調、中国、韓国、ロシア等、近隣諸国との関係強化といった従来の日本外交の柱に加えて、自由、民主主義、基本的人権、法の支配、市場経済といった「普遍的価値」を重視しつつ、「自由と繁栄の弧」を形成するという画期的

図２　「自由と繁栄の弧」のイメージ

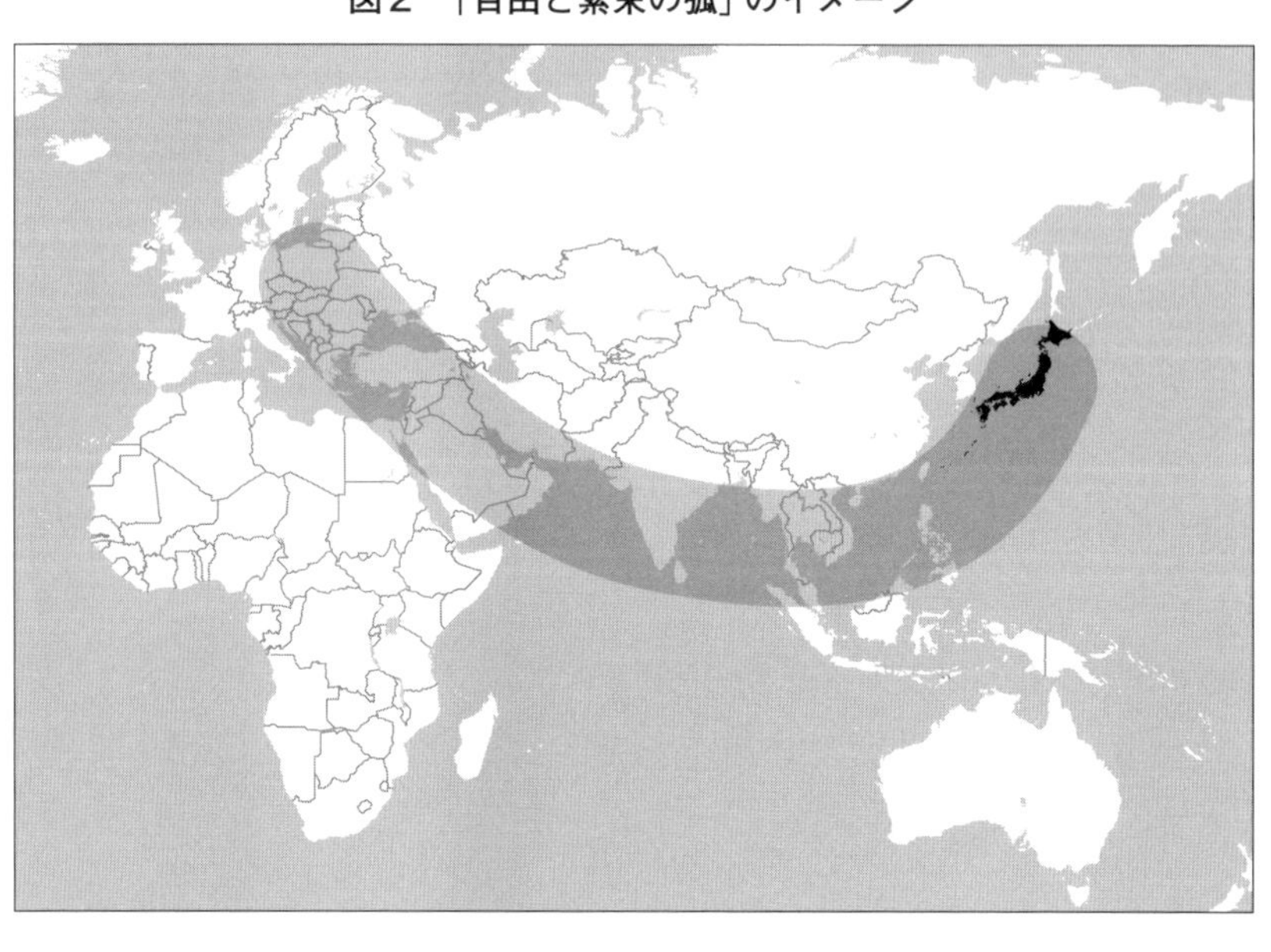

な視点で語られた外交構想であった。

特筆すべきは、その地理的範囲の広さである。北欧諸国からはじまり、バルト諸国、中・東欧、中央アジア・コーカサス、中東、インド亜大陸、また東南アジアを通って北東アジアにまで及び、さらに、日本のパートナーであるオーストラリアやニュージーランドも含まれた。そして、この地理的範囲において、普遍的価値を基礎とする豊かで安定した地域、すなわち「自由と繁栄の弧」にできないかという斬新なアイディアであった（図2参照）。

それではここでいう「自由」と「繁栄」のコンセプトは何かというと、麻生の解釈はこうだ。「弧」に沿って散らばる国々は、みなそれぞれに違う。これら国々はみな、豊かになれるチャンスを前に、何とか成長しようとしている。これが「繁栄」の二文字で表現していることである。また、「自由」の二文字については、移動する自由、モノを言う自由、それから自分の人生をつくっていく自由である。[20]

米国では、二〇〇一年以降中東から東アフリカ、南アジア・東南アジアを通り、極東にいたるまでの三日月状の地域を「不安定の弧」と称し、当該地域における紛争などに対応するべく軍備の再編などを進めていた。また、マッキンダーもユーラシア大陸の外周を「危機の弧」と称していた。そこで麻生は、この「弧」に未知の可能性を見出し、この弧に属する地域の国々と共通の価値を共有し帯状につなぐというコンセプトをまとめた。[21]

この演説内容は、外務副報道官であった谷口智彦氏（当時）がスピーチライターとして起草し、従来の外相の演説とは一線を画するような、明確な主張やメッセージが含まれる内容となった。[22]

とりわけ、「自由と繁栄の弧」を成功させるため、ユーラシアにおいて各種の紛争の震源地となることが多く、民主化も遅れている中東地域を含めた国々に重点が置かれた点は強調したい。[23] そして何より注目すべきなのは、麻生は、民主化や市場経済化に尽力するこれら国々に対して、日本のこれまでの取り組みの成果に「自由」「繁栄」「弧」という価値概念を組み合わせることで、日本外交の位置づけを明確にしようとした点に尽きる。

ただし、この「自由と繁栄の孤」だが、人権や民主主義といったリベラルな価値が強調され過ぎたため、ＡＳＥＡＮ諸国の警戒心を高めてしまった。また、安倍自身にとってもこの構想は、前述の経緯からして「麻生ドクトリン」という認識が強く、用語としては次第に姿を消していくことになる。その後、「自由と繁栄の孤」に入れ替わって登場するのが安倍の「地球儀を俯瞰する外交」である。

5.「地球儀を俯瞰する外交」――安倍と「インド太平洋」

二〇一二年九月、虎視眈々と首相への返り咲きを狙った安倍は自民党総裁選に出馬し、同年一二月一六日に行われた、第四六回衆議院議員総選挙で二九四議席を獲得、勝利をおさめた。再び総理大臣の座についた安倍は、二〇〇六年に「お友達内閣」と揶揄された過去を教訓に、第二次安倍政権を「危機突破内閣」と命名した。

第二次安倍政権が発足すると、その所信表明演説の中で、日米同盟の立て直しを前提としながらも、「(外交は) 地球儀を眺めるように世界全体を鳥瞰して、自由、民主主義、基本的人権、法の支配といった基本的な価値に立脚し、戦略的な外交を展開していく」と表明し、「地球儀を俯瞰する外交」ともいうべき大きな外交理念を大々的に掲げた。注目すべきポイントは、民主主義や基本的人権といった普遍的な価値を尊重しつつ、日米同盟を基軸に戦略的な外交を追求するものであった。[*24]

また、その地理的範囲は、日本からASEAN諸国、インドへと、ユーラシア大陸の南の縁に沿って「弧」を描きながら、日本と連携する国々を多角的に拡げるものでもあった。言うまでもなく、戦後の日本外交は賠償問題の歴史でもあり、各国とも「日本は信頼できる国なのか」と警戒心を示す中で、日本がそれを解きほぐしていく意義は大きいものといえた。

安倍は、これを具現化するべく、政権発足直後から積極的に各国、各地域との間で、いわゆる「首脳外交」を展開していく。在任期間の外国訪問回数は八一回、訪問先の国・地域はのべ七六にまで及んだ。[*25]

あくまで「自由と繁栄の弧」を原型とする安倍の「地球儀を俯瞰する外交」は、日本の価値観を前面に出す、新たな価値外交の姿であった。とはいえ、中国と韓国との関係においては、安倍による靖国神社の参拝や歴史認識問題などもあり、期待値を超える成果を出すまでには至らなかったのもまた事実であった。[*26]

「インド太平洋」という着想

さて、昨今、日本の外交戦略を語る上で、重要な外交構想に「インド太平洋」がある。この概念が初めて公式に登場したのは、二〇〇七年八月、第一次安倍政権において、安倍が「二つの海の交わり」（Confluence of the Two Seas）と題してインド国会で演説した時代まで遡る。安倍はこの演説で「太平洋とインド洋は、今や自由の海、繁栄の海として、一つのダイナミックな結合をもたらしています。従来の地理的境界を突き破る『拡大アジア』が、明瞭な形を現しつつあります。これを広々と開き、どこまでも透明な海として豊かに育てていく力と、そして責任が、私たち両国にはある」と述べ、新段階の日印関係の可能性について、当時のマンモハン・シン首相に呼びかけた。[*27]

それから五年四カ月後、「二つの海の交わり」の発展型としてまとめられたのが、第二次安倍政権の発足直後、二〇一二年一二月二七日に発表された「アジアの民主的な安全保障ダイヤモンド（英題：Asia's Democratic Security Diamond）」という英語論文である。

この論文は安倍が首相就任前に書かれたもので、その内容は、「太平洋における平和と安定と航行の自由は、インド洋における平和と安定と航行の自由と切り離すことができない」とした上で、（南シナ海における中国の海洋進出を念頭に置きつつ）インド太平洋の平和と安定に向けて、日本、米国（ハワイ）、豪州、インドという四つの海洋民主主義国家がダイヤモンド状に連携・協力すべし、とする構想に関する内容であった。

安倍は「インド太平洋」の着想の経緯について、後のインタビューで次のとおり証言している。

「（インド太平洋に着目したのは）小泉政権のときですね。私は官房副長官（二〇〇一年四月～〇三年九月）、官房長官（〇五年一〇月～〇六年九月）として小泉内閣の一員を務めましたが、そこで総理が中国・韓国との関係にたいへん苦労される姿を見てきました。（中略）中韓とのつきあいは、二国間関係に囚われるのではなく、地球儀を俯瞰しながら、より広い視野を持って向き合った方がよい、と考えるようになりました。そしてその過程で、インドについて深く関心を持つようになりました」[*28]

安倍にとって太平洋とインド洋を一つの「インド太平洋」として捉える新たな着想は、インドへの関心の高まりと「二つの海の交わり」の構想をさらに発展させたことに起因するものであった。[*29]

ＦＯＩＰの誕生

その後、二〇一六年八月、第六回アフリカ開発会議（ＴＩＣＡＤⅥ）にて、安倍はその基調演説において、「太平洋とインド洋、アジアとアフリカの交わりを、力や威圧と無縁で、自由と、法の支配、市場経済を重んじる場として育て、豊かにする責任を担っている」とし、「両大陸をつなぐ海を、平和な、ルールの支配する海とする」べく、アフリカとの協力関係を呼びかけた。ＦＯＩＰ誕生の瞬間である。

安倍が「力や威圧と無縁」とあえて発言していることからわかるとおり、中国の力による現状変更は許さない、という日本の立場が世界に示されたともいえよう。

6.「ユーラシア外交2.0」

中国との競争と協調

外務省によると、ＦＯＩＰの定義は、「地球儀を俯瞰する外交」と「積極的平和主義」の外交コンセプトをさらに発展させるべく、アジアとアフリカという「二つの大陸」と、太平洋とインド洋という「二つの大洋」の交わりにより生まれるダイナミズムを一体として捉え、日本外交の新地平を切り拓くもの、とされる。そして、ＦＯＩＰ実現のため、次の三本柱が掲げられている。[*30]

①法の支配、航行の自由、自由貿易等の普及・定着
②経済的繁栄の追求（連結性、ＥＰＡ／ＦＴＡや投資協定を含む経済連携の強化）
③平和と安定の確保（海上法執行能力の構築、人道支援・災害救援等）

そもそもＦＯＩＰの特徴は、海洋安全保障、経済、開発、連結性などを含む包括的な取り組みであると同時に、その範囲として「アジア太平洋」ではなく「インド太平洋」という概念を提示した点にある。

とはいえ、この「インド太平洋」という概念については、日本独自のものではなく、米国、豪州、インドなども有しており、最近では、二〇一九年六月にＡＳＥＡＮが、ＡＳＥＡＮ版インド太平洋構想（ASEAN Outlook on the Indo-Pacific：ＡＯＩＰ）なるものを発表している。[*31]

とはいえ、日本で「インド太平洋」という概念が広く語られる背景として、中国の台頭が国際社会に

与える影響の不確実性とともに、仮に影響があるのであればその影響を最小限にしたいという思惑があったことは疑いない。だからこそ、日本では、日米同盟を基軸にグローバルなパートナー関係を拡大して体制を固めつつ、多国間連携を通じて、主に中国に向き合うという戦略に重きが置かれた。

他方、FOIPにはもう一つ特筆すべき点がある。それは、太平洋とインド洋という「二つの大洋」の化学反応（交わり）による新たな価値創造について、対中関係という視点から、「競争」と「協調」の両面に配慮がなされていた点だ。すなわち、FOIPでは、現在「インド太平洋」において各種の脅威に直面する中、日本は、先ずもって法の支配を含むルールに基づく国際秩序の確保、航行の自由、紛争の平和的解決、自由貿易の推進を通じて、同地域を自由で開かれたものにすることを目指している。これは中国との「競争」だ。

一方、「協調」については、安倍自身が日中平和友好条約締結四〇周年の節目の年（二〇一八年一〇月）の日中共同記者発表において、次のとおり語っている。

「競争から協調へ。日中両国の関係は、今まさに『新たな段階』へと移りつつあります。李克強総理と共に、両国関係を大きく前進させていきたいと思います。（中略）我々は、隣国同士です。互いに協力のパートナーであり、互いに脅威とならない。この明確な原則を、先ほどの首脳会談において、李総理と確認しました」

そして「我々は、共に、国際社会の平和と繁栄に、建設的な役割を果たしていきます。そのことで完全に一致することができました」[*32]

これは明らかに中国との「協調」を意識した発言だ。

このように、ＦＯＩＰにおいて「競争」と「協調」の両面が内包されているわけだが、安倍の発言から、ＦＯＩＰでは、中国を「競争」相手として捉えるよりももっぱら「協調」相手として捉えたいのではないか。いずれにせよ、日本としては、ＦＯＩＰに可能な限り中国にも加わってもらい、同地域の平和と繁栄を共に目指そうとする姿勢であることは疑いない。

その意味では、今後、日本がＦＯＩＰにおける中国の位置づけを「競争」とするか、あるいは「協調」（あるいは「共強」）にするかで、同構想の価値は変わってくるものと思われる。今後、日本はＦＯＩＰを一つの切り口に、新たな外交の選択を迫られるものと思われる。その際、ＦＯＩＰはつねにユーラシア外交の対抗的意味解釈ではなく、結束的意味解釈となるべく、双方の位置づけを早急に確定させる必要がある。

価値共有の普遍性

さて、ここで『外交青書』から日本のユーラシア外交の実態や現状を考察したい。なぜ、『外交青書』かというと、言うまでもなく外務省は自分の国の利益を守るとともに、外国との交渉を担当する組織である。外務省が何を考えているかを知ることは、日本外交を知ることにもつながる。

そこで、創刊号（一九五七年）から昨年発行の第六四号（二〇二一年）までの間において「ユーラシア」というキーワードを軸に、年度ごとの位置づけを分析したところ、およそ次のことが判明した。すなわち、「ユーラシア」という言葉は、これまで計四五回登場した。そのうち、一九九二年までは「ユーラシア大陸」という語で、第二六号（一九八二年）、第三〇号（一九八六年）および第三六号（一九九

表　『外交青書』における主要年度の各国・各地域の登場回数の変化

	1996年		2006年		2016年		2020年		2021年	
	単語	登場回数	単語	登場回数	単語	登場回数	単語	登場回数	単語	登場回数
第一位	アジア	406	アフリカ	226	アジア	260	米国	299	国連	442
第二位	欧州	313	米国	185	米国	213	中国	248	インド	330
第三位	米国	205	アジア	182	中国	207	太平洋	246	太平洋	323
第四位	太平洋	177	中国	178	太平洋	195	アフリカ	232	米国	292
第五位	ロシア	162	イラク	163	アフリカ	185	韓国	208	中国	273
第六位	中国	157	北朝鮮	151	北朝鮮	133	アジア	206	ASEAN	260
第七位	アフリカ	155	韓国	95	韓国	126	インド	199	アジア	204
第八位	英国	112	欧州	88	シリア	111	北朝鮮	158	韓国	201
第九位	中東	90	ロシア	87	欧州	109	欧州	143	EU	192
第十位	フランス	90	インド	81	ロシア	107	ロシア	121	アフリカ	180

（著者作成）

二年）に登場し、第五九号（二〇一六年）から第六二号（二〇一九年）の間では「日本を含むユーラシア地域全体の安定と発展」という表現で使用されていた。

ただし、この「ユーラシア地域」という表現だが、日本としてユーラシアをトータルに把握する姿勢を示しているかどうかは人によって解釈が分かれるのではないだろうか。

また、次に橋本政権発足の一九九六年から二〇二一年までの二六年間において、主要な年ごとに「抽出語リスト」を作成し、同一単語の登場回数を集計し、時期によって、日本の関心地域の高低がどのように推移したのかまとめたのが上の表である。[*33]

まず橋本政権が発足した一九九六年では、「アジア」が第一位で、次いで「欧州」「米国」「太平洋」「ロシア」の順であった。次に「自由と繁栄の弧」が掲げられた二〇〇六年では、「アフリカ」が第一位で、次いで、「米国」「アジア」「中国」「イラク」の順であった。

さらに、FOIPが掲げられた二〇一六年では、「アジア」が第一位で、次いで、「米国」「中国」「太平洋」「アフリカ」の順であった。しかし、その後、安倍政権が終焉に向かっていく二〇一九年頃から菅政権の二〇二〇年頃になると、「米国」が第一位となり、次いで、「中国」「太平洋」「アフリカ」「韓国（アジア含む）」という順になった。

ちなみに、岸田政権の二〇二一年では、「国連」が第一位で、次いで、「インド」「太平洋」「米国」「中国」の順であった。

この表から言えることは、およそ次の三点である。

第一に、いずれの年においても基本的に「アジア」「米国」「中国」という単語が上位を占めていることから、日本がつねに米中両国とアジアを意識しながら外交を展開してきたこと。第二に、それゆえに、日本ではユーラシアの心臓部から西側に対しては関心が低くなっていること。そして、第三として、それゆえにトータルとしての「ユーラシア」を見る視点が欠如していることである。

であるとするならば、日本の「ユーラシア外交」は「存在しない」と言うこともできそうである。しかしながら、「ユーラシア外交は存在しなくてよい」と結論付けていいのだろうか。むしろ、これまで述べてきたとおり、橋本演説からＦＯＩＰに至る外交戦略の系譜は、米国とソ連（現ロシア）という東西二極対立が終焉し、外交の自由度が飛躍的に高まったことで、従来の「受動的」外交アプローチから「主体的」外交アプローチへの転換を内外に示すきっかけになった。と同時に、「自由」「繁栄」「価値」「地球儀俯瞰」といった価値概念をセットで打ち出すことで、日本の近隣諸国のみならず、ユーラシア構成国において、物理的に遠い日本が今何を考え、今後、何を成し遂げたいのかをも明確に理解できるようになったことは疑いない。

言うまでもなく、戦後の日本は過去の苦い経験から教訓を学び、再び惨禍を繰り返さないために、普遍的価値やルールに基づく国際秩序を維持・擁護しながら、国際社会における日本のプレゼンスを高めてきた。では、その過程において、日本が着実に成果をあげられた理由はどこにあるのか。

その理由としておよそ次の二点に集約できるのではないか。第一に、「価値の共有」が可能な国々と適切な関係を構築できたこと。第二に、「価値共有」に障壁がある国々との関係では最低限の関係を維持できたこと、であろう。

第一については、日本と友好国の間で「価値の共有」がなされた上で、脅威認識についての共通理解がどこまで得られるかである。例えば対中警戒感一つとっても、国によって認識が異なるほか、中国自体の将来性も不確定な中で、負の面ばかりを強調することへの危うさがある。

第二については、日本を含め、すべての国に独自の価値観や理念がある。それゆえ、その価値基準において対立することは容易に想像がつく。円滑に外交交渉を行うには、大前提となる「価値の共有」が相互に認識されることが必要不可欠である。

それではユーラシアにおける地殻変動の動きが未曽有のスピードで進んでいく中において、今後、日本外交の選択をどう描いていくべきなのか。

そのヒントは、岸田首相が二〇二一年一〇月四日の記者会見で掲げた次の三つの覚悟の中に隠されている。

①自由、民主主義、人権、法の支配といった普遍的な価値を守り抜く覚悟

②我が国の平和と安定を守り抜く覚悟

③地球規模の課題に向き合い、人類に貢献し、国際社会を主導する覚悟

当然ながら、これらを実現するためには、日米同盟を基軸としつつ、日本と価値の共有ができる国を増やすとともに、価値の共有において障壁がある国とは、多くの時間と労力をかけて現実的な対話を積み上げていくほかない。

その際、重要になるのが、国際秩序のベースとなる「価値共有の普遍性」に辿り着く。それは、米国、中国、ロシアといった大国との関係維持だけを金科玉条のごとく掲げることではない。秩序形成を主導する（できる）国々は、友好国をできるだけ多く増やすとともに、普遍性を有する価値を多角的に広められる「外交力」を備えていなければならない。ここでいう「外交力」とは伝統的な政治力、軍事力、および経済力だけの世界ではない。その難解な「解」を導き出すべく、我々は今こそ、この「外交力」の基盤を形成する柱が何になるのか、時代、情勢に合わせて考えていく必要がある。

日本外交の新地平の探求

今日の日本外交を考える場合、多くの国と多角的な外交を展開できることは大きなアドバンテージといえる。例えば、世界のパスポートをビザなしで渡航できる国や地域の数で比較した「ヘンリーパスポート指数」（英コンサルティング会社）の最新ランキング（二〇二二年一月）によると、今年も日本が首位を獲得した。現在、日本が渡航できる国・地域は一九二にも及ぶ。[*34] 日本は国際的にも信頼が厚く、また、その稀有な地理学上の優位性を活用すべきである。これまで日本は、広大なユーラシア大陸の各国・各地域に対して、米国、中国およびロシアとの関係性を悪化させない調整力を駆使し、ひとつひとつ、外

図3　「ユーラシア外交2.0」の位置づけ

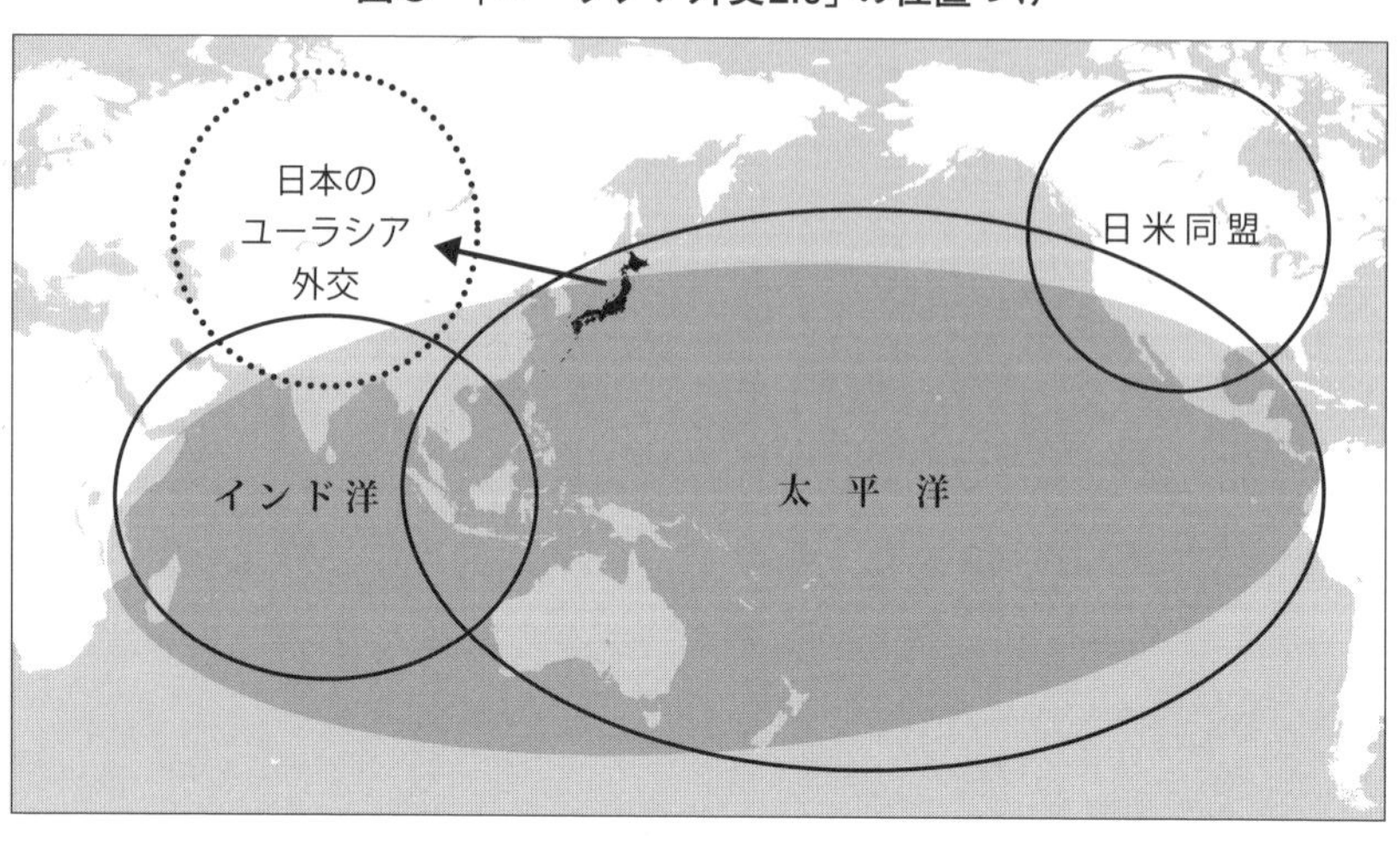

交実績を積み上げてきた。これは言い換えると、その関係をつなぐ「架け橋」になれる潜在能力を有しているともいえる。この役割を担える国は世界広しといえども日本がトップランナーであることは疑いない。

今後日本が選択肢の一つとして、検討、選択するべきは、図3のとおり、従来の「ＦＯＩＰ」に「ユーラシア」という視点を加えた、「ユーラシア外交2.0」ともいうべき、日本外交の新地平の探求ではないだろうか。ＦＯＩＰとは異なり、ユーラシア外交は、その地理的範囲だけ見ても、数多くの国や地域に加え、異なる言語や文化などが混在するエリアを対象とする外交構想である。

そのため、ユーラシア外交を選択し、一歩前進させるだけでも、従来の何倍もの時間と労力を要することは明らかである。また、同地域は様々な国々の思惑が入り乱れる場でもあり、日本にとって相当な覚悟と準備が必要だ。ならば今後、日本はユーラシア外交を展開できないのか（する必要がないのか）、と問われれば、その答えは「否」である。

戦後、日米関係の根底にあるのは、「自由」「民主主義」「法の支配」「人権」と言った基本的な価値観の共有である。ご承知のとおり、日本は一九七五年のランブイエサミットから自由民主主義国の一員として、安定した国際秩序の形成に向けて、一歩ずつではあるけれども着実に前進させてきた。

しかし、同時に我々はこの「民主主義の価値」を共有することが、いかに難しいことかも熟知している。実際、日本の隣国、中国では、「自由」「民主主義」「法の支配」「人権」といった普遍的価値においてさえ、その価値基準は大きく異なるからだ。二〇二二年は日中国交正常化五〇年を迎え、節目の年である。岸田政権でもＦＯＩＰのビジョンが継承され、今後も中国との関係に加え、米国、ロシアといった大国との熾烈な外交交渉が永遠に続いていく。こうした中、日本を助け、支えてくれる国や地域がユーラシア大陸には数多くあることを再認識すべきである。そうすれば、今後の日本外交の選択がどうなるかは自ずと決まる。今後の岸田外交の展開に注目したい。

おわりに

本稿の最も重要な問題意識は、日本のユーラシア外交に広範かつ正面から焦点を当てた書籍や論文がほとんど存在しない点に尽きる。戦後の日本外交は栄光と蹉跌(きてつ)が入り乱れる形で展開されてきた。とりわけ、「ユーラシア」は政治、経済、文化などが集中する巨大な大陸である一方、国・地域ごとに矛盾や対立を抱えている。その意味では、日本を含め国際社会におけるユーラシアの位置づけは、きわめて魅力的な大陸であるとともに、どのように戦略を組み立てていくか難しい大陸でもある。

とはいえ、日本におけるユーラシアの位置づけは、各国・各地域の取り組みについては、それぞれが個別、具体的にその成果がまとめられる一方、トータルとしての日本のユーラシア外交という視点は欠けていると言わざるを得ない。そして、今後の日本外交のあるべき方向性を議論する際、つねに日米同盟との関係が問われてしまう。日本を取り巻く国際戦略環境が劇的に変容しつつある中において、日本の外交は均衡のとれた国際感覚と冷静で客観的な判断力とを要する。そして、外交とは政府だけのものではなく、国際情勢の複雑さと日本のとるべき進路とに関する国民一人一人の理解と支持に負うところが大きい。

次なる日本外交を構想するにあたって、我々が歩むべきは、価値共有の有無を問わず、日本の友好国の輪を拡げるとともに、自国の利益を超えた「地球益」を追求し続ける、真摯な外交戦略の道ではないか。

註

＊1 「経済同友会（会員懇談会）における橋本総理大臣演説」（一九九七年七月二四日）『外交青書1998』外務省、一九九八年、二〇九ページ参照。

＊2 二〇一八年一一月に「自由で開かれたインド太平洋戦略（strategy）」から「自由で開かれたインド太平洋構想（vision）」に変更された。

＊3 『外交青書』は、原則、毎年一二月までの一年間における、国際情勢の推移や日本の外交活動をまとめたもので、一九五七年の創刊号以降、毎年発行されている。他の官庁では「白書」として

発行されているが、外務省だけは英国議会の「blue book」に倣い「青書」と呼ばれる。日本政府の外交政策や最近の国際情勢などがまとめられており、その年度ごとに、日本外交がどの地域、分野などに重点を置いているか（いたのか）把握することができる。

＊4 日本国際フォーラムは二〇〇九年に『積極的平和主義と日米同盟のあり方』という政策提言を発表している。（https://www.jfir.or.jp/wp/wp-content/uploads/2021/10/32.pdf）。ちなみにこの当時、伊藤憲一は、戦後、日本は米国をできるだけ利用するが、米国には日本をできるだけ利用させず、日本のコストやリスクは最小限に抑えるという「消極的平和主義」の立場をとってきたが、冷戦後は、「テロとの戦い」が全世界的な安全保障問題の根源となる中、しかるべき役割を果たすべく「積極的平和主義」の必要性を訴えた。

＊5 ただし本稿では、いわゆる「日本外交史」に深く立ち入ることはしない。戦後七〇年以上が経過し、この間、国会などにおける議論の蓄積に加え、日本外交における記録文書も厖大となり、限られた紙面ですべてを網羅することは困難である。

＊6 『ユーラシア胎動』（堀江則雄、岩波新書、二〇一〇年）二六―三〇ページ参照。

＊7 近年、中国は「陸路」「海路」に加えて、一帯一路を通じてデジタル分野における影響力拡大の動きもみられる。この点は、『デジタルシルクロード 情報通信の地政学』（持永大、日本経済新聞出版本部、二〇二二年）、六六―一二八ページ参照。

＊8 『橋本龍太郎外交回顧録』（五百旗頭真・宮城大蔵編、岩波書店、二〇一三年）六一―六三ページ参照。

＊9 『橋本龍太郎外交回顧録』六四―七三ページ参照。

＊10 北方領土交渉における外交世界の全貌については『北方領土交渉史』（鈴木美勝、ちくま新書、二〇二一年）を参照。

＊11 『橋本龍太郎外交回顧録』八〇―八二ページ参照。

＊12　内閣府ホームページ参照（https://www8.cao.go.jp/hoppo/shiryou/pdf/gaikou52.pdf）

＊13　東郷和彦が「橋本ユーラシア外交の本質は、米中のはざまにあって日本が力をつけるためにロシアを活用する、ロシアをアジア太平洋の新しい力学の中に、日本に有利な形で引き入れる――この一点に集約された。その過程の中で、これまで日本外交の最大の課題とされた北方領土問題をも解決する」と指摘している点は注目に値する。「日本の『ユーラシア外交』（1997～2001）」（東郷和彦、ニッポンドットコム、二〇一四年）（https://www.nippon.com/ja/features/c00205/）参照。

＊14　『外交青書１９９８』二一〇ページ参照。

＊15　外務省ホームページ参照（https://www.mofa.go.jp/mofaj/kaidan/yojin/arc_02/silkroad_a.html）

＊16　中央アジアは大国の勢力争いの場と言われるが、宇山智彦は、各国の国内政治・治安状況などは基本的に安定しており、隣国アフガニスタンの混乱からも深刻な影響は受けていないと指摘する。「中央アジア『国際テロ』と『グレートゲーム』の虚実」『外交』（Vol.69、二〇二一年）

＊17　余談だが、第七回東京対話・中央アジア・シンポジウムと第十回東京対話では外務省とグローバル・フォーラムが共催した。とりわけ後者では、政治、経済などにとらわれない形で中央アジア料理動画を作成している。外務省ホームページより閲覧可能（https://www.mofa.go.jp/mofaj/erp/ca_c/page23_002183.html）

＊18　外務省ホームページ参照（https://www.mofa.go.jp/mofaj/press/enzetsu/17/easo_1207.html）

＊19　『とてつもない日本』（麻生太郎、新潮新書、二〇〇七年）九一－一五ページ参照。

＊20　「日本国際フォーラム設立二〇周年における麻生外務大臣講演」（二〇〇七年三月一二日、於国際文化会館）

＊21　麻生は特定の地域を指して「危機の弧」や「不安定の弧」と称することを西洋的尺度からみた危機として一喝し、共存共栄の道を探る。『とてつもない日本』一六〇－一六五ページ参照。

＊22　『日本の戦略外交』（鈴木美勝、ちくま新書、二〇一七年）八四－九八ページ参照。
＊23　鈴木によると「自由と繁栄の孤」ないし「地球儀を俯瞰する外交」は、当初、ロシアに照準を当てる戦略論として始まったが、その後、中国の海洋拡張化の動きが加速していく中で、その戦略対象がロシアから中国に移ったと指摘する。鈴木前掲、八三－八四ページ参照。
＊24　「地球を俯瞰する安倍外交――谷内正太郎内閣官房参与インタビュー（1）」参照（https://www.nippon.com/ja/currents/d00089/）
＊25　外務省ホームページ参照（https://www.mofa.go.jp/mofaj/kaidan/page24_000037.html）
＊26　安倍の靖国神社参拝に伴う日中関係の揺らぎについては、「外交・安全保障 戦略性の追求」（神保兼）『検証 安倍政権 保守とリアリズムの政治』（アジア・パシフィック・イニシアティブ、文春新書、二〇二二年）一七一－一七六ページ参照。
＊27　外務省ホームページ参照（https://www.mofa.go.jp/mofaj/press/enzetsu/19/eabe_0822.html）
＊28　『外交』（「外交」編集委員会、外務省、Vol.65、二〇二一年）九五ページ参照。
＊29　『誰も書かなかった安倍晋三』（谷口智彦、飛鳥新社、二〇二〇年）二二二－二二八ページ参照。
＊30　外務省ホームページ参照（https://www.mofa.go.jp/mofaj/gaiko/page25_001766.html）
＊31　The ASEAN Secretariat, ASEAN Outlook on the Indo-Pacific, (June 23, 2019), (https://asean.org/speechandstatement/asean-outlook-on-the-indo-pacific/)。また、米国、豪州、インド、ASEANなどが抱く構想の中身にはそれぞれ異なる部分もあるが、本論では割愛する。
＊32　外務省ホームページ参照（https://www.mofa.go.jp/mofaj/a_o/c_m1/cn/page3_002632.html）
＊33　本集計では、いわゆる「日本」や日本国内地域などの単語などは省いている。
＊34　The Henley Passport Index, 2022,（https://www.henleyglobal.com/passport-index/ranking）

第Ⅱ部

第五章

「ポスト米国」のユーラシア・ダイナミズム

杉田弘毅

1. 米国にとってユーラシアとは何か

ジョー・バイデン大統領の就任から一年の間に米国のユーラシア政策を象徴する二つの出来事が起きた。一つはアフガニスタンからの米軍の撤退であり、もう一つはロシアのウクライナ侵攻への対応である。ユーラシア大陸奥部に対する米国のアプローチはこれまでも軸が定まらず揺れてきた。米国の国益が果たしてこの地域にあるのか、という根本的な疑問を抱えている。冷戦期のようなソ連の脅威封じ込め、さらに九・一一テロ後の対テロ政策という明白な介入理由のある時代が終わった今、ますますその疑問は大きくなっている。バイデンはアフガニスタンについて、「この戦争に米国の国益はない」と明言して撤退に踏み切った。[*1]

ウクライナの場合はロシア軍の侵攻前の段階から外交と経済制裁を柱に積極的な対応に踏み切った。しかし、直接の軍事介入を回避し、侵攻を抑止できず、早期の停戦も導けず、米国のユーラシア外交の本気度は問われ続けている。一方でユーラシア・ダイナミズムと呼ぶべき、経済に始まり政治、安全保障にまで膨らみつつある連携の動きがこの大陸で顕在化している。米国は「中露同盟」の回避を眼目としながらも、危機のたびに即応的な対応をするのが精いっぱいと言える。

自由民主主義世界との違い

米国人にとって、ユーラシアとは遠い地である。米国の軍事戦略家トマス・バーネットは、ユーラシアの特性について「統合されない空白」との表現を使っている。「統合されない」とは国際政治の安定の中心である西欧や北米との結びつきやグローバライゼーションに包摂されず、その厳しい土地に住む人々は家族や部族の紐帯(ちゅうたい)を重んじ、法の支配の考えがなく、個人の自由や国際法の規範とは縁遠い、という説明である。[*2]

「他者への共感」をモットーに史上初の黒人大統領として多文化共存を促したバラク・オバマも、ユーラシアに対しては共感ではなく、理解不能という反応を見せた。化学兵器の使用という「レッドライン違反」が明らかになったにもかかわらずシリアへの軍事介入を二〇一三年夏に見送った際の理由を、米国のように法律、その基礎にある自由主義思想で出来上がっている国家には理解できない地域なのだから、介入しても事態は改善しないと説明した。「愚かな介入はするな」がこの時のオバマの口癖だったが、これをユーラシア蔑視、血の通わぬ冷酷と見るか、あるいは賢い現実主義者と見るかは判断が分かれる。

オバマは「アフガニスタンからタリバンを取り除いて民主主義政権を打ち立てる、などと約束したら、その言葉の責任を将来問われることになる」とも語っている。二〇二一年夏の無残な米国のアフガン撤退を予言するような言葉だ。オバマの考えの対象は中東やアフガニスタンを越えて広くユーラシアを指すのであろう。確かにユーラシア大陸の特徴である歴史や民族、宗教、文化への強いこだわりは、地域性を超えた普遍的価値を尊ぶ米国人にとって理解が難しく近寄りがたいというのが本音であろう。[*3]

ユーラシア大陸の政治経済的な展開について著作を次々と発表しているジョンズ・ホプキンズ大教授のケント・カルダーは、米国人のユーラシアに対する理解の不可能性や距離的な遠さを背景に、この地域が「最近の理想主義者が自信を持って宣言したような『自由と法の世界』の到来を告げることはない。この思想は、欧米の法律尊重主義の社会の中ではどんなに卓越していようと、概して独裁的な伝統を持つ新シルクロードの諸国では簡単に広まるための文化的もしくは制度的な基盤が欠如している」と述べて、これも自由民主主義世界との違いを強調している。[*4]

カルダーはそれゆえに、欧米諸国は「どんなに恐るべき軍事力を持っていたとしても、アフガニスタンとイラクに続き、ユーラシア大陸に軍事介入するための財力、政治力も欠如している」と指摘し、米国の介入の限界を説明している。こうした米国の力の限界からオバマは「米国は世界の警察官ではない」という選択的介入論、つまりオバマ・ドクトリンを宣言している。

しかし、「自由と法の世界」からの離別というユーラシアの特徴について、カルダーは「ホッブズ派が奉ずる『自然状態』への回帰を意味し、こうした無法状態が広まることは国家と国際レベルの両方において由々しき事態である」とも述べ、自由民主主義陣営への厄災も示唆している。九・一一テロや「イスラム国（ＩＳ）」に刺激を受けた欧米での数々のホームグロウン・テロはその象徴である。

スーパー大陸が出現しつつある

こうした縁遠い地域という認識の一方で、中国の「一帯一路」構想、ウラジーミル・プーチン大統領がウクライナ侵攻で露わにしたロシア復興の情念、アブラハム合意など中東新秩序の胎動、エネルギーネットワークの構築など、ユーラシア大陸で起きるダイナミズムに米国人は無関心ではいられない。スーパーパワー（超大国）の表現を模して、スーパー大陸が出現しつつあるとの言い方も聞かれるようになった。[*5] 異質、エキゾチック、不可知、畏怖などの感覚的な反応を超えた、より具体的で厄介、そして何よりも圧倒的な存在としてのユーラシア大陸が意識されだした。

二〇世紀を通して米国のユーラシアへの関与は、ソ連の拡大・南下の阻止、ペルシャ湾地域からの石油の順調な輸出、イスラエルの安全保障という限定された目標をもっていた。このため、冷戦期の特徴であるゼロサム型の思考を基に対処方法を見つけるのは比較的簡単だった。しかし現代のユーラシア大陸は活性化し、より多極化、複雑化しスーパー大陸となる潜在力を持つ。その世界最大の大陸に、超大国の米国はどう対応すべきか考えあぐねているという状況であろう。

中国とロシアに関しては、米国は確固とした政策を持っている。バイデンは中国に対しては「競争と協調」を掲げて、対外政策の総力を動員して対峙している。ロシアに対してもウクライナ侵攻ではその拡大を封じ込めるという意図を持った。しかし中国とロシアを除くユーラシア大陸、つまりロシア以外の旧ソ連地域、中東、南西・中央・東南アジアについては、その戦略はくっきりとは浮かび上がってこない。そして米国にとっての悪夢である中露同盟の出現についても、「両国の国益は異なり、実現しない」という受け身の楽観主義を超えた対応は見えない。

2. アフガニスタン戦争の不確かな目的と撤退

米国の軸のないユーラシア政策を如実に示したのがアフガニスタンからの撤退であった。

九・一一テロを受けて始まったアフガニスタン戦争は、当時ワシントンで取材していた私の記憶からは、（一）テロ行為の責任者であるオサマ・ビンラディンとアルカイダを処罰、壊滅する、（二）彼らの庇護者であるアフガニスタンのタリバン政権の行動変容、政権交代を実現する――といった短期的な目標が最初は優先された。やがて「対テロ戦争」という大義が定められ、その後のイラク戦争では大量破壊兵器計画の廃棄と「中東民主化」というさらに壮大な目標が加わった。

しかし、対テロ戦争については、根源の原因でなく行為である「テロ」を撲滅することの論理性の欠如、民主化構想についてはユーラシア的な民族、宗教、文化的土壌からして困難であるという指摘は早くからなされた。十分な戦略的考慮がないままテロへの即応として始まったアフガニスタン戦争は、二〇年たっても大きな成果を生まずにタリバンによる政権奪取という最悪の形で終わった。タリバン政権下で女性が高等教育や就労の機会を奪われており、米国はアフガニスタンに成熟した民主主義政権どころか基本的人権も十分に根付かせることができなかった。

戦費の総額は二兆三〇〇〇億ドル（約二五〇兆円）に膨らみ、米ブラウン大学ワトソン研究所によると、死者は米兵が二三〇〇人超だが、アフガン側も合わせれば一七万人を越すという。[*6]

アフガニスタン戦争とイラク戦争の決算は、中東の流動化による内戦や地域でのテロの続発、膨大な避難民の出現、泥沼化による米国民の厭戦感、米国の国際的な威信の低下などマイナス面が目立つ。その後九・一一のような巨大テロは起きていないが、これはテロ容疑者の入国阻止などの水際対策や通信傍受によるテロ計画摘発の成果とされ、現地での戦争が「対米本土テロ」という面でもどれだけ効果を上げたのかは定かでない。

アフガニスタンへの軍事介入の目標が当初の「テロ犯の処罰」を超えて、実現困難な「民主化」にまで広がったという欠点は、撤退決断にも影響を与えた。長引く戦争やアフガニスタン政権の腐敗を嫌って撤退はオバマ政権時代から模索された。米国はタリバンと和平協議を行い、二〇一一年のオサマ・ビンラディンの殺害、そして二〇一四年の大統領選でのガーニ政権の誕生を受けて任務を達成したとして二〇一六年末までに軍隊を完全撤退させることをいったん決めた。しかし、テロ再発を懸念する米安全保障専門家らの意見やガーニ・アフガニスタン大統領の駐留継続の要請を受けて、駐留を維持する方針に転換した。

ドナルド・トランプ政権は米国第一主義の立場から撤退を本格的に追求し、二〇二〇年二月タリバンとの和平合意に署名し一四か月後の完全撤退を決めた。条件はタリバンがガーニ政権と恒久和平の交渉を進めることだったが、タリバンは米軍撤退が決まったことから交渉に応じず、それでもバイデン政権は撤退のプロセスを進め二〇二一年夏の完全撤退を実現した。バイデンは、タリバンは簡単には首都カブールを落とせず、一九七五年のサイゴン陥落の二の舞にならないと見えを切ったが、見通しの甘さを露呈した。

一九九一年の湾岸戦争の時には、ジョージ・ブッシュ（父）政権が、クウェートからのイラクの完全撤退だけを介入目標に掲げ、サダム・フセイン政権の打倒や民主化を目標に掲げなかった。クルド人やイスラム教シーア派など少数派の弾圧、フセインがその後も地域の脅威となり続けたことから、米国はフセイン政権除去の機会を逸したと批判が高まった。だが、開戦の根拠とされた国連安保理決議はそこまで踏み込んでおらず、大きな犠牲が生じるとの理由でバグダッド侵攻は見送り、戦争は短期決戦で米国の勝利に終わった。

アフガニスタンの場合もこうした抑制された目標、つまりテロの脅威の除去に絞り、国家体制の民主化までは求めないということであれば、戦争の泥沼化や撤退に伴う米国の威信の低下は防げたであろう。軍事介入の際には、明確で達成可能な国益の遂行を目標とする、つまり負ける戦争、あるいは目的が不明確な戦争はしないというのは、ベトナム戦争の反省で得られた米国の軍事ドクトリンだ。そのドクトリンは、ユーラシアという地域で軍事力で民主化を強制するという目標が据えられた段階で破られ、戦争は不首尾に終わる宿命にあったと言える。

米国のユーラシア軍事介入の基準

バイデンはアフガニスタン撤退に当たって二つの言葉を残した。それは「アフガニスタンには米国の国益はない」と「自分の国は自分で守れ」である。[*7] 国益がないから撤退するとは、撤退の口実ととらえるべきであろうが、米国人のアフガニスタン、さらにはユーラシア奥部に対する意識の薄さを正直に語ったものだ。

かつてオバマはシリア攻撃を見送った二〇一三年に、米国が軍事介入をするのは以下の四つの国益のためだと説明した。それは（一）米国や同盟国を侵略から守る、（二）エネルギーの流通を守る、（三）テロリストのネットワークを破壊する、（四）大量破壊兵器の開発を阻止する――と具体的であり、これらを基準に軍事力の行使を決めるというのである。ここで注目すべきは、自由、人権、民主主義など普遍的価値が含まれていないことだ。いわゆる民主主義政権づくりを目的とした軍事介入はすべきでないという論だ。[*8]

オバマのこの選択的介入論はバイデン政権にも引き継がれている。四基準を基にアフガニスタン撤退の理由を分析してみると、アルカイダやISなどテロ組織はある程度能力を失った。アフガニスタンのタリバンが米国や同盟国を即座に攻撃するとは考えられない。エネルギー資源はアフガニスタンにはない。タリバンが大量破壊兵器を開発する可能性は否定できないが、近い将来はないだろう。となると、軍事介入を続けるだけの国益はアフガニスタンにはないとのバイデンの言葉は納得できる。

もう一つの「自分の国は自分で守れ」は、アフガニスタンのガーニ前大統領の遁走と国軍のあっけない崩壊に立腹したためのバイデンらしい直截(ちょくせつ)な発言だが、これも米国の本音がでている。オバマの「米国は世界の警察官ではない」、あるいはトランプの「安保ただ乗りは許さない」と通じるもので、米国人の間に根強い外交安保観である。「国益」がないユーラシア大陸奥部では、自分の国を守らないような国民のために、なぜ米国は犠牲を払う必要があるのか、というわけだ。

3．米外交・安全保障の三潮流

ここで現在の米国の外交・安全保障潮流を簡単に見てみたい。大まかにいって三潮流に分けることができる。この三潮流を分析すると、アフガニスタンだけでなくユーラシア大陸における米国の関与政策の基調が浮かび上がってくる。[*9]

一つは、自由で開かれた国際秩序の維持のために米国は積極的に国際関与を進め米国中心の国際秩序を立て直すべきだ、という論だ。国際関与派というべきだろう。軍事力を背景に外交や経済制裁、そしてソフトパワーを駆使する。絶対に米国は国際社会から身を引いてはいけない、と発破をかけている。

国際関与派は民主党や共和党を横断する外交エリートたちの共通の考えである。ハーバード大学のジョセフ・ナイ、外交問題評議会のリチャード・ハース、プリンストン大学のジョン・アイケンベリーらがその中心だ。国際的に名の知れた米外交・学界の大物たちである。

彼らの弱点は、イラク戦争の泥沼化以来、国民世論がこうした積極的な国際関与を支持せず、後ろ向きになっているということだ。また、中国の南シナ海や東南アジアへの進出、ロシアのウクライナ侵攻、そして米国のアフガニスタン撤退という現実に起きた事態から見れば、国際関与派が言うような米国中心の国際秩序は現実と乖離しており、その主張は昔の理想を追う外交エリートの描く理想の域を超えていないと言える。

国際関与派の考えが実現する可能性があるのは、そうした米国の理想を受け入れて協力する同盟国、友好国が存在する地域となる。具体的には日本、韓国、オーストラリアが存在する東アジアと北大西洋条約機構（NATO）の欧州である。

二番目はアメリカ・ファーストである。トランプ政権で外交・安全保障の立案をしたナディア・シャドロー、マット・ポッティンジャーらが唱えている。ひたすら米国の覇権維持を目標とし、外交よりも軍事的な威圧を優先し、国際合意を軽視し単独行動も辞さない。

シャドローは二〇一七年の国家安全保障戦略で、リチャード・ニクソン政権以来の中国との関与政策を「間違い」と断定し、中国を「あらゆる分野で戦略的な競争相手」と位置付ける対中戦略の抜本的な転換を実現した。[*10] ポッティンジャーも「中国は世界覇権を目指している」と述べている。[*11]

彼らを古くからいるタカ派と言い切ることもできるが、かつてのネオコン（新保守主義）のような軍事力を使った民主化促進策はとらない。アフガニスタンやイラクの失敗で世界民主化の幻想は捨て、国家のあらゆるパワーを動員してひたすら中国とロシアの封じ込めを追求する。バイデン政権が重視する国防総省・米軍の気候変動対策を「中国との競争を邪魔する」（シャドロー）と厳しい。

アメリカ・ファースト派の欠点は、中国やロシアとの緊張がいやが上にも高まることやトランプの言動に表れたような同盟軽視、あるいは無視である。つまり世界での評判が悪い。また軍事圧力に傾斜することから、偶発的な戦争勃発の可能性が高い。国内再建を求める内向きの米国で国民の支持があるとも言い難い。

ただ、中国と対峙しロシアの脅威を抑止するには、こうしたタフな姿勢が必要となる。そのことで初めて同盟国も米国に従い強力な陣営が築かれることになる。

三番目は抑制主義である。欧州や中東の米軍基地の引き上げが象徴するように、米軍の前方展開を縮小し外交を重視する。米国が軍事的な関与を薄めれば、反米国家だけでなく友好国もいわば勝手に動き、米国は世界統治の基盤を失うが、抑制派はそれでも良い、と答える。人権外交など米国の道徳的な優位性、米国例外主義にも固執しない。

この潮流は国際関与を唱える外交エリートに反対する人々の寄せ集めでもある。つまり対外関与よりも国内優先派、反戦派・反軍産複合体派、国際政治リアリスト派、そして小さな政府派が集まったものだ。民主党急進左派の下院議員アレクサンドリア・オカシオコルテスから共和党上院議員でリバタリアンのランド・ポールまで間口が広い。バイデンは選挙戦の最中から「中間層のための外交」を唱えてきたが、これは抑制派の主張である「外国の世話をする前に国民の面倒を見てくれ」というものを取り込んだものだ。長所は国民の支持がある点だ。

欠点は、米国が世界に背を向ければ敵対国は勢いづき同盟国は米国に背を向けて優勢な国の方へ行ってしまうから、世界覇権を中国にやがて奪われてしまうという負のシナリオに十分関心を払っていないことだ。米中の間で揺れる国々は米国の存在感が弱まれば中国にのみ込まれるし、同盟国であっても米国に頼れないとなれば、中国にすり寄る。

米国が内向きに転じることでロシアを抑止することもできず、イランや北朝鮮などは地域秩序を乱す行動に出て、その結果各地でさまざまな規模の衝突が起こりそうだ。核兵器の拡散もさらに進むであろう。こうした無秩序な世界の出現は結局は、米国の国益を大きく損なう。

第三の抑制主義の潮流が米国のメインストリームに近づいていることに注目すべきだろう。第一の国際協調、第二のタカ派の潮流が以前からワシントンで主流とみなされる外交潮流だったのに対して、第三の潮流は左派やリバタリアンという異端グループだった。しかし、今は第三の潮流を代表するクインシー研究所が設立され、その大口支援者には左派であるジョージ・ソロスと右派であるチャールズ・コークがともに加わっているのはよく知られている。[*12]

ユーラシアへは抑制主義の介入

バイデン政権はこの三つの潮流を使い分けている。

北大西洋条約機構（ＮＡＴＯ）の再確認や日米同盟の強化、トランプ政権時代に関与を薄めた国連諸機関への復帰、気候変動対策のパリ協定への復帰とそのテコ入れ、イラン核合意への復帰交渉などは第一の国際関与派の考えである。二〇二一年一二月に開催された「民主主義サミット」も自由、人権を掲げる価値を重視して「民主主義国」対「権威主義国」の構図をつくるというリベラルな国際秩序派の主張に沿う。中国の興隆やロシアの復興で自由で開かれた国際秩序は明らかに弱体化しているのだが、バイデンは理想を依然掲げている。

中国に対しては第二の潮流だ。「競争と協調」と位置付けているが、ホワイトハウスのラッシュ・ドーシ中国部長は政権入り前の論文で「中国はグローバルに米国を追い越そうとしている」と警鐘を鳴らし、「再認識すべきは、誰も米軍にはかなわないという事実だ」と強調し軍事圧力の効用を説いている。[*13]日米豪印のQUAD（クアッド）、米英豪のAUKUS（オーカス）など中国包囲網を構築し、経済安全保障も強化している。中国に米国が総力で圧力をかけることで、覇権を守る決意が感じられる。

第三の抑制主義の潮流は主に中国やロシアを除くユーラシア大陸外交に現れている。アフガニスタンからの撤退、イラクでの戦闘任務の終了、イエメン内戦でのサウジアラビアに対する軍事支援の終結などはその具体的な動きだ。

抑制主義は国内立て直し優先であるから、対外政策では多少の譲歩をしてでも軍事介入が必要となる事態は避けることになる。国防総省で戦略・計画・能力担当の次官補であるマラ・カーリンはさらに具体的に、介入する紛争の選定、介入の能力を厳正に判断し、介入に当たっては優先順位をつけ、介入しない場合の損失も受け入れると述べている。[*14]

また介入の際の同盟国の役割は非常に大きくなる。これらの言葉からは選択的介入論と同盟国を強化し補完させる狙いが浮き彫りになる。ただ、中国を相手にするときは全力を挙げるはずだ。選択的な介入とはもっぱらユーラシア大陸奥部を指すと見るべきだ。

注意が必要なのは米国が持つ地力は依然世界を圧倒していることだ。核戦力も含めた総合的な軍事力は中国やロシアを依然圧倒しているし、ＩＴはじめ経済における技術革新力も世界一だ。学術分野もそうだ。人口も中国やロシア、日欧に比べれば着実に増えているから人口ボーナスによる経済成長が期待できる。

国民の厭戦感を背景に政治指導者は「内向き」を選択せざるを得ないが、世界の覇権を失うとなると、一挙に攻勢をかけて潰そうとするはずだ。今の対中国政策がそれであろう。「米国の衰退は不可逆的である」という見立てに首肯する前にその点を留意しなければならない。抑制主義者は米国の衰退を容認しているように見えるが、本当に中国に追い越される事態が近づけば、米国民は敗北を拒絶するだろう。世界の「多極化」でさえも受け入れない心理ではないか。

イラク戦争以来の米国民の厭戦感にしても永続的に続くと見るのは早計である。米国は大きな戦争を戦った後はある程度の孤立主義に回帰するが、脅威認識の高まりとともに戦争の選択に転じてきた。この世界でも比類ない好戦性からして、抑制主義では米国の関与政策のすべては説明できないと認識すべきである。

4．アフガンの教訓とウクライナ戦争

アフガニスタンの混乱が国内外で反発を受け支持率も低下したことの反省からか、二〇二二年二月に始まったロシアのウクライナ侵攻に対しては、侵攻前からバイデンは積極的に動いた。プーチン・ロシア大統領との首脳会談、米ロ外相会談、ロシアを交えた北大西洋条約機構（NATO）や欧州安全保障協力機構（OSCE）との対話、そして先進国（G7）の協調対応などである。ヴォロディミル・ゼレンスキー・ウクライナ大統領とも会談している。

アフガニスタンは「米国の国益がない」のに対して、今回はウクライナの価値というよりロシアとの大国間関係において押し切られた場合の米国の威信の失墜をバイデンは危惧した。ロシアによる国際規範違反を放置することがもたらす同盟国の動揺、権威主義体制の拡張に対する民主主義側の後退、「米国は弱い」という印象を中国に持たれてしまう点、国内の支持率がさらに下落する懸念からだ。プーチンが米国の安全保障政策の基盤であるNATOの弱体化を明言したことから、アフガニスタンとは比べものにならない重大な危機感を抱くのは当然であろう。ウクライナが欧州とロシアの間という「ハートランド」に位置することから、地政学的に枢要な国家であることがあらためて証明された。

ただ、軍事力を使った対応は限られる。バイデンは対ロシア外交を活発に展開し、ロシア軍の動きをとらえた衛星写真を積極的に提示するなど情報戦にも力を入れたが、ロシアの侵攻に対抗する具体的な策はウクライナへの兵器の供与、周辺のNATO加盟国に対するNATO軍部隊の増派、そして経済制裁である。

部隊増派はロシアの脅威に怯えるバルト三国やポーランドの不安軽減が目的であり、ウクライナへの兵器の供与も当初は携帯型の対空ミサイル、対戦車ミサイルなど射程が限られた防衛兵器であり、威力は限られた。

経済制裁は、ロシアの金融機関を国際銀行間通信協会（SWIFT）の決済システムから外し、ロシア中央銀行が保有する対外資産の凍結などの金融制裁と、完成したばかりのロシアとドイツを結ぶ天然ガスパイプライン「ノルドストリーム2」の稼働停止、そしてロシア産原油の輸入停止である。ただ欧州が大量に輸入しているロシア天然ガスに対する制裁は遅れ、その効果は不透明である。

金融制裁はバイデンが「ロシアの銀行にドルを使わせない」と宣言した。[*15] ドル決済ができなければ、他の通貨での決済となるが、エネルギーをはじめ大口の貿易、投資は難しい。米国の経済制裁の中ではもっとも強力なものだ。いわゆるドル制裁はこれまで北朝鮮やイランなどで実行に移され効果を上げたが、ロシアや中国など主要経済国では国際経済を混乱に陥れるとして見送られてきた。プーチンはドル制裁の威力を早くから知り、「世界はドルに依存し過ぎている」とロシア経済のドル離れを進めてきたものの、甚大な影響を被った。[*16]

アフガニスタンでも撤退後の米国はタリバンに女性の人権擁護、包摂的な政権樹立を求めるに当たって、アフガニスタン政府資産や世界銀行の支援の凍結など金融制裁を駆使しており、タリバンがわずかだが譲歩の意思を示している。ほかでもイランやシリアなど米国の金融制裁が封じ込めや政策変更の圧力となっており、米国の対ユーラシア関与は基軸通貨ドルの力に頼っているのが現状である。成功すれば、軍事力でなくもう一つのパワーである経済・金融の力を駆使する「新しい覇権」となる。

ウクライナ侵攻に対する米国の姿勢は、ロシアと前線で〝ブーツ・オン・ザ・グランド〟で向き合わずに、ワシントンやニューヨークの金融街から遠隔操作のように圧力を加えたり緩めたりするというものである。一九九〇年代の旧ユーゴスラビア紛争で米国はセルビア人勢力を対空砲が届かない高度から精密兵器を使って空爆したが、「自らは絶対に血を流さない戦争」への批判が高まったことを想起させる。

米国のウクライナ軍事支援が及び腰である理由に、ウクライナがNATO加盟国でなく条約上の義務が生じないことと、ロシアが核兵器保有国であり核兵器が使用される危険を回避するという狙いがある。ここから言えるのはユーラシア大陸においては中国とロシアという二つの核兵器大国があり、米国の今後の関与を制限するであろうという点である。

米国の価値と相いれないユーラシア

米国はイラクでも二〇二一年一二月には米軍戦闘部隊を撤退させ、イラク治安部隊の支援だけを続けることになった。一一月には世界的な米軍の駐留態勢の見直しも終了し、中国を念頭に置いたインド太平洋での戦力構築のために、中東や欧州などユーラシアの大陸部からの部隊の配置換えを進める意向を示した。戦力が手薄になる地域は同盟国や友好国の軍への先端兵器の供与などで支援するという。こうした米国の描く戦略は、中国の力を考えれば道理に合って見えるし、日本としては歓迎できる。

だが、一方で「ポスト米国」のユーラシアを見越して、地域の国々による自己保身や影響力の拡大、地域の安全保障のための活発な動きが始まっている。ロシアのウクライナ侵攻はその象徴であり、米国のインド太平洋シフトは調整を迫られそうだ。また中国は「一帯一路」構想の実現とともに、イラン、サウジアラビア、アラブ首長国連邦（UAE）、トルコなどの地域主要国と安全保障関係も強化している。

イランの北京への接近は、中国だけがイラン産原油の輸入を増やしているからだ。米国から制裁を科されているイランがユーラシア大陸内で完結する形で活路を見出している。

二一年末にはホルムズ海峡に臨む要衝のバンダルアバスに中国総領事館が開設され、中国人技術者らの受け入れ拡大体制ができた。[*17] 中国は「一帯一路」構想の要であるパキスタンのグワダルとイランのチャバハールを結ぶアラビア海沿いの開発をテコ入れする狙いだ。南シナ海からアラビア海、東アフリカに至るインド洋沿いの中国の拠点は拡充している。親米国サウジアラビアも中国への石油輸出を増やし、中国の支援で弾道ミサイルを製造している。イスラエルが二〇二〇年にUAEなどアラブ各国と結んだ国交正常化のアブラハム合意も、ポスト米国の中東を見据えた各国による地域秩序づくりである。

米国の悪夢である「中露同盟」を出現させないことが、もっとも肝要な政策目標であるはずなのだが、中露連携は深まるばかりで、同盟化を防ぐ有効な戦略を描いていく能力も今の米国にはない。米国が高みから中国とロシアを競い合わせるという望ましい図式は現実の政策となっていない。ウクライナ危機でも中国は「ロシアの安全保障上の懸念を重視すべきだ」と述べ、ロシアを非難していない。バイデン政権は中国、ロシアが互いに抱く警戒感や米国との決定的な関係悪化を避けたいという両国の基本スタンスが今後も継続することを期待しているのが現状だ。

本稿の冒頭で米国人のユーラシア大陸観として、「自由と法の世界」とは異なる世界であるとの見方を紹介した。中国やロシア、あるいは中東、中央アジア、東南アジアの国々では民主化は遅れ、人権はしばしば擁護されず、そして一部の国で皇帝型の長期統治が起きているのは事実だ。中国やロシアでは統治期間を延ばす憲法改正が簡単になされたのを見ると、「自由と法」は欧州など一部を除いてユーラシアには当面根付かないとの論も説得力を持つ。

実際、ロシアのウクライナ侵攻は人権・人道上の意識の希薄さを物語り、サウジアラビアは中国の意向を受けて国内で収監されているウイグル人の中国移送にも同意している。中国もサウジも二〇二一年末の米国主催の「民主主義サミット」に招待されておらず、専制国家同士が隠すことなくバイデン外交の看板である「人権」に挑戦している。香港の民主化運動の弾圧でも国連人権理事会の場では中国政府を支持する声が多数派で、ユーラシア大陸やアフリカの国々が支持に回った。専制と親和性が高いのがユーラシア大陸の国々であり、これは米国の価値とは相いれない。トランプ型の大統領が再登場する可能性はあるものの、依然米国の基調は「自由と法」である。

ユーラシア・ダイナミズムの陰でますます米国の存在感は不確かになっている。地政学的、地経学的な安全保障、経済・貿易の結びつきの面だけでなく、価値、思想の面でも米国的な原則が広くユーラシアで退潮傾向にある。その国益が大きく損なわれる事態でもない限り、米国のこの地域での巻き返しを見通すことはできない。

註

＊1　バイデンの二〇二一年八月三一日の発言 "Remarks by President Biden on the End of the War in Afghanistan", The White House, August 31, 2021.

＊2　Thomas P. M. Barnet, *The Pentagon's New Map*, Putnam Publishing Group, 2004. 邦訳は『戦争

はなぜ必要か』新崎京助訳、講談社インターナショナル、二〇〇四年

＊3 オバマのシリア軍事介入の見送りの決断は、オバマとの複数のインタビューを基にした、Jeffrey Goldberg, "The Obama Doctrine", *The Atlantic*, April 2016が詳しい。

＊4 Kent E. Calder, *The New Continentalism*, Yale University Press, 2012. 邦訳は『新大陸主義』杉田弘毅監訳、潮出版社、二〇一三年

＊5 Kent E. Calder, *Super Continent*, Stanford University Press, 2019. 邦訳は『スーパー大陸』杉田弘毅監訳、潮出版社、二〇一九年

＊6 "Human Costs of Post-9/11 Wars: Direct War Deaths in Major War Zones", Watson Institute for International and Public Affairs, Brown University, September 2021.

＊7 バイデンの二〇二一年八月一六日の演説 "Remarks by President Biden on Afghanistan", The White House, August 16, 2021.

＊8 Ibid.,4

＊9 最近の米国の外交安全保障潮流については、Emma Ashford, "Strategies of Restraint", *Foreign Affairs*, September/October 2021が詳しい。

＊10 二〇一七年米国家安全保障戦略 "National Security Strategy of the United States of America", The White House, December 2017.

＊11 Matt Pottinger, "Beijing's American Hustle", *Foreign Affairs*, September/October 2021.

＊12 クインシー研究所については、研究所のホームページ Quincy Institute for Responsible Statecraft参照。

＊13 ラッシュ・ドーシ論文は二〇二一年一月一二日 Kurt M. Campbell and Rush Doshi, "How America Can Shore Up Asian Order", *Foreign Affairs*, January 12, 2021.

＊14 マラ・カーリンの発言は、"Mission Brief, The Next National Defense Brief with Dr. Mara Karlin",

CNAS, December 9, 2021 参照。

＊15　バイデンの二〇二二年一月一九日の発言 "Remarks by President Biden in Press Conference", The White House, January 19, 2022.

＊16　米国の金融制裁については、『アメリカの制裁外交』杉田弘毅、岩波新書、二〇二〇年二月、参照。

＊17　イラン国営通信、二〇二二年一月一日 "Opening of consulate general in Bandar Abbas can strengthen China-Iran cooperation", IRNA, January 1, 2022.

第六章

ユーラシアの地政学的変化と中国

三船恵美

はじめに

才能を隠して内に力を蓄える「韜光養晦（とうこうようかい）」から「戦狼外交」と呼ばれる対外強硬路線へ転換した習近平体制下の中国は、「単一の物差しで世界の多様な政治制度を測ることは民主的ではない」と既存秩序の批判を繰り返し、「一帯一路」を手段に「朋友圏＝ネットワーク」を拡大しながら、国際秩序の再編を追求している。[*1] しかし、地政学的リスクが顕在化している現在、中国の外交・安全保障環境は必ずしも順調とは言えない。

こうしたユーラシアにおける地政学的変化の影響を受けた中国について、本章は以下の構成で論じていく。まず第一節で、中国の「一帯一路」とはいかなるものかを論じる。次の第二節で、二〇二一年のアフガン政変によって、それまで米軍駐留によってもたらされてきた中国西側周辺地域における「一帯一路」をとりまく安全保障環境が不安定化したことを指摘する。第三節では、「一帯一路」のハブとして重視していたウクライナであったものの、二〇二二年のロシアのウクライナ侵攻をめぐる中国の地政学的判断によって中国が「ロシア寄り」の外交を展開していることを論じる。

1. 中国の「一帯一路」

「一帯一路」と総体国家安全観

中国の習近平指導部は、「中華民族の偉大なる復興」という「中国の夢」の実現を「歴史的任務」としている。そのため、習近平時代の中国外交の主要任務は、「中国の夢」という「習近平の夢」の実現のための外部環境を作り出すことにある。そのためには、「国家の富強、民族の振興、人民の幸福」を実現しなければならない、と習近平は指摘している。その対外指針が後述する「人類運命共同体」構想であり、その手段が「一帯一路」である。

ここで注視すべきは、「人類運命共同体」構想が二〇一四年の「総体国家安全観」において位置づけられている点である。「総体国家安全観」は、「国家安全」を人民、政治、経済、軍事、文化、社会、科学技術、情報、生態系、資源、核の一一領域で包括的に定義した総合的な安全保障の概念である。[*2] この総体国家安全観が提起された背景には、中共指導部の国内外における危機認識があった。二〇一三年には憲政の実現等を訴える「新公民運動」が拡がり、アメリカによる「カラー革命」への危機認識が中共内で高まっていた。同時に、国外から中国への巨大な圧力となっていたのが、アメリカ主導の環太平洋パートナーシップ（TTP）、環大西洋貿易投資パートナーシップ（TTIP）、新サービス貿易協定（TiSA）の「三位一体の貿易戦略」＝「3つのT」であった。こうした国内政治と国際経済への危機認識が高まり、「WTO2.0」への新たな圧力に中国が直面する中で、グローバルな多国間貿易体制を維持するために打ち立てられたのが、二つのシルクロード構想＝「一帯一路」であった。[*3]「一帯一路」には、安全保障の手段としての側面がある。[*4]

「人類運命共同体」の手段としての「一帯一路」

中国は「人類運命共同体」構想で国際秩序を再編すべきであると訴えてきた。「運命共同体」構想とは、「共同発展」ということばを重点に据え、多国間の国際システムを改革し、グローバルガバナンスに参与し、中国がそれを主導していくというパクス・シニカの構想である。[*5]

「人類運命共同体」は、中国の二つのconstitutionすなわち中国共産党規約と中国憲法に「人類運命共同体構築を推進する」と明記され、中国における対外戦略の指針として位置づけられたことばである。中共が説く「人類運命共同体」は、日本語の人類運命共同体とは異なる意味を含んでいる。中共が説く「人類運命共同体」構想は非自由民主主義的な政治体制を欧米諸国にも尊重させる世界観である。その核心は、「主権平等」「国際関係の民主化」「新型国際関係」にある。「人類運命共同体」構想は二〇一四年に国内安全保障と国際安全保障の両方を包括する概念として打ち出された「総体国家安全観」の中で位置づけられている。総体国家安全観は、自由民主主義陣営からの圧力に対する強い警戒感と防衛のために策定された。

「人類運命共同体の構築」を銘打った二〇一七年の「中国共産党・世界政党ハイレベル対話会」における基調講演で、習近平は、「私（＝習近平）が『一帯一路』構想を提唱したのは、まさに『人類運命共同体』の理念を実践するため」と語っている。[*6] つまり、「人類運命共同体」と「一帯一路」の関係は、「人類運命共同体」が習近平外交の目的であり、「一帯一路」がその手段という関係にある。二〇二一年の中共創立百周年式典で、習近平は「一帯一路」等によって建国百周年までに「社会主義現代化強国」を実現すると強調していた。

五つのコネクティビティによる政策・ルール・基準のすりあわせ

日本のメディアの多くは「一帯一路」の一面のみを捉えて「一帯一路」を「巨大な経済圏構想」と喧伝し続けている。しかし、「一帯一路」は単なるユーラシアにおける経済連携や経済圏建設だけではない。中国が提唱する「一帯一路」とは、既存の地域協力のプラットフォームを戦略的に融合させ、優位性の補完を実現しようとする構想である。*7

習近平氏は、「国と国との運命共同体」から「地域運命共同体」、さらには「人類運命共同体」まで、国境を越えて利益が重なる多くの分野において、「朋友圏（おともだち圏）＝ネットワーク」を拡大し、中国国内と「一帯一路」の沿線国の発展を結合し、「中国の夢」と沿線各国人民の夢とを融合することが「一帯一路」の意味するところであると繰り返してきた。つまり、「一帯一路」とは、五つのコネクティビティを通してパクス・シニカを追求する構想である。「五つのコネクティビティ」とは、（一）政策面の意思疎通、（二）インフラの相互連結、（三）貿易の円滑化、（四）資金の融通、（五）国民の相互交流、の接続性である。「一帯一路」は、経済回廊の共同建設にともなう「五つのコネクティビティ」の形成により、中国共産党と中国が「中国主導の全球治理＝グローバルガバナンス」にコミットし、その形勢を中国が主導していこうとしている構想である（※「全球治理」は「グローバルガバナンス」と邦訳されるが、Commission on Global Governance が定義する Global Governance と同義ではない）。中国は、「一帯一路」によって、「利益共同体」と「責任共同体」を形成し、やがては「人類の運命共同体」を構築して、世界の政治経済秩序を「全球治理」の構造へと変えていくことを目指している。

「一帯一路」構想には、五つのコネクティビティを通じて「中国化」を「国際標準化」していくねらいがある。インフラを「中国と同じ規格」で拡充し、複合型インフラネットワークを形成し管理することで、費用と時間のコストを縮小することができるだけでなく、将来的に、デジタル経済、人工知能（AI）、ナノテクノロジー、量子コンピューター等先端分野での協力を強化し、ビッグデータ、クラウドコンピューティング、スマートシティー建設を推進し、「二一世紀のデジタル・シルクロード」を築くことに繋がる。それは経済領域にとどまるものではない。国境を跨ぐ光ケーブル網の構築を推進し、国際通信の接続性を高め、大陸間海底ケーブル・プロジェクトの計画を策定し、衛星情報のネットワークを構築することで、安全保障領域において、中国が有利に活用できることを目指している。

2. アフガン政変と中国

一枚岩ではない「厄介な相手」

二〇二一年のアフガニスタン政変は、それまでの二〇年間に米軍並びに北大西洋条約機構（NATO）軍の駐留によって中国西部にもたらされてきた「相対的な安定」を揺るがし、中国の周辺環境に変化を及ぼし始めている。それは、中国にとって、米軍撤退によるチャンスよりもリスクの方を増大させる可能性がある。中国と「タリバン」の関係については、アフガニスタンを掌握したスンニ派過激組織「アフガニスタン・タリバン」と、アフガニスタンに近いパキスタン北西部を拠点に同国全域並びにアフガン東部や南東部の国境沿いで活動するスンニ派過激組織「パキスタン・タリバン（Tehrik-e Taliban

Pakistan＝ＴＴＰ）」を区別して考える必要がある。

アフガニスタン・タリバンは、米軍並びにＮＡＴＯ軍の撤退及び「アメリカの傀儡とみなすガーニ（Mohammad Ashraf Ghani）政権」の打倒、その後のアフガニスタン・イスラム首長国によるカリフ制国家の樹立、ハナフィー法学派に基づくイスラム法による統治体制の確立を目指してきた勢力である。その主な攻撃対象は、米軍やＮＡＴＯ軍、「ガーニ政権下のアフガン国軍、警察、情報機関、政府高官、国会議員」であった。中国政府はガーニ政権に度々「一帯一路」の「中国・パキスタン経済回廊（China-Pakistan Economic Corrido＝ＣＰＥＣ）との接続を呼びかけ、二〇一六年に「一帯一路」の共同建設に関する覚書を交わしていた（しかし、テロ等で共同事業は進まなかった）。アフガニスタン・タリバンは、アフガン全土を掌握すると直ぐにＣＰＥＣをアフガニスタンまで拡大するよう中国へ呼びかける等、「一帯一路」に期待しており、中国にとって御しやすい相手である。また、アフガニスタンには豊富な鉱物が埋蔵されており、アメリカ地質調査所が二〇一〇年に実施した調査によれば、リチウム、鉄、金、ニオブ、水銀、コバルト等、少なくとも一兆米ドル相当の鉱物資源が存在していることが明らかにされている。中国はレアアースを含む未開発の鉱床へのアクセスを重視している。

しかし、中国にとって厄介な勢力は、ＴＴＰや「イスラム国ホラサン州（Islamic State - Khorasan Province＝ＩＳＫＰ）」や「バルチスタン解放軍（Balochi Liberation Army＝ＢＬＡ）」や「シンド解放軍（Sindhudesh Liberation Army＝ＳＬＡ）」である。パキスタンの武器輸入の七二％を中国が占め、中国の武器輸出の四七％をパキスタンが占めている（二〇一七‐二〇二一年値）ことからも、中国の「一帯一路」に批判的で、彼らはＣＰＥＣや中国権益の妨害等を目的にテロ事件を行ってきている。ＣＰＥＣを攻撃対象としているTTPは、中国人や関連施設の襲撃を繰り返しており、二〇二一年四月には、「一帯一路」の協議のために投資家や企業関係者らと訪れていた農融駐パキスタン大使を標的に、大使が宿泊していたパキスタンのバルチスタン州都クエッタにある高級ホテルで自爆テロを行っている（ただし大使は現場におらず無事であった）。

内部対立を繰り返してきたTTPから離脱した五人が二〇一五年一月に結成したISKPは、タリバンが米軍と平和協定を締結したことを批判してきた。BLAは、パキスタン政府や「一帯一路」を非難し、二〇一七年五月にバルチスタン州グワダル湾近郊で発生した道路作業員への銃撃事件等、「一帯一路」関連事業を標的とするテロを行ってきている。また、二〇一八年一一月には、BLAの自爆テロ部隊「マジード殉教者旅団」が、シンド州カラチに所在する中国総領事館を襲撃する事件を起こしている。「マジード殉教者旅団」の訓練施設はアフガニスタンにもあるとされている。SLAは、二〇一六年五月のカラチにおける中国人技師に対する爆弾テロ以降も、中国権益を攻撃対象としている。

「三つの勢力」「カラー革命」への危機認識

二〇〇一年のアフガン戦争以来、中国は中央アジアにおける米軍プレゼンスへの批判を繰り返し訴えてきたが、実際には、「米軍駐留がもたらしてきた相対的な安定」による恩恵を中国は受けてきた。中国とアフガンの国境は、ワフジール峠が交差する新疆ウイグル自治区とアフガニスタンのワハーン回廊が接するわずか七八キロメートルほどしかない。しかし、米軍撤退後に中国が警戒しているのは、ワハーン回廊からの直接の流入よりは、むしろ中央アジア経由の動向である。中央アジアは東トルキスタン・イスラム運動（Eastern Turkistan Islamic Movement＝ETIM）をはじめ国際テロ・分離主義・宗教過激派（いわゆる「三つの勢力」）が中国へ参入する主要な経路となっている。中国の対中央アジア外交政策の重点の一つは、「三つの勢力」を阻止することにある。[*8]この点は中国が積極的に上海協力機構を主導してきた背景の一つである。[*9]そのため、中国の国家安全保障にとって、上海協力機構を通じた中央アジア諸国との連携は従来以上に重要になっている。

中央アジアをめぐり、中国には、欧米諸国からの内政干渉に対する危機認識もある。アメリカによる「自由・民主主義・人権の尊重」の推進を「カラー革命」として捉える中国は、[*10]「カラー革命」を国家安全保障の脅威として認識している。「カラー革命」とは、旧ソ連・中東・中華圏において独裁や腐敗に抗議して政権を倒したり倒そうとする民主化運動のことである。アメリカの中央アジアへの介入に否定的な中国には、「カラー革命」への警戒がある。[*11]二〇二二年一月にカザフスタン政府による騒乱制圧をめぐり、習近平が「果断な措置」と称賛し、「中国は外部勢力が下心をもって混乱を引き起こし、カラー革命を画策することに断固反対する。兄弟の隣国としてできる限り必要な支援を行う用意がある」[*12]とのメッセージを公表するとともに、同日、中国外交部が上海協力機構に情勢安定化へ積極的な役割を果たすように促したのは、[*13]アメリカの介入や中国への「飛び火」を牽制したからに他ならない。

影響力を強めるパキスタン、イラン、CPEC

アフガンからの米軍撤退がもたらした新たなユーラシア地政学は、各国の国益ごとの協調枠組みが複雑に交差して、「インド太平洋vs一帯一路」というシンプルな枠組みからだけでは理解できない複雑で流動的なものになっている。テロ対策をめぐる中ロ連携、上海協力機構の地域対テロ機構（Regional Anti-Terrorist Structure＝RATS）による連携、「中国・ロシア・イランによる安全保障協力の枠組み」等、重層的に安全保障協力の枠組みが交差する中で、中国を取り巻くユーラシア地政学はいっそう複雑化している。*14

アフガン政変は、ガーニ前政権と良好な関係にあったインドの影響力を後退させ、パキスタンとイランの戦略的プレゼンスを高めることになった。米軍撤退開始に先立ち、アフガニスタン和平交渉の場として開催された「トロイカ（米中ロ）＋（プラス）」では、米中ロに加えて、パキスタンが参加した。アフガン政変後には、アフガニスタン、米中ロ、パキスタン、イラン、インド等が参加する「トロイカ＋」が開催された。アフガニスタン情勢をめぐるインドの限定的な役割はインドの戦略的位置づけを相対的に後退させている。アラブ首長国連邦（UAE）の仲介で二〇二一年一月にインドとパキスタンの情報機関は軍事的緊張緩和に向けて極秘会合をドバイで開催し、その翌月、両国軍はカシミールでの停戦順守で合意したとする共同声明を発表していた。しかし、アフガン政変によって、インドとパキスタンの間の新たな地政学的競争が生み出され、南アジア情勢を流動的にしている。

また、アフガン政変は中国にとってイランの戦略的位置づけを上げることになった。二〇二一年九月にタジキスタンの首都ドゥシャンベで開催された上海協力機構首脳会議において、それまでオブザーバーとして参加していたイランの正式加盟手続きが始められた。

このようにアフガンをめぐり影響力を拡大させているイランとパキスタンは、二〇一九年五月に、中国とイランのチャーバハール港とパキスタンでのCPECを結ぶ構想に合意していた。チャーバハール港は「インドからの支援を得て開発された港湾」であったが、二〇一八年三月のイランのザリーフ(Mohammad J. Zarif) 外相によるイスラマバード訪問時に、中国とパキスタンからのチャーバハールへの積極的な投資を歓迎するとイラン政府が表明しており、その際、「中国によって開発されたグワダル港」とチャーバハールとの接続をパキスタンへ勧めていた。[*15]

しかし、アフガン政変にともなう安全保障環境の悪化により、CPECの最高機関「共同調整委員会」が二〇二一年一〇月に開催され、中国とパキスタンがシンド州都でパキスタン最大都市であるカラチの沿岸部の開発に合意した。BLA等によるグワダルでのテロが相次ぎ、CPECの拠点をグワダルからカラチにシフトするのではないかとの声もあるなかで、二〇二二年六月には、グワダルとカラチを結ぶグワダル東湾快速道路が開通した。アフガン政変によってCPEC関連の施設や人員への攻撃リスクが拡大したことで、CPECへの影響が注目されている。

3. ロシアによるウクライナ侵攻と中国

「安全保障における合理的な懸念」と「安全保障の不可分性の原則の堅持」

ロシアによるウクライナ侵攻をめぐり「中国の立場は一貫して各国の主権及び領土保全の尊重・保障と国連憲章の主旨と原則の堅持にある」と中国は繰り返してきた。中国の内政から考えれば、ウクライナ東部二州のドネツクとルハンスクの「人民共和国としての独立」を「外国が承認」するという「国家主権と領土の一体性」を侵害するロシアの行為は、本来であれば容認できないことである。中国政府はロシアによるクリミア併合も「承認」はしていない。

中国とウクライナが二〇一三年一二月五日に調印した「中国ウクライナ友好協力条約」では、いずれかの平和、主権、統一または領土保全が脅かされる場合には、両締約国は直ちに協議を行い、対策を策定する、と合意していた。また、ウクライナとの貿易規模は中国にとって小さい[*16]とは言え、食肉生産の約七割を豚が占め、世界の豚肉生産の約四割を占める中国では、二〇一八年のアフリカ豚熱で激減した養豚生産への良質な飼料確保を食料安全保障の視点から重視しており、近年のウクライナはヨーロッパのみならず中国にとっても重要な穀倉であった。アメリカ農務省によれば、二〇二一年の穀物輸出大国であったウクライナの農業輸出額の一五％、ひまわり油の一五％、ヒマワリかすの四八％、トウモロコシの三二％が中国向けであった。さらに、武器移転については、ストックホルム国際平和研究所（SIPRI）によれば、二〇一七〜二一年における中国への主要武器供給国としてのシェアは、ロシアの八一％と大きく乖離し、三位のウクライナは五・九％、同時期のウクライナの武器輸出先一位が中国（全シェアの三九％）[*17]であり、ウクライナにとって中国への武器移転のシェアは右肩上がり、中国にとってのウクライナからの武器移転は右肩下がりであったが、軍事技術の移転で重要な国家であった。

何よりも中国にとってウクライナの魅力は、二〇一四年のウクライナEU連合協定以降におけるヨーロッパへのハブとしての地理的位置にあった。そのため、ユズニー港などの浚渫を行ってきた。

しかし、ロシアによるウクライナ侵攻直後から、中国政府はウクライナ情勢には「複雑で特殊な歴史的経緯」があり、ロシアの「安全保障における合理的な懸念」を考慮しなければならないと繰り返してきた。「安全保障の不可分性の原則の堅持」は、「グローバル安全保障イニシアティブ」を打ち出した博鰲アジアフォーラムにおいても習近平によって語られた。[*18]「安全保障の不可分性」とは、ヘルシンキ宣言で謳われた概念で、国家が単独で安全保障の強化を追求すると軍拡競争がもたらされて「安全保障のジレンマ」に陥ることになるので、それを克服するために模索された「共通の安全保障」の概念である。中共や中国政府は、ロシアの行動に賛同はしないものの、ウクライナ問題をめぐる「ロシアの安全保障における合理的な懸念への理解」と「安全保障の不可分性の原則の堅持」を繰り返している。それは、ロシアへ協力するためと言うよりは、ユーラシア地政学における中国の安全保障環境への影響を懸念しているためと考えられるであろう。

北京冬季五輪に先駆けた二〇二二年二月四日の中ロ首脳会談で、中ロ両国は「中ロの友好に限界はなく、協力する上で禁じられる分野はない、国際形勢がめまぐるしく変化しても影響を受けない」との文言を盛り込んだ共同声明を発表した。同声明で両国が重ねて確認したのが、「互いの核心的利益、国家主権及び領土保全を堅く支持し、両国内政への外部干渉に反対すること」「両国の共通の周辺地域の安全と安定を損なう外部勢力に反対し、主権国の内政に干渉するいかなる外部勢力の口実にも反対し、《カラー革命》に反対し、これらの領域における協力を強化する[*19]」ことであった。中国とロシアは同盟関係ではないし、お互いに信用もしていない。しかし、これらのアメリカに対する共闘が中国とロシアを戦略上のパートナーに向かわせてきた。

中国がNATO拡大やその活動のグローバル化、またユーラシアにおける「カラー革命」に対して危機認識を抱くのは、それが中国周辺の中央アジアにも拡大することになれば、それが中国の防衛安全保障への直接の脅威となる可能性があるからである。

中国にとってアメリカの「インド太平洋」戦略は「アジア太平洋版NATOの東方拡大」

習近平が六九回目の誕生日を迎えた二〇二二年六月一五日、中ロ首脳電話会談で、習近平は中国がロシアを戦略的パートナーとして重視する方針に変化がないことを示した。

中国の安全保障環境にとって、ロシアにとってのNATOの東方拡大とロシアによるウクライナ侵攻は対岸の火事ではない。中国当局はロシアをウクライナ侵攻へ向かわせた背景として「五度にわたるNATOの東方拡大」を挙げて批判してきた。二月四日の中ロ共同声明においてもそれが盛り込まれていた。

その上で、王毅(ワンイー)外交部長は世界が注目する二〇二二年三月の全人代記者会見において、アメリカの「インド太平洋戦略」の目的がアジア太平洋版のNATOの形成とアメリカの覇権を維持することにある、と批判した。[*20]「5＋4＋3＋2の布陣」、すなわちファイブアイズ(米英加豪NZのアングロサクソン系英語圏五ヵ国によるUKUSA協定に基づく機密情報共有の枠組み)、QUAD(米日豪印)、AUKUS(米英豪)、二国間同盟からなるフォーメーションが中国の地域安全保障にとっての脅威となっている。アメリカの「インド太平洋戦略」を「NATOの東方拡大のアジア太平洋版」とみなす中国の地政学からすれば、プーチンをウクライナ侵攻に向かわせた大きな要因の一つがアメリカであるという危機認識が中国にはあると言えよう。

中国社会科学院ロシア東欧中央アジア研究所所長の孫壮志は、「ウクライナがNATOに加盟すればロシアは重要な戦略的防壁を失うことになる」と、ウクライナ戦争勃発の原因が「非常に複雑な歴史的経緯」と「欧米によるロシアへの軽視できない圧力」にあると中共系の人民網で論じた。[*21] また、中国国際問題研究院ユーラシア研究所副研究員の康傑は、NATO拡大を単なる地政学的拡大だけでは断じてなく、同盟の目標と戦略的手段の拡大でもあると捉えた上で、NATOの東方拡大の理論的根拠となった「デモクラティック・ピース論」やロシアの周辺や核心的利益に関わる地域における「カラー革命」を、冷戦時代からのアメリカの東欧に対する「和平演変」（平和的手段によって社会主義体制を崩壊させること）の政治戦略の論理的延長線上にあるに過ぎない、と人民網で論じている。[*22]

そこには、「NATOによる内政干渉」の領域がもはやヨーロッパだけではない、という中国の危機認識がある。二〇一九年のNATO首脳会合で「中国の影響力増大やその対外政策は、同盟としての対処が必要な機会と挑戦をもたらしている」[*23]と中国について言及したNATOは、翌年のNATO外相理事会で、「中国がロシアと共に地政学的挑戦を突きつけている」と位置づけ、「地政学的脅威としての中国」へのアプローチ策定に向けて踏み出し始めた。二〇二一年一一月には、ストルテンベルグ（Jens Stoltenberg）NATO事務総長が二〇三〇年にかけて中国の重要性が増す世界にアプローチする政治戦略を策定する必要があるとの認識を示していた。[*24] ただし、ストルテンベルグが語ったように、「中国の脅威」への対抗は、NATOがアジアで活動することを意味せず、サイバー攻撃、アフリカ及び北極圏におけるインフラの管理、北大西洋における中ロ演習の実施等の「NATOが守るべき領域内」において中国へ対応すべきである、という限定された範囲での行動がヨーロッパの考え方であるとされている。

二〇二一年六月一四日のNATO首脳会合は、共同宣言に「中国の野心と自己主張の強い行動はルールに基づく国際秩序と同盟の安全保障への体制上の挑戦である」[*25]と盛り込んだ。これに対して中国は、

NATOが中国への対応をめぐりアジア太平洋の各国といかに連携強化していくのか慎重に警戒している。本稿の脱稿後の六月末、マドリードにおけるNATO首脳会合において、NATOの新戦略概念に対中国戦略が盛り込まれることになっている。

おわりに

本章では、まず第一節で、「一帯一路」が単なる広域経済圏構想ではなく、中国にとっての包括的な安全保障構想の手段であり、国際秩序再編の手段でもあることを論じた。中国は「一帯一路」でその影響力を高め、「中華民族の偉大なる復興」という「中国の夢」の実現へ向けて邁進しようとしている。しかし、中国の「一帯一路」はそれほど順調に発展しているわけではない。「一帯一路」には中国による「債務の罠」「新植民地主義」への批判もある。それは、将来的に中国が「債権の罠」に苦しんでいくことを意味している。プロジェクト最終年ではこの点を掘り下げて研究していきたい。

さらに、この「一帯一路」を取り巻く国際情勢が大きく揺れ動いている。

第二節で論じたように、アメリカのアフガニスタンへの内政干渉を批判してきた中国であったが、戦略的に合理的な米軍撤退によって、西部安全保障環境が不安定になってしまった。しかも、二〇二二年一月のカザフ政変では、ロシア軍を主力とするCSTO軍が導入され、習近平が申し出たとされる上海協力機構地域反テロ機構（RATS）の出番がなかったことを考えると、経済的に影響力を増大させている中国であっても、地域安全保障協力におけるプレゼンスは、限定的であることがうかがえる。

また、第三節で論じたように、ロシアによるウクライナ侵攻を支持できないものの、「安全保障の不可分性」の原則を堅持する中国は、ロシアを支援している。とは言え、中国は、アメリカを見据えた地政学からロシアと戦略パートナーシップを築いているのであって、軍事同盟を結ぶこともなければ、それを目指すわけでもない。米欧日が一体化を強化し、中ロとの対立構図を固めれば、中国の利益が最大化できなくなる。中国はアメリカを批判していても、既存の国際秩序の最大の受益者に他ならない。

ユーラシア地政学の主要アクターの一つは言うまでもなく中国である。その中国を動かしているのは、アメリカとの長期的な対立を見据えなければならないユーラシアの地政学的要因である。

註

＊1　三船恵美『米中覇権競争と日本』勁草書房、二〇二二年、三船恵美「『中国的民主』と民主主義の対立——欧米のデモクラシーとは異なる『中国的民主（minzhu）』」政策研究フォーラム『改革者』二〇二二年三月号収載。

＊2　中共中央党史和文献研究院編輯『習近平関于総体国家安全観論述摘編』中央文献出版社、二〇一八年。

＊3　現代国際関係研究院『国際戦略与安全形勢評価二〇一四／二〇一五』時事出版社、八三〜八四頁。

＊4　三船恵美「中国にとっての『一帯一路』と『インド太平洋』『アジア太平洋』」戦略研究学会編『戦略研究』第三〇号（特集　戦略と思考）二〇二二年三月、二一〜三九頁。

＊5　中共中央党史和文献研究院編輯『論堅持推動構建人類運命共同体』中央文献出版社、二〇一八年。

＊6　習近平「携手建設更加美好的世界　習近平在中国共産党与世界政党高層対話会上的主旨講話」（二〇一七年一二月一日北京）、中国共産党新聞網、二〇一七年一二月二日。［http://cpc.people.com.cn/n1/2017/1202/c64094-29681332.html］

＊7　この点については、三船恵美『中国外交戦略――その根底にあるもの』講談社選書メチエ、二〇一六年、を参照されたい。

＊8　「三つの勢力」とウイグル問題については、三船恵美「『三つの勢力』とウイグル問題」『東亜』二〇二一年十月号、一〇～一七頁、を参照されたい。

＊9　劉漢太・都幸福『為了至高利益：中国打擊〝東突〟報告』新疆人民出版社、二〇〇三年、二九六～二九七頁。方長平「多辺主義与党中国周辺中国周辺安全戦略安全策略」『中国外交』二〇〇四年第九期、二三頁。

＊10　趙常慶、「独連体国家産生「顔色革命」的原因及影響」『中国党政干部壇』二〇〇五年第八期、四四～四五頁。

＊11　王憲挙「中亜地区的〝顔色革命〟可能性有多大?」李進峰『上海合作組織黄皮書：上海合作組織発展報告（二〇一七）』社会科学文献出版社。

＊12　「習近平向哈薩克斯坦総統託卡耶夫致口信」中華人民共和国外交部、二〇二二年一月七日。［https://www.mfa.gov.cn/web/gjhdq_676201/gj_676203/yz_676205/1206_676500/xgxw_676506/202201/t20220107_10479994.shtml］

＊13　中華人民共和国外交部「二〇二二年一月七日外交部発言人汪文斌主持例行記者会」中華人民共和国外交部、二〇二二年一月七日。［https://www.mfa.gov.cn/web/fyrbt_673021/202201/t20220107_10479922.shtml］

＊14　中国・ロシア・イランの関係深化については、三船恵美「中国の対中東政策」『国際問題』二〇二一年八月号、四八～五三頁、を参照されたい。

＊15　「伊朗邀中巴共建恰巴哈爾港、印度緊張！」『環球時報』、二〇一八年三月一五日。中華人民共和国和俄羅斯連邦関於新時代国際関係和全球可持継発展的連合声明、二〇二二年二月四日。[https://world.huanqiu.com/article/9CaKrnK6WTe]

＊16　「国家統計局・俄烏衝突対中国進出口貿易影響有限」中国網、二〇二二年三月一五日。[http://news.china.com.cn/2022-03/15/content_78109133.html]

＊17　Pieter D. Wezeman, Alexandra Kuimova and Siemon T. Wezeman, "Trends in International Arms Transfers 2021", Stockholm International Peace Research Institute, March, 2022, p.2, 7. Foreign Agricultural Service of the U.S. Department of Agriculture, "Ukraine Agricultural Production and Trade", March 1, 2022. [https://www.fas.usda.gov/sites/default/files/2022-04/Ukraine-Factsheet-April2022.pdf]

＊18　「習近平在博鰲亜洲論壇二〇二二年年会開幕式的主旨演説（全文）」中華人民共和国外交部、二〇二二年四月二一日。[https://www.mfa.gov.cn/zyxw/202204/t20220421_10671052.shtml]

＊19　「中華人民共和国和俄羅斯連邦関于新時代国際関係和全球可持続発展的連合声明（全文）」、二〇二二年二月四日。

＊20　「王毅：〝印太戦略〟是企図搞印太版〝北約〟」中華人民共和国外交部、二〇二二年三月七日。[https://www.mfa.gov.cn/web/gwwyjwjbzwyhdzwjztw/yd/202203/t20220307_10648866.shtml]

＊21　孫壮志「国際観察：西方極限施施圧是俄羅斯強勢反撃的引信」人民網、二〇二二年四月一七日。[http://world.people.com.cn/n1/2022/0417/c1002-32401034.html]

＊22　康傑「国際観察：北約東拡是欧洲安全悲劇的根源」人民網、二〇二二年四月一六日。[http://world.people.com.cn/n1/2022/0416/c1002-32400736.html]

＊23　"London Declaration: Issued by the Heads of State and Government participating in the meeting of the North Atlantic Council in London 3-4 December 2019", NATO, December 4, 2019 [https://

www.nato.int/cps/en/natohq/official_texts_171584.htm〕

＊24 "Speech by NATO Secretary General Jens Stoltenberg at the event: NATO's outlook towards 2030 and beyond", November 30 2021〔https://www.nato.int/cps/en/natohq/opinions_189089.htm〕. また、一連の「ＮＡＴＯ２０３０イニシティブ」に向けた動向については、〔https://www.nato.int/nato2030/index.html〕を参照されたい。

＊25 "Brussels Summit Communiqué: Issued by the Heads of State and Government participating in the meeting of the North Atlantic Council in Brussels 14 June 2021", NATO, June 14, 2021〔https://www.nato.int/cps/en/natohq/news_185000.htm〕

＊26 「王毅談化解烏克蘭危机的四点主張」中華人民共和国外交部、二〇二二年三月七日。〔https://www.mfa.gov.cn/web/gwwyjwjbzwyhdzwjztw/yd/202203/t20220307_10648853.shtml〕

第七章

「ユーラシア大国」ロシアの軍事戦略

小泉　悠

はじめに

本稿は、日本国際フォーラムの研究プロジェクト「ユーラシア・ダイナミズムと日本外交」において筆者が行った研究の成果をまとめたものである。要点は、現代のロシアが採用している軍事戦略とはいかなるものであり、これがユーラシアの地域秩序に対してどのような意義を持つのかを考察することであった。したがって、本稿においては、ロシアの軍事戦略自体に加えて、それが持つ地政学的な影響力が考察の対象となっている。

以上のような問題意識を踏まえた上で、まず、冷戦後のユーラシア空間に対するロシアの認識を概観する。ソ連崩壊によって超大国としての地位を失ったロシアであるが、そのことを決してよしとしてきたわけではない。経済・人口・技術・イデオロギーといった各種指標においてかつてのような地位は望み得ないとしても、ソ連の版図に含まれていたユーラシア空間においては引き続き主導的な地位（＝「ユーラシア大国」）であらねばならないというのがロシアの思想であり、同国の軍事力や軍事戦略はこうした秩序構想の文脈において理解される必要があるということをここでは主張した。

しかし、こうした文脈においてロシアが軍事力に期待する効用は、必ずしも古典的な戦争に勝利することばかりではない。以上で述べたことを敷衍（ふえん）するならば、ロシアが必要とするのはユーラシアの旧ソ連空間を自国の強い影響下に置き続けることであって、ここで軍事力が果たす役割は多様なものであると見做されている。

さらにいえば、軍事力は秩序構想を実現する上で唯一の手段というわけでもなく、幅広い非軍事手段とともに用いられる闘争（≠戦争）手段と位置付けられる。こうした、軍事力の非軍事的使用、あるいは軍事力をその一部に含む闘争観を本稿では第二のテーマとして論じていく。

最後に、古典的な戦争はロシアの軍事戦略から完全に排除されたわけではない。前述した非古典的な闘争はそれだけで完結するとは限らず、場合によっては高烈度の暴力闘争（戦争）へとエスカレートすることもまた想定され続けているためである。また、仮にロシアの闘争手段が軍事手段と非軍事手段の混淆（こんこう）を特徴とする非古典的なものを中心とするのだとしても、このような闘争が成立するためには古典的な戦争を遂行する能力がやはり必要なことを、併せて指摘した。

したがって、冷戦後のロシアが辿り着いた「ユーラシア大国」としての秩序構想と、これを実現する上で行使される軍事的・非軍事的闘争手段に、ロシアの軍事戦略は立脚しているというのが本稿の結論である。

1．「ユーラシア大国」としてのロシア

自己イメージと現実のギャップ

言うまでもなくロシアは大国である。世界最大の面積と豊富な天然資源、強大な軍事力と国連安保理事会常任理事国としての地位を持つロシアが、国際社会において無視できない存在であることには異論はあるまい。

しかし、当のロシアは、ソ連崩壊後に自国が置かれた地位に大いに不満であった。その第一は、グローバルな地位に関連している。超大国としての地位を失っても、国際秩序をかたちづくる上での主要な極（あるいはセンター）の一角には留まれるだろう……これが新生ロシアが当初抱いた期待であったが、現実は全く異なっていた。冷戦の終結と社会主義陣営（ソ連自身を含む）の崩壊がほぼ同時に発生した結果、ポスト冷戦世界は米国の単極秩序を基調とすることになり、その中で、ロシアは「敗者」として扱われたのである。しかも、この時期から顕著な進展を見たグローバル化は、世界の政治・経済・社会などあらゆる領域を飲み込んでいったが、ここにもロシアの居場所はなかった。軍事に過度に偏重したソ連式の経済・産業・科学はグローバル市場主義やイノヴェーションの波に付いていくことができず、かといってソ連が持っていた「社会主義の総本山」というソフト・パワーもロシアからは失われていた。

第二に、欧州における地域的な秩序にもロシアは不満を抱いていた。ソ連を中心とした「東側」陣営が消滅したにもかかわらず、「西側」はこれと同じ道を辿っていない。NATOは冷戦後も存続し、旧東欧社会主義国や旧ソ連のバルト三国、旧ユーゴスラヴィアのバルカン諸国などを取り込んで拡大を続けた。この点は政治・経済・社会分野も同様であり、ロシアの勢力圏は東へ東へと後退していった。

さらにロシアにとって我慢ならなかったのは、米国やNATOが国連安保理事会の決議を経ずして軍事介入を繰り返し、ロシアやその友好国の内政にも干渉して「民主主義の輸出」を図ったことである。これがロシアの第三の不満に繋がった。旧ソ連諸国を勢力圏と見做すロシアにとって、西側の振る舞いは非常に侵略的なものと映ったし、ウクライナについては特にそうであった。人種・文化・言語・歴史などの面で強い共通性を持つウクライナは、旧ソ連の中でも特別の重要性を持つ国とされ、是が非でも勢力圏内にとどめおかねばならない存在であった。それだけに、ウクライナがNATOやEUに接近しようとするたびにロシアは激烈な反発を示してきた。

まとめるならば、ソ連崩壊後のロシアは、自己イメージと現実のギャップの中で激しい屈辱感と脅威に苛（さいな）まれ続けてきたということになろう。グローバル・レベルにおいても、欧州・旧ソ連地域レベルのいずれにおいても、ロシアは自国が蔑（ないがし）ろにされているという認識を持ち、なんとかこれを挽回せねばならないと考えるようになったのである。国際資源価格の高騰によって高度経済成長を遂げ、プーチン政権下で政治的混乱にも一応の収拾をつけた後のロシアにおいては、このような傾向が特に顕著になった。その結果が、二〇一四年のウクライナ軍事介入である。

同年二月、ロシアの後押しで成立したヤヌコヴィチ政権が崩壊すると、ロシアは民兵、特殊作戦部隊、民間軍事会社、正規軍などを投入し、ウクライナを紛争国家化してしまった。これはウクライナを併合してしまおうというものではなかったが、かといってロシアとの紛争を抱えることになった同国はもはやEUにもNATOにも加盟できず、東西の間で釘付けされることになった。さらに二〇一五年九月、シリアのアサド政権が崩壊の危機に貧すると、ロシアは史上初めて中東への大規模軍事介入に及び、二〇二〇年には大規模反政府運動に直面したベラルーシに対しても治安部隊の投入をちらつかせてルカシェンコ政権の崩壊を防いだ。

この間の二〇一六年には、もうひとつの大きな出来事が起きている。同年十一月の米大統領選に際して、ロシアはサイバー攻撃で民主党のクリントン陣営に不利な事実を入手して暴露した上、インターネット上で大々的に偽情報を流布することで選挙の動向に介入した。ロシアにしてみれば、これは自国の政治体制や勢力圏に介入してくる米国への「反撃」であったということになろうが、そのインパクトは非常に大きなものがあった。唯一の超大国となった米国がこれほどまでに脆く、しかもロシアがその点を見抜いて突いてきたことは、（決してポジティブな意味ではないが）同国の国際的な存在感を大いに高めた。

こうして、ロシアは「大国」の地位へと回帰してきた。ここでいう「大国」とは、単に「大きな国」ではない。それは、自らが望む地位を得るために、必要とあれば軍事力を行使することを厭わず、国際秩序を書き換えようとする国である。ただ、もはやロシアはグローバルな秩序全体にこうした影響力を及ぼす力を持たない。したがって、ロシアが当面、追求しているのは、勢力圏と見做すところの旧ソ連空間を自国の強い影響下に置き続け、これを阻もうとする（とロシアが考える）域外勢力を排除することであろう。本稿が、ロシアを「ユーラシア大国」と位置付けるのは、こうした文脈においてである。[*1]

2. 多様な闘争手段

メッスネルの「反乱戦争」理論

「ユーラシア・ダイナミズムと日本外交」における筆者の主要な研究テーマは、以上のような大状況下において、ロシアが「ユーラシア大国」としての地位を獲得するために行使する多様な闘争手段を明らかにすることであった。しかし、既に述べたとおり、ここでいう「闘争」とは必ずしも古典的な戦争ばかりを意味するものではない。

ロシア帝国軍人として白軍に身を投じ、ボリシェヴィキと戦ったエフゲニー・メッスネルは、軍事力において敗北した側がいかにして闘争を継続するのかを亡命先のアルゼンチンで考え続けたことで知られている。同人の思想のエッセンスをまとめるならば、大要次のとおりとなろう。[*2]

①核兵器の登場は、古典的な国家間戦争を不可能にした。核兵器の強大な破壊力によって軍隊はもはや兵力を集中させることができず、最終的には人類を滅亡させることにさえ繋がりかねない。

②世界のありようが大きく変わった。民主化と個人主義の台頭によって国家は「神話的地位」を喪失し、もはや人々は国家のために命を捧げようとしない。これは不可逆的なプロセスであり、核兵器の登場と併せて戦争をますます困難にしている。

③ただし、国家間の対立が消滅するわけではない。したがって、国家は戦争（暴力闘争）以外の方法で闘争を継続しようとするだろう。

④その方法は「反乱」である。テレビやラジオといった電波メディアの出現は国境を越えた「電波侵略」を可能とした。こうした方法で人々に虚実取り混ぜた情報を発信すれば、その認識を操作して政府への信頼を失墜させたり、平穏な社会を不安定化させたりすることが可能になる。武装蜂起に至らずとも、こうした幅広い意味で国民の「反乱」を引き起こせば、戦争に至らずして敵国の抗戦意思を破壊できる。

⑤このような闘争には平時と有事の区別はなくなる。さらに前線と後方、戦闘員と非戦闘員といった区別も消滅し、闘争は戦争と平和の間にあるグレーな状態の中で、社会全体において遂行されるよ

うになる。

メッスネルの最終目標が共産主義体制の打倒に置かれていたために、同人の著書はソ連においては禁書扱いとされた。しかし、ソ連崩壊後、メッスネルの思想は、ロシアにおいて大きな注目を集めることになる。それは、超大国としての地位を失ったロシアが「ユーラシア大国」であるための闘争手段の指針と見做されたためである。当初、その影響力はアレクサンドル・ドゥーギンやイーゴリ・パナーリンといった軍外部の思想家たちに限られていたが、次第に軍人たちの中にもこれに同調するものが現れるようになった。

その背景にあったのは、前述した冷戦後世界に対するロシアの不満である。保守的な思想家や軍人たちは、ロシアが自己イメージほどの国際的地位を持ち得ないことを偶然とは考えなかった。これは、西側諸国が自らの覇権を維持するためにロシアに仕掛けている「反乱戦争」の結果なのであり、民主化運動、経済混乱、旧ソ連における権威主義体制の崩壊（「カラー革命」）などはその代表例であるという認識が二〇〇〇年代以降に急速に強まっていった。こうした認識を決定的にしたのが、二〇一〇年代に発生した中東・北アフリカでの連鎖的な権威主義体制の崩壊（「アラブの春」）とウクライナにおけるヤヌコヴィチ政権の崩壊であり、これらの出来事は実際の行い（既に述べた軍事力行使）だけなく、ロシアの軍事思想にも大きな影響を及ぼした。

触媒としてのスリプチェンコ

ここで触媒としての機能を果たしたのは、軍事科学アカデミー副総裁であったウラジーミル・スリプチェンコである。空軍軍人であったスリプチェンコは、湾岸戦争やユーゴスラヴィア空爆において西側諸国が行使したハイテク軍事力の威力に強い感銘を受け、次世代の戦争では長距離精密誘導兵器が全てを決するという主張（第六世代戦争理論）を展開した。スリプチェンコによれば、第六世代戦争は比較的小規模な軍隊同士が互いの領土に立ち入らずして遂行する戦争であり、ここでは陸軍の出る幕はない（したがって陸軍など廃止してしまえとさえスリプチェンコは主張する）。戦闘の焦点は敵の領土を占領することではなく、重要な政治・経済中枢を破壊して継戦能力自体を失わせることだからであり、それゆえに戦術と戦略は区別がつかなくなる。つまり、「どのように戦うか」は問題ではなくなり、「何を狙うか」が決定的な要素になるということである。

以上のように、スリプチェンコの思想はかなり極端な技術決定論の趣が拭えないが、その思想的影響は少なからぬものがあった。というのも、スリプチェンコのいう第六世代戦争論では、精密誘導兵器による暴力闘争は第一段階に過ぎないとされており、二一世紀半ばに訪れる第二段階では、気象兵器（人為的な津波、ハリケーン、地震等）、遺伝子兵器（特定の人種や作物だけを狙う生物兵器）、放射線や音響を用いた感情操作兵器、メディアを通じて人々の認識を操作する情報兵器といった「新たな物理的原則に基づく兵器（ONFP）」が主要な役割を果たすとされていたためである。これもまたかなり夢想的な思想ではあったが、この中の情報兵器というアイデアは多くの軍事思想家に影響を与えた。インターネットの登場は情報の持つ力を劇的に高め、メッスネルのいう「電波侵略」をさらに効果的に行えるだろうと考えられたのである。[*3]

二つの将来戦争ビジョン

こうして、スリプチェンコの第六世代戦争理論は、情報の力を重視する二つの将来戦争ビジョンへと発展していった。その第一は、参謀本部戦略研究センターのセルゲイ・ボグダノフとセルゲイ・チェキノフが唱えた「新世代戦争」理論である。両名によれば、現代の戦争はスリプチェンコ的なハイテク暴力闘争という形を取る場合もあるが、それ以前において決着する可能性もある。情報を用いた認識操作で敵国に不利な国際世論を作り出し、敵国民にパニックを引き起こし、さらに敵国政府高官を賄賂や脅迫によって屈服させる。こうした方法を用いれば、非暴力的な闘争というものが成立するだろうというのが両名の見通しであった。ただし、両名は暴力闘争の可能性を排除しているわけではない。仮に闘争が大規模な暴力の行使に至った場合には、国家はスリプチェンコのいうようにハイテク軍事力を行使し、情報戦はその効果を増幅する従の立場に回る、と両名は見る。[*4]

一方、もうひとつの将来戦争ビジョンは「新型戦争」理論と呼ばれ、国立言語大学教授のアレクサンドル・バルトシや心理戦部隊出身の軍人イーゴリ・ポポフなどを中心に理論化された。彼らの議論は外見上、新世代戦争理論とよく似たものであり、非軍事手段を駆使して戦争に至る前に敵国を敗北させるような闘争が可能であると見る。ただ、新型戦争が際立つのは、非軍事的な闘争の効果を非常に大きく見積もる点にあった。つまり、非軍事手段を巧妙に使用すれば、軍事手段を中心とする戦争にエスカレートする可能性は非常に小さいと見るのである。それゆえに、この一派は戦争を狭く暴力闘争と解釈することに疑義を唱え、より広範な手段を用いた国家間闘争として再定義することを主張する。[*5]

新型戦争理論のもうひとつの特徴は、西側の学術界や軍における戦争理論研究を幅広く取り入れる点にある。特に、ポポフがメアリー・カルドアの「新しい戦争」理論を参照して議論を組み立てている点は注目に値しよう。ロンドン・スクール・オブ・エコノミクス（LSE）教授であったカルドアは、一九九〇年代のボスニア・ヘルツェゴヴィナ紛争の研究を通じて、冷戦後の地域紛争が古典的な戦争と全く異なる現象であることを見出した。カール・フォン・クラウゼヴィッツに代表される古典的な戦争理論が、戦争を暴力と暴力の衝突であると見たのに対し、ボスニア・ヘルツェゴヴィナではこうした意味での戦争は起きていなかったというのである。

たしかに暴力は行使されているのだが、その主な標的は敵の軍事力ではなく一般住民であり、しかもカルドアによれば、これは意図せざる巻き添え被害などではない。繰り返される虐殺・略奪・強制移住・集団レイプなどを通じて異民族への憎悪を強め、永久に和解できないようにすることがこの種の戦争における暴力行使の目的だとカルドアは述べる。このようにして暴力行使が続く限り、紛争地域の軍閥指導者や犯罪集団はそれぞれの支配地域を確保し、その内部では特権的支配階層として振る舞うことができるからである。したがって、彼らは戦争に勝とうとしていないし、繰り返される一般住民の被害は戦争の副産物ではなく「本質」であるというのがカルドアの理解であった。[*6]

ポポフのいう「新型戦争」は、こうした暴力行使を国家の闘争手段に応用しようとしたものと位置付けられよう。敵国に対して情報戦を仕掛けて不安定状況を作り出し、そこにテロリスト、ゲリラ勢力、敵対的意図を持った難民集団、民間軍事会社、特殊作戦部隊などを送り込んでやれば、人為的に「新しい戦争」を引き起こすというものである。ポポフによれば、これは「和解不可能な文明間の争い」であり、一度火をつけてやれば自動的に拡大していく。こうして敵国が近代国家を維持できなくなったところで平和維持や人道援助の名目で軍隊を送り込めば、公的には戦争に訴えずして政治的目的を達成できるとポポフは考えた。

つまりポポフのいう「新型戦争」とは、カルドアの唱えた「新しい戦争」理論を非常に邪悪な形で応用しようとしたものであるが、このような思想はロシア軍内部における将来戦争ビジョンにかなりの影響を与えた。特に顕著であったのは、当時のロシア軍参謀本部作戦総局長であったアンドレイ・カルタポロフ中将が二〇一五年に軍事科学アカデミーで行った報告である。[*7]

この報告は、内容面だけでなく個々の文言に至るまでポポフの論文と一字一句同じ箇所が多数見出され、後者から強い影響を受けていることが窺われる（報告の草稿自体をポポフが執筆した可能性も排除できない）。カルタポロフがのちに政治・軍事総局長となり、二〇二一年には下院議員に転じて下院国防委員長に就任していることを考えると、「新型戦争」理論の持つ政治的意義は非常に大きかったと言えよう。これ以外にも、『軍事思想』誌等のロシア軍部内誌において、ポポフ的な将来戦争ビジョンが増加していったことを本プロジェクトでは明らかにした。

3. 依然として残る軍事力の価値

エスカレーションの思想

ただし、以上をもってロシアの軍事思想が全く変容を遂げたと考えるのは早計である。非軍事手段を中心とする闘争への関心が高まったのは事実であるが、これはあくまでも絶対基準で測定した場合の話であることを見落としてはならない。つまり、過去と比べれば非軍事的闘争論に関する議論は活発化しているものの、現時点における軍人や軍事専門家の議論全体としてみれば、決して多数派であるわけではない。先に挙げた『軍事思想』を例に取るなら、軍人たちの関心事項は依然として防空戦や戦車戦、補給、指揮統制などに置かれているのであって、非軍事手段による闘争という思想は、こうした議論の一角を占めるに過ぎない、ということである。

では、非軍事的闘争論と、古典的な戦争（暴力闘争）の関係はどのように理解されているのだろうか。多くの論者は、両者を相反する闘争形態と位置付けるのではなく、闘争の烈度がエスカレートするにつれて闘争手段が変遷していく、というふうに動態的に理解しているようである。つまり、国家間は平時においても諜報やプロパガンダなどを通じてごく低烈度の闘争を行っているのであるが、緊張が高まると偽情報・脅迫・暗殺といった方法が用いられるようになる。ポポフのいう「新型戦争」は、ここからさらに緊張が高まった状況を想定し、いよいよ非軍事的手段で敵国政府を打倒しようとするものであると考えられよう。

他方、「新世代戦争」は、こうした非軍事手段のみによって闘争に決着がつかない可能性をより重視する。したがって、国家間闘争はハイテク兵器を用いた激しい暴力闘争にエスカレートしうるし、それでも決着がつかなければ大規模な陸軍を動員した古典的戦争へと至る可能性も排除されない。

そして重要なことは、新型戦争論者も新世代戦争論者も、次なる戦争を完全に予測して備えておくことなど不可能だと見る点である。したがって、自らの将来戦争ビジョンが可能性のひとつに過ぎないことを彼らは概ね受け入れており、実際にどのような闘争手段が中心となるのかは、個々の戦争の「文脈」によるとされている。このように考えるならば、現代のロシアの軍事戦略思想は、古典的な戦争観からすっかり変容してしまったというより、多様な闘争手段や闘争形態を含むものへと拡張されたと考えるべきであろう。

基盤としての暴力闘争の遂行能力

実際問題として、非軍事手段を中心としたロシアの闘争は度々失敗している。二〇一六年の米国大統領選においてロシアの情報戦がかなりの混乱を引き起こしたことは事実であるが、それで米国社会が無秩序状態に陥ったわけでもなければ政府が瓦解したわけでもない。一方、二〇一四年のウクライナでは、ロシアの支援を受けた武装勢力が一部の地域を占拠してみせたものの、軍や治安部隊による反撃が始まると早々に壊滅状態に陥った。

かといって、非軍事的闘争の失敗は、ロシアの軍事思想家たちが考えるようなエスカレーションにも繋がらなかった。例えば米国社会の混乱をさらに増幅させるために民兵や民間軍事会社を送り込むということをロシアはしなかったし、米国もまたサンクトペテルブルグにある偽情報工場を特殊部隊に急襲させるような挙には及んでいない。要は、米露が互いに軍事大国である以上は、公然たる戦争は（メッスネルが予見したとおりに）まず不可能なのであって、非軍事的闘争とはこうした軍事的均衡の下でこそ成立するということである。

この点は、バルトシやポポフといった新型戦争論者の議論からも明瞭に見て取れる。彼らによれば、ロシアには二種類の軍事力が求められるという。つまり、戦争を抑止するための古典的な軍事力と、その抑止下で行使される非公然介入能力（ウクライナへの介入で行使されたような諸手段・主体）である。これは、拡張された闘争概念を現実の軍事態勢に反映させたものと理解することができよう。

おわりに

本稿は二〇二二年初頭に書かれた。つまり、ロシア軍がウクライナ国境に続々と集結し、軍事的圧力を強化する最中のことである。この結論部を書いている時点で、集結したロシア軍の規模は約一三万人（約七〇個大隊戦闘団基幹）とされており、さらなる増援を待って侵攻作戦に踏み切るとの観測も盛んに流れている。その帰結がどうなったか、本稿執筆時点の筆者には知る由もないが、この二〇二二年危機は二つの意味で印象的であった。ロシアが非軍事手段よりも古典的な軍事手段を全面に出して圧力手段としたこと、そのような圧力を背景として、欧州の冷戦後秩序を書き換えるかのような要求（NATOの東方不拡大等）を行ったことがそれである。言い換えるならば、ロシアは二〇二〇年代においても「ユーラシア大国」であろうとしているし、その手段としての軍事力の価値も低減しているわけではない。

ただ、二一世紀という時代においては、軍事力がかならずしも古典的なそれと同様に用いられるとは限らず、非軍事手段の果たす役割も増大してきた。このような変化の中で現在までに形成されてきたのが新世代戦争理論と新型戦争理論であったわけだが、軍事戦略は不断の発展を遂げる「生き物」である。

二〇二二年という契機（そのように記憶されることになろう）を経たのちに、ロシアの軍事思想はどこへ向かうのであろうか。この点を、今後のロシア軍事研究における論点として提示した上で、本稿を終わりたい。

＊本稿脱稿後の二〇二二年二月二四日、ロシアによるウクライナ侵攻が開始された。大量の兵力と火力を投入する古典的な戦争であり、暴力闘争が依然として意味を失っていないことが改めて確認された事例であると言えよう。

註

＊1 冷戦後のロシアが抱いてきた以上のような認識は、既に多くの専門家によって指摘されている。これらの議論をまとめたものとしては、以下の拙著（特に第一章）を参照されたい。小泉悠『「帝国」ロシアの地政学』東京堂出版、二〇一九年。

＊2 *Хочешь мира, победи мятежевойну! Творческое наследие Е. Э. Месснера*, Российский военный сборник, Выпуск 21 (Военный университет, 2005). 〈http://militera.lib.ru/science/0/pdf/messner_ea01.pdf〉

＊3 В. И. Слипченко, *Войны шестого поколения: Оружие и военного искусство будущего* (Москва: Вече, 2002).

＊4 両名の著作は膨大な数にのぼるため、さしあたって以下の三本のみを紹介したい。С. Г. Чекинов,

"Прогнозирование тенденций военного искусства в начальном периоде XXI века", *Военная мысль*, No.7 (2010).; С. Г. Чекинов, С. А. Богданов, "Асимметричные действия по обеспечению военной безопасности России", *Военная мысль*, No. 3 (2010).; С. Г. Чекинов, С. А. Богданов, "Современные взгляды на систему знаний военной науки", *Военная мысль*, No. 8 (2012).

＊5 Игорь Попов, "Война – это мир" – по Оруэллу: Новый характер вооруженной борьбы в современной эпохе", *Независимое военное обозрение*, 11 April 2014. 〈https://nvo.ng.ru/nvo/2014-04-11/1_war.html〉; Александр Бартош, "Модель управляемого хаоса – угроза национальной безопасности России: Как противостоять негативным тенденциям в формировании нового миропорядка", *Независимое военное обозрение*, 12 July 2013.; И. М. Попов и М. М. Хамзатов, *Война будущего: концептуальные основы и практические выводы* (Москва: Кучково поле, 2018).

＊6 Mary Kaldor, *New and Old Wars: Organized Violence in a Global Era*, 3rd Edition (Cambridge: Polity Press, 2012).

＊7 А. В. Картаполов, "Доклад Уроки военных конфликтов, перспективы развития средств и способов их ведения", *Вестник академии военных наук*, Vol. 51, No. 2 (2015).

第八章

ヨーロッパの「グローバル戦略」の中のユーラシア外交

渡邊啓貴

はじめに　ロシアのウクライナ侵攻とEU

本章では、EUとNATOのユーラシア諸国との協力や東方拡大をめぐる諸問題への対応を議論する。EUには「ユーラシア戦略」というまとまった大方針があるわけではない。またNATOにもユーラシア戦略とはっきり銘打った政策はない。したがって本章の表題の「ヨーロッパのユーラシア外交」とは、欧州主要国とEU・NATOの中国・ロシア政策とユーラシア紛争地での対応を漠然と指している。

グローバル化と中国の台頭によって多極化が進む中で、ヨーロッパは世界規模での共同行動を必要とされてきていることは確かである。しかしEU加盟二七か国が外交政策を一致させることは容易ではない。またEUの共通外交安全保障・防衛政策をどこまで実現できるのか、というテーマは依然としてEUにとって大きな課題である。

本章で見るように欧州周辺の安全保障はOSCE（欧州安全保障協力機構）では不十分であり、NATO（北大西洋条約機構）との連携が不可欠である。しかし欧州諸国が真に実効性を持った主体的対応を可能にしていくには、独自の安全保障・防衛政策の拡充が必要条件でもある。それを目指しているのが、「戦略的自立」を強調したEUの「グローバル戦略」（二〇一六年）であり、その土台の下での「PESCO（常設軍事協力枠組み）」（二〇一七年）であり、「戦略的コンパス」（二〇二二年）である。

以下、本章ではEUの「グローバル戦略」とユーラシアとインド太平洋を一体化する「連結性」概念を手掛かりとして、その対中政策、NATO加盟をめぐるロシアとの摩擦などについて考察する。そこに欧州のユーラシアへの対応の方向性を見ることができるであろう。

1．EUのユーラシア外交の枠組み

多極時代のEUグローバル戦略――「戦略的自立」

戦後欧州統合は経済統合から始まったが、外交・安全保障面での統合は冷戦終結後の一九九二年に調印されたマーストリヒト条約（EU条約）において共通外交安全保障政策（CFSP）が発足して以来、紆余曲折を経ながらも前進している。

二〇〇三年末EU首脳会議で、ソラナ共通外交安全保障政策上級代表は『より善い世界における安全なヨーロッパ――ヨーロッパ安全保障戦略〔ソラナ報告〕』を発表した。この報告はEUが発表した初めての独自の安全保障戦略だった。EUの共通防衛政策の理念ともいうべきEUの「戦略」は「九・一一テロ」をきっかけにしたこの戦略によって大きな一歩を踏み出した。EUは平和維持や復興支援に重きを置きつつ、ある程度の軍装備を擁したスタンスを模索し始めたのである。

ソラナは、EUが「世界における戦略的なパートナー」の役割を果たすと同時に、多国間協力を重視し、イラク戦争開始時に見られたG・W・ブッシュ政権の単独主義を拒否した。そしてグローバルな脅威に備えて、「予防外交（プリベンティブ）」を強調し、「早期の迅速な、そして必要な場合には強硬な介入を育成していく《戦略文化》を発達させる」と説き、ヨーロッパの安全保障面での積極的姿勢を喚起しようとしたのである。二〇〇四年九月に発表されたEUの「人間の安全保障」ドクトリンはその新たな方向を示したものだった。
そして二〇一六年『EU外交安全保障グローバル戦略』は、EUの目標水準に沿って加盟国が平和執行、紛争予防、安定化及び能力構築支援、救助、避難、人道的支援などを含む軍事作戦の実施を企図し、「自立」を強く提唱した点が大きな特徴だった。『グローバル戦略』の中でEUは、「必要な場合には自立的行動」をとることを明記した。安全保障のためには「適度の野心と戦略的自主性が重要」であると主張したのである。
この「戦略的自立」とは、ドイツ国際安全保障戦略研究所（SWP）の報告書では「単独ないし共同で外交安全保障政策に優先順位をつけたり、決定を行ったり、制度・政治・物質的要求を満たす能力」「ルールを維持、発展あるいは創設すること、並びに自らを無意識裡に他国のルール下に置かないようにすること」と定義した。[*1]
二〇二一年三月末、ジョセップ・ボレル外交安全保障政策上級代表（EU外相）はEU公式サイトで「今日の世界は《二進法（二項対立・米ソ二極対立、筆者）》ではなく、《多極》なのだ」と断言し、欧州は防衛上の「対米依存」からも、経済的に過剰な「対中依存」からも脱し、自立すべきだと主張した。トランプ大統領時代の関税戦争やパリ協定・イラン核合意・INF条約からの離脱など絶え間ない摩擦に懲り、バイデン政権になってもまだ対米不信をぬぐえず、他方で不安定なアジアに対してきちんと対応していかねばならないというEUの独自の姿勢の模索である。[*2] 戦略的「自立」は英語の autonomy の訳語だが、「自律」と訳しているのをみかける。ここでは「自ら律する」という意味ではない。むしろそれはEUの意図するところと反対の意味である。

それは米中「G2」時代の中での欧州の「生き残り戦略」でもあるが、インド太平洋地域への関与拡大、そして「一帯一路構想」に対抗する「連結性（connectivity）」や「グローバル・ゲートウェイ」の背景にある発想だ。

「欧州・アジア連結性戦略」——勢力圏のつながり

ＥＵは二〇一八年九月、ＥＵとアジアの連結性に関する戦略「欧州とアジアをつなぐ——ＥＵ戦略の基礎要素（Connecting Europe and Asia - Building blocks for an EU Strategy）」（「欧州・アジア連結性戦略」）を採択したが、その基本戦略の中で、ＥＵは、「欧州方式」（European Way）として持続可能で、包括的かつ国際的なルールを基礎とする「連結性」を提唱した。具体的には公正で透明な競争、社会・個人の権利、環境保護、安全性というような規範を保証し、連結性の政策分野を、中国が力を入れる交通運輸分野に加えて、デジタル、エネルギー、人的交流という四つの政策分野にまで拡大する方針を示した。明言は避けているものの、これは中国の「一帯一路」構想に対するＥＵ側の対応策であった。ヨーロッパ、旧ソ連・ロシア・中央アジア、中国の三つの勢力圏のつながりだった。[*3]

ＥＵの「連結性」という考え方は、同年一〇月第一二回ＡＳＥＭ（アジア欧州会合）首脳会合で「連結性に関する行動計画」として採択され、二〇一九年四月第二六回日ＥＵ定期首脳協議での欧州・アジア連結性に関する協力の確認、同年六月のＧ20大阪サミットでの「質の高いインフラ投資に関するＧ20原則」にも反映された。一九年九月第一回「欧州連結性フォーラム」には安倍首相も出席、ＥＵにとって初めての第三国との連携性パートナーシップである「持続可能な連結性及び質の高いインフラに関する日EUパートナーシップ」文書に署名した（令和二年版『外交青書』）。

これは、日本とEUが、特に西バルカンや東欧やインド太平洋などの地域において、「開放性・透明性・包摂性・対等な競争条件」などの規範や、先の四つの分野でより包摂的な「連結性」概念に基づき、質の高いインフラ推進のための幅広い協力を規定したものであった。これによりEUは、開発における規範や包摂的な「連結性」概念を共有する日本と連携することで、中国による無分別な一帯一路の事業推進を牽制する姿勢をより前面に押し出したのである。

中国の「一帯一路」構想は、鉄道・道路建設などの交通インフラ建設事業を中心とした欧州とアジアの結びつきを強化する一面があったが、それは実際には大規模開発に伴う環境破壊、透明性や公平性に欠ける側面があった。また中国からの融資には、過剰な融資によって相手国を返済不能に陥れ、その資産の譲渡や売却を促す「債務の罠」と呼ばれる搾取性も見られたとしばしば指摘される。

そうした意味では、アメリカと違い、力ではなく、デモクラシー・市場経済の理念による合意を前提にした協力の範囲を拡大しようという自称「規範パワー」としてのEUの大きな役割はそこにある。またその点では、日本はアジアにおける安定したデモクラシー国であり、世界に大きな信頼を与えている国として大いに重要なパートナーである。

EU拡大の東方パートナーシップ

他方で、安全保障面では欧州とユーラシアのつながりは、ロシア関係とも絡んで微妙である。二〇〇四年に地中海・旧ソ連圏の東欧諸国を含む一〇か国の大規模なEUへの加盟が実現し（チェコ・ハンガリー・ポーランド・スロヴァキア・スロヴェニア・バルト三国・マルタ・キプロス）、その後二〇〇七年にはブルガリア・ルーマニア、二〇一三年にはクロアチアも加盟した。この一連の第五次拡大についで加盟候補国として挙げられてきたのが旧ソ連諸国だった。

EUは二〇〇四年に「欧州近隣諸国政策（ENP）文書」を発表した。ENPは、一九九八年にポーランドが提唱したEU東部地域の近隣諸国（ベラルーシ、ウクライナ、モルドバ、ロシア）との関係強化のための枠組みである「イースタン・ディメンション」を出発点とする。これが「ワイダー・ヨーロッパ」と呼ばれるようになり、地中海地域を対象とする「バルセロナ・プロセス」と一本化された政策がENPだった。

このENPの枠組みの中で、二〇〇九年にEUは地理的隣接性が強い旧ソ連欧州地域部三か国（ベラルーシ、ウクライナ、モルドバ）およびコーカサス三か国（ジョージア、アゼルバイジャン、アルメニア）との経済協力の枠組みである「東方パートナーシップ（EaP）」を締結した。二〇一四年ロシアのクリミア半島の併合によるウクライナ危機が勃発したが、その原因は「ユーロマイダン」の反政府運動＝EU加盟支持の示威行動が契機となった（後述）。

EUはロシアとは一九九七年「パートナーシップ協力協定」を発効させ、九九年には「対ロシア共通戦略」を採択した。第五次拡大によって、旧東欧諸国が加盟したことから、EUはロシアとは二国間枠組みでの協力を模索するようになった。二〇〇二年にはプーチン大統領がロシアの加盟を打診してきたこともあったが、二〇〇三年EUロシア首脳会議では「共通空間」（経済、自由・安全・司法、対外安全保障、研究・教育の四分野）が創設され、〇五年にはそのためのロードマップも採択された。共通空間戦略で合意したため、〇四年五月欧州委員会文書はロシアをENPの対象から外した。

EaPは二〇一六年一二月に中核的協力プラン「二〇二〇年に向けた二〇の成果（20 Deliverables for 2020）」を発表したが、創設一〇周年に当たる一九年五月にはブリュッセルでEUとのハイレベル会合を開催し、達成レヴューを行った。

会合では大多数の項目が達成されたと評価されたが、女性の権利の確立、独立したメディア、デジタル周波数の国家戦略策定、域内貿易の促進、腐敗・汚職防止、法制度改革、サイバー犯罪への対策（サイバー犯罪条約の完全履行）、天然ガス輸送ロス・温室効果ガスの削減、ビザ発行手続き簡素化に向けた協力、若年層への職業訓練などに課題があるとされた。

しかし参加六か国のEUとの関係は対露関係の影響を受けて一本化されているわけではない。EUとのDCFTA（包括的自由貿易協定）を含む連合協定に署名している親EU派のウクライナ、モルドバ、ジョージアに対して、ロシアが主導するユーラシア経済連合（EEU）に加盟するベラルーシ、エネルギー分野と国境紛争問題でロシアに依存するアルメニア、国境紛争をめぐって不満のあるアゼルバイジャンは合意採択を拒否したと伝えられる。[*4]

2.「連結性」を通したEUのユーラシア・インド太平洋戦略

「接近」と「警戒」の対中政策

冷戦の終結とソ連の崩壊以後、ユーラシアにおけるEUの最大のターゲットは中国である。とくに貿易・資本投資の対象としての中国の存在はEUにとって大きい。すでに冷戦時代の終盤、一九八五年に域内市場統合を提唱し始めた頃には、将来の中国市場を視野に入れた言動がEU（当時はEC）関係者の間ではうかがわれた。しかし軍事安全保障戦略上の中国に対する対応は、今般の米中対立の中で「中立」の姿勢である。

一言でいえば、欧州の対中姿勢は「警戒」と「接近」の両様戦略だ。そしてEUのインド太平洋戦略は「連結性」概念によって中国・ユーラシアを包含する「世界戦略」の一環として位置づけられているといった方が正しいであろう。そしてこのEUのユーラシア外交の帰着点は、インド太平洋戦略のもう一方の要であるASEAN（東南アジア諸国連合）との連携だ。EUはしばしば同じ地域統合を目指すASEANを重要なアジアのパートナーとみなす。EUはASEANの「中心的存在性（centrality）」を強調する。つまりユーラシア大陸の内陸路とその周縁海路で挟むようにして東西を一体化させる外交・経済戦略を構想する。それはまさしくユーラシアにおいて、「連結性」を通して中国の「一帯一路」構想に対応していくものである。[*5]

「一帯一路」構想に対する「警戒」

筆者自身は二〇一〇年頃からEUの対中論調がどこで変化するのかと注意して見守っていた。それまで筆者は、なぜ中国の負の実態を欧州のメディアがほとんど論じないのかといぶかっていたからである。その変化はやはりメディアでは二〇一三年前後であったと思う。つまり習近平国家主席が「中国の夢」を語り、「一帯一路」構想が公にされた頃だった。フランスの著名な週刊誌などが中国特集を組み、「少子・老齢化社会」「経済・社会格差」を論じ始めたのがこの頃だったからである。

中国はユーロ圏危機に際して多額の支援を行い、EUから大きな期待感を持って迎えられていたが、二〇一二年には「16＋1」（二〇一九年にギリシャが加わって「17＋1」、二〇二一年五月にリトアニアが離脱して現在は「16＋1」）という形で中国が旧東欧圏のEU加盟国に接近していた。それが欧州にとって、EUの連帯に楔を打ち込むものと見えないはずはなかった。その後欧州各国のシンクタンクは中国の実態を分析することに力を入れ始めたように筆者は思う。英独仏西、ポーランド各国の代表的シンクタンク・グループ「欧州の中国研究シンクタンク・ネットワーク」も結成された。[*6]

明示的な大きな政策上の変化は、EUが二〇一九年三月に『EU・中国戦略展望』という対中戦略を公開したことであった。その中で中国を、①交渉相手、②経済的競争者、③システム・ライバルと性格づけた。とくに、中国を「システム・ライバル」と性格づけたことは大きな注目を浴びた。まさに価値観や考え方の違いを明確にした、EUからの中国への牽制であった。EUの警戒感が顕在化した。

二〇二一年三月二二日、EU外相理事会は、人権侵害を理由に新疆ウイグル地区の政府関係者四人と1団体を対象とした制裁を採択した。EUの対中制裁は天安門事件直後以来約三〇年ぶりだ（ただし、注意しておかねばならないのはこの制裁は中国だけを対象としたのではなく、ロシア・北朝鮮・南スーダン・リビア・エリトリアの政府関係者、ミャンマーの国軍クーデターの首謀者に対する包括的制裁であった）。同年五月には前年末に「大筋合意」していた中国・欧州連合（EU）包括投資協定の批准を欧州議会は見送った。

経済的利益重視の中国への「接近」

他方で欧州諸国は冷戦時代から将来の有力な貿易・投資市場として中国の存在を重視していた。一九八五年に相互に最恵国待遇を適用する広範囲な分野での協力を定めた新しい通商条約（『ＥＣ・中国間の貿易および経済協力協定』）が締結された。その後、「天安門事件」による一時的な緊張関係の時期はあったものの、一九八九年末になると、西欧諸国は中国への接近策を取り始めた。西欧諸国は広大な市場としての中国の魅力に屈して人権・政治問題を棚上げにし、経済関係の進展を積極化させたのであった。

冷戦終結後、一九九五年に欧州委員会は「新アジア戦略」を作成し、同年『中・欧関係の長期政策（A Long Term Policy for China - Europe Relations）』、九八年には、コミュニケ『中国との包括的パートナーシップの構築（Building a Comprehensive Partnership with China）』を採択した。これは、ＥＵの対中関係のレベルアップを目的とする提言であり、対中政策の実質的な出発点となった。

二〇〇六年一〇月には、欧州委員会は『ＥＵ・中国：一層密接なパートナー、大きくなる責任感』というコミュニケと、『貿易と投資に関するポリシー・ペーパー』を採択した。イラク戦争をめぐる米国との対立が中国とＥＵを引き寄せた一面もあった。中国経済の著しい成長はもはや無視できなくなってきていた頃だが、中国はＥＵ主導の全地球航法測位システム「ガリレオ計画」参加とユーロ支援（ユーロの外貨準備増額）によって、米欧西側体制に楔を打ち込もうとしたのである。

しかし二〇〇四年、ＥＵが旧東欧圏諸国に拡大したことは、ＥＵと中国との関係に影を落とした。ＥＵはアメリカのヘゲモニーに対抗するパートナーとみなすには限界があると中国は考えるようになったからだ。つまりＥＵの東欧拡大は東欧諸国を西側に取り込むアメリカの戦略にＥＵが同調したことを意味した。NATOの東方拡大に追随するEUの東方拡大だった。事態を修復するために、二〇〇五年一二月にはEUと中国間の「戦略対話」が設置された。

しかし二〇〇九年から深刻化したユーロ危機は、こうしたEUと中国との摩擦改善の好機となった。中国は米英とは対照的にユーロに好意的な対応を示した。二〇〇九年三月、中国人民銀行総裁は新しい外貨準備通貨としてユーロ支援を繰り返したが、二〇一一年夏には中国の外貨準備の三〇%はユーロとなった。中国はこのユーロ危機においてポルトガル・アイルランド・ギリシャの債権を購入し、下支えをしたがユーロ債購入に四四〇〇億ユーロの出資を行った。ユーロを支えることでEUが中国とともにアメリカのヘゲモニーのバランサーとなることを中国は欲したのであった。

他方で、EUは米中対立も米中二極体制（G2）も望まない。EUの影響力後退につながるからだ。二〇二一年六月のNATO首脳会議では、メルケル独首相が「中国は多くの問題でライバルだが、同時に多くの点でパートナー」と語り、マクロン仏大統領も「中国は北大西洋（NATO）とは無関係」だと論じた。

「ステークホルダー」としての欧州のインド太平洋戦略

二〇二一年には英独仏蘭の艦隊群がインド太平洋地域を訪問、各地で沿岸諸国と軍事演習を行って話題を集めた。欧州が中国包囲網に加担してくれるようになったと歓迎する向きも強かった。確かにこの地域の海上安全保障に欧州が関心を強め、その協力者としての証を示そうとしたことは事実だ。しかしそれらの諸国には、中国に対する敵対意識とその包囲網に加わる意思はない。

欧州主要国のインド太平洋戦略を象徴的に示したのが、九月の空母「クイーンエリザベス」を旗艦とする英国空母打撃群（CSG21）の横須賀来航だ。そしてCSG21ほど騒がれなかったが、それに先立って五月中旬にフランス陸海軍が来航し、本格的な共同訓練（敵の手に落ちた離島奪還を目的とする日米仏三か国の合同訓練）を日本国内ではじめて実施した。その後ドイツ艦船も来日した。

こうした各国の艦船のアジア派遣に先立って、各国はインド太平洋戦略を発表していた。「グローバル・ブリテン」を打ち出しBrexitを決定した英国は、二〇二一年三月に『競争的時代のグローバル・ブリテン、安全保障・防衛・開発・外交政策の統合レヴュー』を発表した。フランスはすでに二〇一三年の段階でインド・太平洋をめぐる議論を開始していたが、二〇一八年六月に『フランスとインド太平洋地域における安全保障』、二〇一九年五月–六月に『インド・太平洋におけるフランスと安全保障』、『インド・太平洋におけるフランスの戦略《包摂的なインド・太平洋を求めて》』を発表した。基本的なインド太平洋地域の認識は英国と共有するが、もともとフランスはニューカレドニアに海軍基地を持ち太平洋に大きな利害関心を持っている欧州の国だ。ドイツ政府も二〇二〇年九月に『インド太平洋ガイドライン』を公表したが、ドイツの関心はこの地域での国際規範の確立と経済的利益だ。英仏のような軍事防衛的な関心は弱い。ドイツは公式に「インド太平洋」という表現を使うことにも消極的であったが、それはこの言葉が中国包囲網という意味をもつことを懸念していたのである。ドイツの最大の目的はインド太平洋地域でのドイツ中心のビジネスネットワーク形成の新たな摸索だ。

そしてEUもインド太平洋における共通政策として、二〇二一年九月半ばに「EUインド太平洋協力戦略」を発表した。それは日米が主導する「自由で開かれたインド太平洋」戦略と軌を一にする。いずれも欧州のインド太平洋戦略の強化である。しかし注意しておかなくてはいけないのは、それは対中包囲網形成のために米国のアジア太平洋の同盟網に加わるということではない。とくにドイツはそのインド太平洋戦略が「反中国同盟」の一部ではないことを力説する。欧州では中国が米国を凌駕するのも時間の問題と真剣にとらえる向きも強く、米中関係では「中立」を主張してきたが、二〇二〇年末のECFR（欧州外交評議会）の調査でも米中対立には「中立」を支持する人が六〇％だ。欧州は「新冷戦」と呼ばれる米中二極対立に巻き込まれたくないというのが本音だ。

日欧安全保障協力の強化を推進することは決して悪いことではない。しかし欧州が急に日米同盟の対中包囲姿勢に変わったように論じる向きがあるが、それは誇張であり、我田引水である。ただし、欧州主要国がインド太平洋における経済・安全保障上の安定を望んでいることも確かである。米中ばかりに任せてはおけない。この地域の利益確保のためには欧州もそれなりのプレゼンスを示しておく必要がある。つまり米中と同様にこの地域における利害の「ステークホルダー」の地位を誇示したいというのが欧州の本音だ。[*7]

アフガニスタン危機と新連結性

二〇二一年、欧州主要国は米国の撤退直前の二〇二一年八月末に退避作戦終了を宣言した。しかしそれは各国間の不統一と将来に禍根を残す不完全な撤退となった。フランスは四月にバイデン米大統領が「九月には米軍をアフガンから撤収する」と発言したのを受けて、五月から現地関係者の退避を開始、八月二七日までに約三〇〇〇人（内二六〇〇人はアフガン人）をフランス本国に退避させることに成功した。これに対して、英国は一万五〇〇〇人の退避を実施したが、米国との関係に縛られて退避の判断が遅れたためアフガン人八〇〇〜一一〇〇人、英国人一〇〇〜一五〇人を置き去りにすることになった。ドイツは、カブール政府の陥落は九月末までないとみていたため、八月中旬になってからの退避活動となり、ドイツに出国できた人数は当初約二〇〇〇人だけだった。EU各国の政策の不統一だった。

そもそも九・一一後のアフガニスタン支援の取り組みは、二〇〇一年一二月のアフガン復興会議のボン合意に始まり、EUはその復興には積極的に対応していた。今日のアフガンで国際社会の対応の基礎となっているのは、二〇〇六年一月末のロンドン会議（CFSP）で採択されたアフガニスタン支援国会議の決定（アフガン・コンパクト Afghanistan Compact）と暫定アフガニスタン国家開発戦略（i-ANDS: interim Afghanistan National Development Strategy）である。

同年一〇月のEU合同評価任務報告書（Joint EU Assessement Mission Report）では、アフガニスタンでの「法の支配」に関する厳しい状況について報告がなされ、翌年二月に理事会はアフガニスタンでのEU警察ミッションのための危機管理概念（Crisis Management Concept）を承認、六月にはアフガニスタンでのEU警察任務活動（EUPOL）が開始された。このミッションは、人権を尊重し、法の支配の枠組みにおける活動を行う現地でのアフガン警察活動の強化を目指したものとされた。EUの活動は基本的にUNAMA（国連アフガニスタン支援ミッション）の枠組みで活動し、NATO主導のISAF（国際治安支援部隊）や米国と協力する。

EU諸国は熱心にアフガニスタン復興に対応してきただけに、二〇二一年八月のタリバンへの政権移行には大きな危惧を抱いたのである。欧州への影響は、先ず大量の難民の流入と現地での人権擁護だった。実際に各国のアフガン撤収以前にすでにパキスタンとイランには五〇〇万人がアフガニスタンからのがれていたが、翌年にかけて予想されたパニック状態の拡散は免れている。

第二の大きな懸念は、アフガニスタンからの米欧諸国の撤退がユーラシアの地政学的バランスの不安定化を促進する可能性だ。九・一一直後の有志連合のアフガン攻撃以後、一五万人のISAF兵力を派遣したドイツをはじめとしてEUは多くの兵力を送ってきた。二〇一九年六月からはEUAPSM-I（EUアフガニスタン平和支援メカニズムI、二〇年一二月まで）によって資金援助、平和支援のための技術・分野別・兵站（へいたん）支援などを実施、その後は二二年六月半ばまでにその延長であるAPSM-IIを実施する予定だった。[*8]

ユーラシア・コネクティヴィティ

EUはアフガン地域の重要性を認識し、支援してきた。EUにとってその中央アジア・ユーラシア政策の要にアフガニスタンがあるからだ。二〇二一年七月中旬にはタシュケントで中央・南アジアコネクティヴィティ会議が開催された。アフガンでのタリバンの攻勢が強まっている時期だったが、そのひと月後に首都カブールがタリバンの手に落ちることになるとはまだ予測されていない時期だ。

アフガニスタンを含むこの地域の安定・安全保障・繁栄をいかに実現し、その中にアフガニスタンを統合していけるのか、アフガニスタン情勢はそのための重要なカギを握るとこの会議は結論付けていた。タリバンの政権掌握後の麻薬密売・過激派の活動の活発化など治安悪化・軍事支配の強化・女性の権利の制限など懸念材料はいくつもあった。近隣諸国の不安感は増幅していた。

さらにアフガニスタンと隣接する中央アジア五か国（カザフスタン、ウズベクスタン、トルクメニスタン、タジキスタン、キルギス）は地政学的にユーラシア連結の中枢に位置する。二〇〇七年の「EUと中央アジアの新しいパートナーシップのための戦略」を嚆矢として、EUは民主化推進、人権・グッドガバナンス、安全保障・テロ対策、エネルギー・インフラ運輸部門での支援協力を進めている。EUは「中央アジアにおけるEU戦略」を二〇一九年に採択し、気候変動・環境・保健・水・人権・国境管理能力など様々な部門でのEUとこの地域の協力の必要性を説いていた。この地域は人口一億一四〇〇万人を擁し、EUとの貿易額は二二〇億ユーロ（二〇二〇年）を占め、EUにとっても重要な経済相手地域ということができる。二〇二一年一一月には「sustainable and inclusive connectivity」のための会議を開催した。[*9]

3. NATO東方拡大に収斂した欧州安全保障の「捩じれ」とウクライナ危機

冷戦終結後の欧州安全保障体制——米欧露関係の蜜月から角逐へ

ロシアのウクライナ侵攻を経た今日、日米の論調ではしばしば「米欧vsロシア」という対立構図で論じられるが、そもそも冷戦終結は欧露の接近の産物だった。一九八七年四月、プラハでの演説でゴルバチョフソ連大統領は「欧州共通の家」構想を発表した。その意味では当初、欧州安全保障はNATOと切り離されていた。そこで強調された主張は、ルネッサンスと啓蒙主義、一九世紀と二〇世紀の偉大な哲学的・社会的教えを共通の遺産として結ばれる文化的・歴史的統一体としての「大西洋からウラルまで」の地域（欧露）であった。もちろん、ゴルバチョフはこの概念がロシアの米欧分断策と解釈されることを懸念して、「アメリカの役割を過小評価するものではない」と加えて念を押していた。

一九八九年秋以後の急速な「冷戦の崩壊」の過程の中で、ヨーロッパの平和の新秩序への関心が高まり、九〇年一一月に、七五年のヘルシンキ会議以来一五年ぶりにCSCE（全欧安全保障協力会議）首脳会議がパリで開催され、パリ憲章が調印された。ロシア・旧ソ連・東欧諸国と北米を含むCSCE（一九九五年欧州安全保障協力機構（OSCE）に発展的改組）は新しい欧州安全保障秩序の包括的機構として新たにその存在がクローズアップされることになった。「ポスト冷戦時代」の欧州安全保障体制は「形式的には」CSCEを最も大きな枠組みとする重層構造を想定して始まった。

パリ憲章では、冷戦終結後の欧州安全保障の理念と体制について合意された。（一）ヨーロッパの東西対立と分断の終焉、（二）民主主義の強化、（三）武力行使・威嚇の自制、（四）不戦条約とCFE（通常戦力軍縮）条約の調印とドイツ統一の歓迎、（五）CSCE事務局（プラハ）・紛争防止センター（ウィーン）・自由選挙事務所（ワルシャワ）を常設することなどが定められた。

一九九二年七月の「ヘルシンキ文書92」は、ユーゴスラヴィア、ナゴルノ・カラバフなどに見られる民族紛争が多発する現状に警鐘を発し、CSCEが北大西洋条約機構（NATO）と協力関係にあることを明記し、平和維持機能を備えた機構への改編を強調した。民族紛争の早期解決を図るための「少数民族高等弁務官」と軍備管理・軍縮・信頼醸成・安全保障確立に関する交渉の場としての「CSCE安全保障協力フォーラム（FSC）」の設置、CSCE紛争防止センターの強化なども定められた。地域紛争への対応が急務であることが認識されたわけである。こうして冷戦後の欧州安全保障体制の大きな枠組みが整った。武力行使の自制をはじめとして軍縮や信頼醸成・紛争防止措置などの安全保障制度の構築だった。

しかしユーゴスラヴィアや旧ソ連コーカサス地域をめぐる紛争は依然として燻り続け、エスカレートしていった。こうした中で開催された九四年一二月のブダペスト首脳会議は、東欧・旧ソ連圏に至るユーラシアの安全保障体制の前途に不安を抱かせるものであった。この会議で採択された「ブダペスト文書」は、（a）CSCEの機能強化のための欧州安保協力機構（OSCE）への発展的解消、（b）独自のPKOの兵力派遣、（c）国内紛争への派兵を認めた「安全保障の軍事・政治的な側面に関する行動規範」、（d）信頼醸成機能の強化、（e）CFE条約の完全履行と新たな軍縮枠組、（f）二一世紀の欧州安全保障モデルの検討などを謳っていた。

それはCSCEの安全保障機能を一層強化し、機構の拡充を意図したものだったが、この会議ではもはやポスト冷戦の希望に満ちたそれまでの首脳会議の高揚感は失われていた。上記文書の政治宣言には「CSCEの諸原則とコミットメントが効果を上げていない」という認識が示され、その後の欧州安全保障協力に影を落としていた。[*10]

NATO拡大とロシア

ブダペスト首脳会議で示されたこの悲観論の背景には、CSCEの安全保障体制への不信とNATOの存在価値の回復があった。旧ソ連内や旧ユーゴにおける地域紛争の混迷、そうした不安を受けたNATOの東方拡大への機運の高まりとそれに対するロシアの抵抗、とくにNATO拡大をめぐっては、クリントンとエリツィン米露両大統領の間で激しい応酬があった。一九九六年一二月のOSCEリスボン首脳会議でも、OSCEを欧州安保の最重要機関としたいロシアとNATO重視のアメリカが対立した。欧州諸国の中では、OSCEを国際法上の基盤を持った国際機関にしようと欲したフランスが国連憲章に対応する「欧州安全保障憲章」の採択を主張したが、アメリカに拒否された。

NATO拡大の議論は東西ドイツ統一の時からすでに始まっていた。一九九〇年七月、NATO首脳会議はワルシャワ条約機構諸国をもはや「敵とはみなさない」と主張する「ロンドン宣言」を採択した。この宣言は、統一ドイツのNATO帰属をソ連に承認させるための条件づくりがその主眼だったので、NATOの先制攻撃放棄、ワルシャワ条約機構に対する相互不可侵共同宣言、短距離核兵器の役割の減少と欧州にある全ての核砲弾の撤去、前方防衛戦略放棄と柔軟対応戦略の修正を表明した。NATOが軍事機構として東側に対する脅威ではないことを印象づけようとしたのであった。

さらにワルシャワ条約機構解体（一九九一年七月）後の九一年一一月のNATO首脳会議（ローマ）は、軍事面での「新戦略概念」を採択したが、「新戦略概念」の最大のポイントは、ソ連・東欧・中東などの不安定情勢に対応するための危機管理型の緊急展開軍を重視したことであった。そして中・東欧諸国の改革支援のために、NATOとこれら諸国との親密化を提案した。具体的には、旧ソ連・東欧諸国とNATOの閣僚レベルでの年間協議「北大西洋協力評議会（NACC）」の新設、大使レベルでのNATOとの定期協議を行うことだった。NACCは旧東欧諸国のNATOへの早急な新規加盟はロシアを刺激するという懸念から設立されたのである。

一九九三年一〇月には、アスピン米国防長官がNATO国防相会議において「平和のためのパートナーシップ」（PFP）の提案を行った（九四年一月NATO首脳会議で正式に承認）。これは、加盟国の拡大ではなく、NATOが、旧ソ連や東欧諸国のNATO加盟を望む国との間で個別に、（a）合同軍事演習、（b）軍の文民統制、（c）共同の平和維持活動や災害救助などに関する協定を締結するというものであった。PFPは旧東欧諸国のNATO加盟に反対するロシアとの妥協的な暫定措置だったが、提案と加盟を望むこれらの国々の説得に積極的に労を費やしたのはアメリカであった。

エリツェン大統領は一九九三年にポーランドのNATO加盟を一旦容認しながら。その後の発言は揺れた。一九九四年一月の米露首脳会談ではエリツィンはPFP協定を評価、ロシアの参加を一旦表明したが、その後国内の反対派への配慮や同年四月ロシアに事前通告なしにNATO軍がボスニア・ヘルツェゴヴィナのセルビア人勢力地域に対して空爆を行ったことを不満として調印を渋った。NATOは、ヨーロッパの安定にはロシアの協力は不可欠という立場から軍事大国としてのロシアの特別な地位を認め、PFPの枠外でロシアと安保問題での協議を提案したので、最終的に九四年六月、ロシアはPFP基本文書に調印した。[*11]

NATO加盟拡大に収斂した安全保障体制の論理矛盾

冷戦が終結してソ連が崩壊し、旧東側の集団防衛機構ワルシャワ条約機構が解体したのだから、NATOも不要だという議論は冷戦終結後にあった。一九九〇年NATO首脳会議で米軍の撤退を主張する独仏首脳に対して、当時、G・ブッシュ大統領（父）が「誰のおかげで冷戦を乗り切ることができたのか」と声を荒らげたというエピソードも伝えられた。しかしその後、欧州側の紛争処理や対抗措置は奏功したとはいえなかった。

たとえばWEU（西欧同盟、EUの共通防衛政策部門へ発展的解消）によるセルビアに対する海上封鎖は成果を上げていなかったし、九五年ボスニア紛争はアメリカの空爆の結果としてのデイトン合意で一段落した。そうした事例は西欧諸国の無力を露呈することになった。「力の解決」の前にOSCEによる安全保障体制構築の期待は小さくなっていった。

湾岸戦争や旧ユーゴ・ソ連の民族地域紛争の解決の見通しが立たず、CSCEが有効な手段を持ちえないことが露呈してくる中で、NATOは息を吹き返したのである。国連憲章に基づいた武力制裁のための「本来の国連軍」の設立が不可能である以上、それに代わる危機管理・紛争解決のための部隊は冷戦後も依然として不可欠であり、NATOのほかにはその役割を果たすことができないと考えられるようになったのである。そして欧州安全保障体制の建設はNATO加盟国の拡大をめぐる議論に集約されていった。

そうした中で、ロシアに対する脅威を払拭することができないポーランドやハンガリーなどの旧東欧諸国やロシア近隣諸国は、NATOへの加盟を望んだ。一九九七年ポーランド・チェコ・ハンガリーの中欧三か国（NATO・ロシア憲章〔基本文書〕で決定）、二〇〇二年スロヴァキア・スロヴェニア・ルーマニア・ブルガリア・エストニア・ラドヴィア・リトアニアの中東欧七か国がNATOに加盟することで合意した（それぞれの加盟は九九年と二〇〇四年）。しかしNATOの東方拡大は、ロシアにとって脅威でしかなかった。「NATO・ロシア基本議定書（一九九七年）」では、旧東西陣営間の相互協力、NATOとロシアは互いを敵とみなさないこと、NATOが新加盟国に核兵器や新たな常駐兵力を配備しないことを定めていた。また冷戦時代に合意しなかったが、冷戦終結後の一九九〇年一一月に合意したCFE（通常兵器削減）交渉は東西の軍備配備分布であったが、NATO東方拡大後九九年にあらためてACFE（CFE連合条約）を結び、九七年当時の国境を尊重した。ロシアはACFEに従って一部兵器を撤収し、同条約を批准してジョージアから全駐留軍を撤兵したが、アメリカの意向を受けてNATOはこの条約をついに批准しなかった。

冷戦が終結したにもかかわらず、西側の「集団防衛機構（NATO）」への加盟が冷戦終結後の「集団安全保障体制」の基軸だという論法が次第に一般化した。ウクライナを含む旧東欧・ソ連諸国が、NATOに加盟するか否かという選択の議論が先行するようになった。信頼醸成措置や軍縮などを駆使して敵対的な関係をつくらず、相互信頼に支えられた平和秩序を構築するための法制度的枠組みが本来の安全保障体制であり、OSCEの狙いだったが、現実には潜在敵に対抗する集団防衛の方向に欧州安保の議論は収斂していった。それは東西対立という敵対関係の中でのかつての「集団防衛体制」の形成こそが、東西対立終結後の「集団安全保障体制」構築の前提であるという論理矛盾だった。冷戦が終結しても「対立構造」は潜在化していたのである。[*12]

どこまで本気であったかは分からないが、冷戦時代から集団安全保障体制を強調してきたのはそもそもソ連・ロシアの方であった。それは戦略核兵器で劣る弱者の論理でもあったが、軍備管理とNATO優先の発想はロシアにとって自分に対する敵視の議論に見えたのは確かであろう。欧州安全保障体制の要は依然として「力の平和」の論理のままだった。しかもアメリカはNATO東方拡大を急いだ。

このように欧州安全保障体制の源に、防衛と安保の議論が捩じれた関係があった。冷戦後の欧州安全保障体制をめぐる議論において旧東西陣営間の相互不信感が依然として燻り続けていた原因もそこにあった。そして西欧諸国は危機のたびにEUの共通防衛政策の強化を提唱してきたが、依然としてその歩みは遅々たるものだ。

勢力圏の狭間の小国ウクライナの選択――EUとNATO加盟

二〇一四年ウクライナ危機の発端は、ウクライナがEU加盟準備段階となるEU欧州連合協定を締結する動きを見せたことにあった。しかしこれに対して二〇一三年一一月にロシアの圧力を受けたヤヌコヴィッチ大統領が欧州連合協定を拒否したことから事態は混乱の様相を呈し始め、ウクライナでは親露派と親欧派の対立がエスカレート、翌年二月二四日、ついにヤヌコヴィッチ政権は崩壊、二七日親欧派による暫定政権が成立した。この時はウクライナのEU加盟が問題であった。

これに対して、二〇二二年二月二四日に始まったウクライナ戦争は、ウクライナのNATO加盟をめぐるロシアとの摩擦であった。ウクライナとベラルーシはともに旧ソ連の共和国であり、すでに述べたとおりNATOはこの両国の隣国まで拡大していた。この両国がNATOに加盟すれば、ロシアの領土が直接NATO加盟国の領土と接することになる。

ロシアはこうした事態に反発した。これに対してウクライナは、二〇一四年の時とは変わって国民の多数派がNATOへの加盟を希望するようになっていた。二〇一四年にロシア軍が侵略して占領した東部二州における紛争が続いていたからであった。この地域をめぐる独仏露ウクライナ間の停戦合意（ミンスク合意）は履行されないまま、双方で相手の違反を非難し合う局面がその後も続いた。

二〇二一年四月と一一月にロシア軍はウクライナ国境付近に軍を集結し、軍事訓練を繰り返した。そして一一月以後、ロシアは二〇万人規模にまで増兵してウクライナに圧力をかけ、ついに戦闘の火蓋が切られた。当初の予想に反してロシア軍は東部地域だけではなく、首都キーウや南部地域にも進軍し、ウクライナ全土に脅威を与えたのである。ロシアの要求は、ウクライナがNATOに加盟しないこと、中立にとどまること、またNATO軍の配備はNATOの東方拡大の一九九七年の状態にまで戻すことという歴史を覆す無理な要求であった。

この過程で執拗にウクライナのNATO加盟は不可避であると間接的な表現でそれを繰り返したのは米国だった。さすがの独仏もウクライナ国民の期待が大きいNATO加盟を否定することはできなかったが、ロシアの開戦の意志が堅固であるのなら、いったんNATO拡大を保留することもウクライナの選択肢だと、主張したのはマクロン仏大統領であった。メルケル独首相は独露経済関係を慮って戦争を回避するために慎重な交渉役の姿勢を取り続けたが、二一年一二月にショルツ新政権に代わると、ドイツのロシアに対する説得力も弱まっていった。勢力圏の狭間で国民的な意志の力を示そうとしたゼレンスキー・ウクライナ大統領は西側からの大きな支援を頼みにロシア軍に抗戦したが、NATO加盟の実現の見通しは大きくない[*13]。

紙幅の関係で詳しい説明は略すが、ロシアによる二回のウクライナ危機に共通していたのは、米欧の大国主義的外交であった。オバマ・バイデン両米大統領はいずれの場合にも、事前に米軍の直接介入がないことを伝えていた。これはプーチン大統領の軍事力行使を誘導したとみられたが、他方でウクライナの妥協をもたらすことにもならなかった。ヨーロッパは外交的解決に終始し、武力介入の意志は当初よりなかった。基本的には経済制裁と軍事物資を含む支援が米欧の基本的姿勢だったが、それには限界がある。

おわりに

「グローバル・ゲートウェイ」

二〇二一年一二月、EUは新連結性戦略として「グローバル・ゲートウェイ」を発表した。それに先立つ九月にはフォン・デア・ライエン欧州委員会委員長が恒例の施政演説で、アフガニスタンの急変に合わせて、新アフガニスタン支援パッケージ・欧州防衛同盟・新連結性戦略として「グローバル・ゲートウェイ」の作成について公表していた。この戦略は本章で述べてきたように、ユーラシアを中心にインド太平洋も視野に入れた世界の「連結性」強化に向けた国際パートナーシップの呼びかけであると同時に、中国に対抗するEUの「一帯一路」政策でもある。

本章冒頭で触れた二〇一八年のEUとアジアの連結性に関する戦略を反映したものでもあった。ジョセップ・ボレルEU外務・安全保障政策上級代表兼欧州委員会副委員長は、「世界におけるより強い欧州とは、私たちの基本原則に根ざしたパートナーとの強固な関係を意味する。『グローバル・ゲートウェイ』戦略は、国際的に受け入れられた基準、ルールおよび規制に基づいてつながり合うネットワークを広げて公平な競争の場を提供するというEUの構想をあらためて確認するものだ」と述べた。

二〇二一年から二七年の間に、EU機関およびEU加盟国が欧州投資銀行（EIB）や欧州復興開発銀行（EBRD）などの金融・開発支援機関と連携した「チーム・ヨーロッパ」が、民間企業とも協力しながら、各分野で最大三〇〇〇億ユーロの投資を行う予定だ。欧州の価値と標準に沿ったデジタル移行、グリーン移行に向けたエネルギーの連結性、安全な運輸ネットワークなどが対象だが、支援先のニーズを考慮し、現地社会に恒久的な利益をもたらすプロジェクトの実現を目指す。

「グローバル・ゲートウェイ」では、EUがインフラ投資に関するニーズに対して、相手国の事情を配慮して押し付けたり、債務の罠のリスクを放置しない。「グローバル・ゲートウェイ」は、投資の主要規範として「民主的価値と高い水準を促進」「グリーンでクリーンなインフラ」「良きガバナンスと透明性」「対等なパートナーシップ」「安全を重視」「民間部門の投資を促進」の六点を定める。[*14]

繰り返す欧州緊急展開部隊の模索

EUはグローバルな影響力ある行動主体を目指す、ひとつの地域圏（勢力圏）である。しかしウクライナ戦争はEUないし独仏西欧主要国が目指す欧州安全保障体制の限界をも示していた。NATO同盟をめぐる議論に収斂していった点がその大きなポイントであった。EUは自らを「規範パワー」と称して、「ハードパワー」よりも理念や道義による影響力の拡大を提唱する。しかしそれには限界がある。

アフガン問題では、結局欧州は何もできないというのが欧州の指導者の本音だ。欧州の無力感は強い。ウクライナ戦争の場合は人道的支援から武器供与まで欧州の支援は一歩進んだが、ロシアの侵攻はもともと米欧、とくに欧州諸国が実効的なウクライナ支援になす術をもたないという前提に立ってのことであった。事実、EUには紛争対応が可能な実践能力に欠けている。

ボレルEU外相は二二年五月に「EUは米国がかかわる意思のない時に、自らの利益を守るために介入する能力がなければならない」と発言し、欧州統合軍設立への強い意志を表明した。それは事あるごとに議論される欧州の課題だ。アメリカは西欧のこの点での成果のない議論にはすでに辟易気味だ。それがトランプ大統領の欧州NATO加盟国の防衛費のGDP比二%以上への引き上げの要求だった。今この基準を満たしているのは英国やポーランドなど一部の国しかいない。フランスはマクロン大統領になってから二%近くまで達したが、ドイツがその決断をしたのはウクライナ紛争勃発後、二一年からメルケル政府を襲ったショルツ政府になってからであった。

欧州統合軍の最近の実態的な拡充についてはアフガニスタン陥落直後の二〇二一年九月上旬にスロヴェニアで開催されたEU防衛閣僚会議で議論が始まり、ウクライナ戦争開始後の二二年三月には「戦略的コンパス」も発表された。EU緊急部隊派遣が大きなテーマだ。

実はEUの統合部隊形成には歴史がある。一九九八年、英仏首脳会議が欧州共通防衛政策で合意した翌年、EUは欧州共通防衛政策を採択し、二〇〇三年までに五万人の緊急展開部隊を設立することを決定した。イラク戦争の渦中での二〇〇三年には「欧州戦闘グループ（一五〇〇人規模の部隊）」の設立も決定した。しかしいずれもいまだに実現していない。そうした中でマクロン仏大統領の肝煎りで二〇一七年にはPESCO（常設軍事協力枠組み〈EU常設軍〉）の設立が決定し、四六の研究開発プロジェクトが発足した。PESCOは一九五〇年代戦後の欧州統合が出発した時からある、「政治統合」「欧州防衛軍」の数々の試みによる紆余曲折を経たうえでの大きな成果である。

欧州統合軍の実体は危機管理部隊だ。「戦略的コンパス」で発表された内容の目玉は、五〇〇〇人規模の緊急介入部隊の創設だ。それは二〇二一年の初めには独仏を含む一四か国の合同旅団結成の決定が行われたことを受けている。歴史的に欧州の自立した軍隊については賛否両論ある。いわゆるNATO派と西欧派の対立である。後者は独仏が中心だったが、アフガニスタンからの米欧の撤退以後はオランダやイタリアも積極的だ。これに対してNATOとの協力で十分だとするのが、バルト・東欧諸国である。二一年九月の閣僚会議でもチェコ防衛副大臣は「アフガン後にこの議論（統合軍）をするのはタイミングではない」と否定的な発言を行っていた。

「戦略的コンパス」は危機に対する迅速で断固とした「行動」、早い変化に対する市民の「安全」、必要な能力とテクノロジーへの「投資」、共通目標を達成するための域外国との「パートナー（連帯）」とその概念を説明する。NATOとは一線を画して、敵との戦いよりも安全保障体制の擁護に重点がある。*15

EUは「規範パワー」としての影響力を強めようとしている。しかし経済科学技術の日進月歩の中で、米国・中国と並ぶ地位を維持することは容易ではない。ユーラシアにおいては中国との関係とこの地域全体の不安定な事情にどのように対応していくのか。暗中模索である。とくに政治社会的不安定の事態に対して「規範」の主張だけでは影響力を持てないことも確かだ。その意味では秩序安定に貢献できる防衛協力の手段も不可欠だ。近代世界の指導勢力であった西欧大国の威光は、理念とともにその発展した近代技術によって支えられていた。しかしもはやその時代ではない。世界にそのプレゼンスを示すためのヨーロッパの試行錯誤はまだまだ続く。

註

＊1 *Shared Vision, Common Action: A Stronger Europe A Global Strategy for the European Union's Foreign And Security Policy*, June 2016, https://eeas.europa.eu/archives/docs/top_stories/pdf/eugs_review_web.pdf, Annegret Bendiek' Raphael Bossong, *Shifting Boundaries of the EU's Foreign and Security Policy A Challenge to the Rule of Law* SWP Research Paper 2019/RP 12, September 2019, 28 Pages, https://www.swp-berlin.org/en/publication/shifting-boundaries-of-the-eus-foreign-and-security-policy/

拙稿「世界の中の欧州をどう見るか——EUの新たな「世界戦略」」日本国際フォーラムJFIR『World Review 特集「欧州政治のリアル」』vol4. 二〇二一年六月、六－二〇頁。同「多極化時代の『戦略的自立』を模索するEU」『海外事情』二〇二一年九－一〇月号、六四－八五頁。同（防衛省RIPS委託レポート）「EUの安全保障政策とBREXIT」二〇一九年三月。

＊2 Barbara Lippert, Nicolai von Ondarza and Volker Perthes (eds.) *European Strategic Autonomy Actors, Issues, Conflicts of Interests* SWP Research Paper 4 March 2019, Berlin

拙稿「欧州の戦略的自立と新世界戦略」『金融財政ビジネス』二〇二一年四月二二日、Daniel Fiott "Strategic autonomy: towards 'European sovereignty' in defence?" *Brief Issues*, EU Institute for Security Studies November 2018.「日本とEU、連結性とインフラに関するパートナーシップを締結」二〇一九年一〇月八日。EU MAG Vol. 75（二〇一九年九・一〇月号）

＊3 *Connecting Europe and Asia - Building blocks for an EU Strategy*_2018-09-19.pdf (europa.eu) BRIEFING EPRS European Parliamentary Research Prospects for EU-Asia connectivity The 'European way to connectivity' April 2021, https://www.europarl.europa.eu/RegData/etudes/

Briefing Paper, No2/2021 European Institute for Asian Studies, Manuel Widmann, The EU Connectivity Strategy, August 2021.

＊4　東野篤子「拡大と対外関係」、「西バルカン・トルコへの拡大と欧州近隣諸国政策」植田隆子編『ＥＵスタディーズ１　対外関係』勁草書房、二〇〇七年。「ＥＵの東方パートナーシップ（EaP）政策の展開」『ロシア・ユーラシアの経済と社会』二〇一九年一月

＊5　Igor Driesmans (EU Ambassador to ASEAN), "ASEAN at the Centre of EU's Indo-Pacific Strategy" in *an official EU website* Jakarta, 19/04/2021 https://eeas.europa.eu/headquarters/headquarters-homepage/96853/asean-centre-eus-indo-pacific-strategy-opinion-article-eu-ambassador-igor-…, "EU, ASEAN natural partners with common agenda", opinion article by EU HRVP Josep Borrell Brussels, 14/06/2021, https://eeas.europa.eu/headquarters/headquarters-homepage/100006/"eu-asean-natural-partners-common-agenda"-opinion-article-eu-hrvp-josep…　拙稿「【欧州】「自立」を世界戦略に――インド太平洋へ積極関与の欧州」*Janet e-World*. 二〇二一年五月二五日。https://janet.jiji.com/apps/contents/searchstory/20210525/865

＊6　本書、三船恵美第六章参照。拙稿「ＥＵの対中国政策」『平成十二年度防衛省委託研究報告書「中国の対外政策」』霞山会二〇〇一年。欧州各国シンクタンクのネットワーク協力の成果に基づいた拙稿「ヨーロッパから見た「中国の夢」――中国の新たな国際秩序構想にどう対応するのか」『東亜』二〇一六年七月、「ＥＵのインド太平洋戦略と今後のポイント」六月一四日、ＪＦＩＲコメンタリー。http://www.gfj.jp/j/panel/europe/210614wh.pdf

＊7　拙稿「ＥＵの戦略的自立の模索」『ＶＯＩＣＥ』二〇二一年一二月。JOINT COMMUNICATION TO THE EUROPEAN PARLIAMENT AND THE COUNCIL *The EU strategy for cooperation in the Indo-Pacific*, 16.9.2021. European Council on Foreign Relations, Ivan Krastev, Mark Leonard, *THE CRISIS OF AMERICAN POWER: HOW EUROPEANS SEE BIDEN'S AMERICA* Ivan

Krastev, Mark Leonard January January 2021

＊8 *Building on success The London Conference on Afghanistan, The Afghanistan Compact*, London 31 January-1 February 2006. *EU Afghanistan Peace Support Mechanism II* 11/4/2021, https://eeas.europa.eu/delegations/afghanistan/96444/eu-afghanistan-peace-support-mechanism-ii_en. Council of Europe, *Council conclusions on Afghanistan* 21/9/2021. 拙稿「アフガニスタンにおけるＥＵの復興支援活動」ＲＩＰＳ（平和安全保障研究所）外務省委託研究『国連による平和維持・構築活動と地域機構の連携』、報告書二〇〇八年。
Central and South Asia: Connectivity and the need for a stable Afghanistan 21/07/2021 EEAS Website (europa.eu)

＊9 *Connecting Europe & Asia: The EU Strategy* 26.09.2019 https://www.eeas.europa.eu/eeas/connecting-europe-asia-eu-strategy_en
The EU's new Central Asia strategy, https:/www.europarl.europa.eu/RegData/etudes/BRIE/2019/633162/EPRS..., *Council conclusions on the New EU Strategy on Central Asia* https://www.consilium.europa.eu/media/ 39778/ st10221-en19.pdf (europa.eu)

＊10 吉川元『ヨーロッパ安全保障協力会議（ＣＳＣＥ）――人権の国際化から民主化支援への発展過程の考察』三嶺書房、一九九四年、玉井雅隆『欧州安全保障協力機構（ＯＳＣＥ）の多角的分析――「ウィーンの東」と「ウィーンの西」の相克』志學社、二〇二一年。拙稿「ポスト冷戦下の新しい秩序を模索するヨーロッパ」長谷川雄一・高杉忠明ほか共著『冷戦後の国際政治』芦書房、一九九八年

＊11 広瀬佳一編著『冷戦後のＮＡＴＯ』ミネルヴァ書房二〇一二年、筆者前掲同書

＊12 Wolfgang Richter, *NATO-Russia Tensions: Putin Orders Invasion of Ukraine* SWP Comment 01.03.2022, 8 Pages Complete text (HTML): https://www.swp-berlin.org/en/publication/nato-russiatensions-putin-orders-invasion-of-ukraine 広瀬佳一編著『現代ヨーロッパの安全保障』ミネルヴァ書房、二〇一九年。拙稿「ゆれるＮＡＴＯ」『海外事情』二〇〇三年四月。

＊13 拙稿「米欧同盟とウクライナ――小国の犠牲の上に成立する大国の妥協」『ユーラシア研究』二〇一四年一一月、「ウクライナに見る危うい外交ゲーム」『ＶＯＩＣＥ』二〇一四年五月、「ウクライナ戦争の真因は何か～米国とロシア、２つの安全保障観の摩擦」『論座』二〇二二年四月三日

＊14 ＥＵ ＭＡＧ「世界のインフラ投資を推進するＥＵの「グローバル・ゲートウェイ」」 European Commission, *Global Gateway* https://ec.europa.eu/info/strategy/priorities-2019-2024/stronger-europe-world/global-gateway_en

＊15 EU Exteranal Action *We need to increase European defence capabilities, working better together* 22.05.2022 *A Strategic Compass for the EU - European External Action Service* https://eeas.europa.eu/headquarters/headquarters-homepage/106337/strategic-compass-eu_en EU Exteranal Action *The Strategic Compass is out: now we have to implement it* 25.03.2022, https://www.eeas.europa.eu/eeas/strategic-compass-out-now-we-have-implement-it_en. 拙稿 前掲論文（＊１）、二〇一九年。同「ＥＵ共通外交安全保障政策の現状」『海外事情』二〇〇八年四月。同「地域集団防衛から安全保障グローバル・ガバナンスへ」グローバル・ガバナンス学会編『グローバル・ガバナンス学Ⅱ』法律文化社、二〇一七年。同「トランプ政権からバイデン政権への米・ＥＵ関係」須網隆夫・21世紀政策研究所編『ＥＵと新しい国際秩序』日本評論社、二〇二一年。

第九章

大国外交を多面化するインド

広瀬公巳

はじめに

本稿は、アフガニスタンから撤退したアメリカとの関係や、ウクライナ危機で改めてロシアとの紐帯が注目されるインドのユーラシアでの立ち位置と役割を考察するものである。

最初にインドの地理的特徴を確認する。インドはユーラシア大陸において東西の中央部に位置しながら、外部世界との陸のつながりの多くは北西方面に向いていた。これは、北と東は山に、南は海に囲まれたインドの今に続く独立性・閉鎖性を形作る視点であり、インド世界の広がりの多くは今もこの範型に沿っている。

インドはその後、大英帝国の時代、独立、冷戦期と、ユーラシアでの立ち位置を変化させてきたが、アフガニスタンを舞台とした国境を超える過激思想やテロの拡散は、従来は現地アクターとしての存在がなかったアメリカの南アジアへの進出を呼び、これを機に、陸地の地政の強い制限を受けてきたインドが、広域のユーラシアの安定にとって格段に大きな重要度を持つことになった。その変化の大きさを対テロ戦二〇年の米印の二国関係から確認する。

さらにウクライナ危機で、ユーラシアにおけるインドの重要性を改めて認識させることになったのが、ロシアとの深い関係である。陸続きの国ロシアと長年の紐帯の強さを、軍事面でのつながりを深めた経緯からみておく。

最後に、こうした点を踏まえ、海と陸、価値と歴史、日米印と中ロ印という、ユーラシアの対立軸の結節点として、外交を多面化させるインドと、これからの対インド外交について考える。

1．ユーラシアの中のインド

インド亜大陸は、ゴンドワナ大陸から分離し北に移動を続けた大陸塊がユーラシア大陸に衝突して形成され、大陸移動の際に世界の屋根たるヒマラヤ山脈が隆起してできた。この地理的に高い壁はインドの北や東への拡張を阻み、デカン高原があるインド半島がインド洋に逆三角形のような形で突き出しているため南部は海に囲まれるという形となった。東西に長く広がるユーラシアの中央部に位置しながら、インドは海と山に閉ざされた地形から大陸の他世界への進出が難しい国であった。

インドの地形

大陸の移動が作った高低差のある地形は多様性のある国土を作った。北は東西に広がる八〇〇〇メートル級の山々、北東部では南北に走るアラカン山脈が人流の大きな壁となり、中国文明とインド文明を隔てた。南はインド洋に囲まれ、外部世界に通じる主な経路は北西部のパンジャブ地方やラジャスタン地方など現在のパキスタンやアフガニスタン方面から西のイランや北の中央アジアに通じる方面に制限されることになった。アラビア海などを舞台とする海の交易の歴史はあるものの、この陸の特徴的なつながりはインドの地政学的意味を考える上で留意すべき大切な点である。

人の移動という観点からは、アーリア系民族が南ウラル地方から中央アジアやイラン、アフガニスタ

図1　インドの地形

南はベンガル湾、アラビア海を含むインド洋に囲まれ、北側は東にヒマラヤの壁があり外界との接触が閉ざされている。ムガル帝国は北西に開いた地域に形作られた

ンを経てインダス河上流地方に侵入し、インダス文明の担い手となったとされるドラヴィダ系民族がインダス河流域から南部へと移動した。インドの人々は、ヒマラヤ山脈とインド洋に囲まれた閉ざされた空間で生き延びることが必須要件とされ、逆にその域内においては外界からの影響に振り回されることなく、孤立のうちに独自の世界を構成することが可能であった。これは近隣の地域からの発展の恩恵を得られないという面はあるものの、北アメリカが海に囲まれ外からの侵入を警戒するコストが比較的小さかったのと同様に、インドの大国としての台頭を可能にしてきた要因にもなっている。

ムガル帝国

このようなユーラシアにおけるインドの地政学的意味を改めて想起させてくれるのがムガル帝国である。帝国は一五〇〇年代初期から一七二〇年代までインドと中央アジアの一部を結ぶ領域に版図を拡大するなど支配的な勢力となった。白い大理石が有名な世界遺産タージ・マハルは、五代皇帝シャー・ジャハーンが出産後に死去した皇帝の妻の弔いのためにヤムナ川ほとりのアーグラに建てた霊廟で、ペルシャやトルコ、モンゴル様式の建築にインド式のものが融合し、宗教・文化面で寛容さと当時の文化的広がりを知ることができる。

ムガル帝国の版図は現在のアフガニスタンのカブールからインド亜大陸のほとんどを含むものとなり、それ以前のデリー・スルタン朝よりも長く効果的な支配を行った。[*1] ムガル帝国は海洋王国としての繁栄も築き、三代皇帝アクバルは現在のグジャラート州のアーメダバードに進軍し、アラビア海を通じて陸の産物を世界に向けて運ぶ出口を確保している。

北西方面の陸の連結性から海へとグローバルにつながるインドの地理的条件の今日的な意味と可能性について、ロバート・カプランは著書の中で、アフガニスタンとパキスタンを一体のものとしてとらえる視点や、イスラム世界への広がりにも言及しながら次のように述べている。

「実際のところ、ムガル帝国のこの広大な地域は、ネガティブな意味では越境テロ攻撃の蔓延、ポジティブな意味では道路・パイプラインの建設などによって、最終的にシンド州とグジャラート州、中央アジアと亜大陸、そして再び南アジアと中東全域をつなげる、新しい「統一状態」を達成するかもしれない」[*2]

2. アフガニスタンからの米軍撤退

インドは、大英帝国による支配とそこからの独立、さらに非同盟、冷戦期を経て、二一世紀に入り陸の連結性でも海からの進出でもない、過激思想やテロの拡散という新しい局面を経験した。同時多発テロとアフガニスタンでのアメリカ軍の軍事行動・駐留という事態への対応を迫られたのである。南アジア地域での自国の直接の拠点を持たないアメリカが、対テロ戦を進めるため地域大国インドの協力を必要としていたからだ。アフガニスタンと国境を接するのはアメリカと対立するイラン、ロシアの勢力圏にある中央アジア諸国、そしてイスラム過激派の制御ができないパキスタンという状況の中で、印米は二〇年の長きにわたりアフガニスタンの国造りに努めた。

インドの対米外交

二〇〇一年の同時多発テロ以降、アメリカが対テロ戦を続けた二〇年間に米印は急速に接近した。南アジアに強い拠点を持たないアメリカにとってインドの協力はアフガニスタンでの軍事作戦を進める上で重要であったし、勢力を拡張する中国の対抗勢力にしたいとの思惑もあった。インドはそのアメリカから巧みな外交で実に様々なものを得てきた。

まずジョージ・W・ブッシュ大統領は、インドの核実験（一九九八年）に対する制裁を、事実上アフガニスタンでの軍事作戦に協力することと引き換えに解除した。その後、米印の原子力協定が結ばれ、インドを特別扱いして事実上の核保有国として認める今の体制が出来上がっていった。

そしてバラク・オバマ大統領の時代には、「ペルソナ・ノン・グラータ（好ましからざる人物）」としてアメリカへの入国を拒否されてきたインドのナレンドラ・モディ首相の訪米が実現した。ビザが発給されていなかった理由には、インド国内の宗教暴動の際に大勢のイスラム教徒が殺されるのを黙認したというアメリカ側の判断があった。だが、実際に訪米してみると一転して大歓迎をうけた。この時期は、急速な経済成長を遂げるインドがパキスタンに水をあけ、アメリカのパートナーとしての南アジアの地域大国の存在感を強めていった。

ドナルド・トランプ大統領は当初、対インドの巨額の貿易赤字を問題視し、ハーレーダビッドソンのオートバイなどアメリカ製品に課す関税を引き下げるよう求めた。その自国中心の強硬姿勢はインドとの関係を悪化させた。しかし二〇二〇年の訪印の際には、中国とロシアに対抗する形でインドに武器を売却、イランに対抗する形でのエネルギーの商談も成立させた。さらにトランプ大統領は、パキスタンがテロを支援していると非難して援助を停止し、モディ政権が二〇一九年二月にパキスタンで行った空爆については、インドの自衛権だとして理解を示した。このパキスタンへの軍事行動は大いに国威を発揚し、アメリカからのお墨付きを得たナレンドラ・モディが総選挙で大勝し再選を決めることになった。

アフガニスタンへの投資

こうしたアメリカの接近に対し、インドも積極的なアフガニスタン支援を行った。インドはアフガニスタンに対して二〇年間に道路、橋、学校、診療所などの建設に三〇億ドルを投資している。インド国営企業「水利・電力開発コンサルタント（WAPCOS）」は、アフガニスタン西部ヘラート州に電力を供給する「アフガニスタン・インド友好ダム」を設計・施工。無償援助で総工費九〇〇〇万ドルの国会議事堂の建設にはインドのラジャスタン州から採石された大理石が用いられ、二〇一五年の完成を祝うカブールでの式典にはモディ首相が自ら出席した。

「インド国境道路公団（BRO）」は、イラン南部のチャバハール港からパキスタンを経由せずにカブールにつながる道路の整備にも取り組んだ。ムンバイの港からアフガニスタンを経由して中央アジアに抜ける貿易ルートは「中国パキスタン経済回廊（CPEC）」に対抗する上でインドにとっても重要なものであった。

しかしタリバンによるカブール制圧で事態は一変し、インドもアフガニスタンからの撤収を決め、空軍輸送機が避難する人々を運んだ。大使館やアフガニスタン各地に設けられた領事館から外交官たちもインドに帰国した。ロシアや中国、パキスタンなどが大使館を閉鎖しなかったのに対し、インドは拠点の確保からやり直さなければならない。アフガニスタンのガニ大統領が国外へ逃亡し、カブールに入ったタリバンが主要施設を制圧し勝利宣言を行ったのは、インドでは七五回目の独立記念日だったアメリカがアフガニスタン政府とではなくタリバンと交渉して米軍の撤退を決めたことも、インドにとっては不本意なことであっただろう。インドは直接的な対米批判は行っていないが、米軍撤退が地域でのインドの負担や責任を増す結果になっている。[*3]

地域大国となったインドにアメリカは、対テロや対中国の役割を期待している。同時多発テロ事件とアメリカの報復攻撃から二〇年を経て、タリバンがアフガニスタンを支配するようになったことをめぐり、インド国内では安全保障や外交戦略に及ぼす影響について悲観的な見方が多い。[*4]

テロを警戒するインド

二〇二一年九月、タジキスタンの首都ドゥシャンベで開かれた上海協力機構首脳会議（ＳＣＯ）でモディ首相は「タリバンによる支配は包摂的ではなく、政権交代は話し合いもなく行われた」と述べた。アフガニスタンが再びテロリストや過激派の温床となることに強い警戒感を示し、タリバン政権の承認には正当性を慎重に見極めると強調した。パキスタンのイムラン・カーン首相がタリバン政権に期待を寄せたのと対照的な立場であった。

インドは同時多発テロの二年前にイスラム過激派による旅客機の乗っ取り事件を経験している。ネパールのカトマンズからニューデリーに向かっていたインディアン航空八一四便が武装した五人組にハイジャックされた。同機はアフガニスタン南部のカンダハルに着陸、インド政府は乗客の安全と引き換えに国内に収監していたパキスタン人イスラム過激派幹部の釈放を余儀なくされた。

このとき当時のタリバン政権は、乗っ取り犯と過激派幹部がパキスタンに戻るのを認めた。そしてイスラム過激派は二〇〇一年十二月、インドの国会議事堂を襲撃する。その後も、日本人も犠牲になった二〇〇八年のムンバイ同時多発テロなど、インドはイスラム過激派の動きに非常に神経をとがらせてきた。

特に最近は、ヒンドゥーナショナリズムの高まりがイスラム教徒の反発を生んでいる。二〇一九年八月にイスラム教徒が多数を占める北部ジャム・カシミール州の自治権を剝奪する憲法改正が成立し、同年十二月にはイスラム教徒を排除する形で、不法入国者に国籍を付与する市民権法改正法が成立した。これに対しインド国内のイスラム教徒は、差別的・抑圧的だとして抗議活動が活発化した。一方で、ヒンドゥー教徒がイスラム教徒を襲撃する事件や警察との衝突も相次いだ。

これは世俗国家の理想で宗教間の対立を鎮静化しようとするインドの国の形の根幹にかかわる問題である。それだけにインド政府は、テロ組織の扇動によって宗教対立が拡大するのを警戒している。越境テロに悩まされてきたインドは、アフガニスタンがそうした不穏な動きを見せる過激派の避難所になることを怖れているのである。

インドにとって、さらに心配なのがパキスタンの動きだ。インドがアフガニスタンの支援を積極的に行ったのは、インドからみてパキスタンの背後にある国は親インド政権であってほしかったからである。越境テロリストを送り込む懸念があり、核兵器まで保有しているパキスタンを牽制するには挟み撃ちの圧力をかける必要があった。しかしタリバンにはパキスタンが影響力を行使し、そのパキスタンには、インドと国境紛争で対立する中国が影響力を行使するという形になっている。だからこそ、アメリカ軍の撤退はインドにとっては大きな後退だった。

インドとアメリカは陸、空、海軍基地を互いの兵站に使用できる合意を結ぶなど、軍事的な関係を強めているが、軍の存在がなくなった今アフガニスタン国内の事情はまったく見えない状態になっており、米印がテロ対策を進めるのも以前に増して難しくなっている。

イスラム過激派ネットワークはユーラシア全域に広がる。アフガニスタンやイラン、パキスタン、インド、バングラデシュから、東南アジアのインドネシア、マレーシア、タイ南部、フィリピンにも及ぶ。現代の「グレートゲーム」を考える上でおそらくはヒマラヤよりも高い壁となっているのが、このテロ対策と地域ガバナンスの問題である。アメリカの政治学者ケント・E・カルダーは次のように指摘している。

「中央アジアに近接し、冷戦時代から確立された関係をもっていたにもかかわらず、インドはソ連の解体から恩恵を受けなかったアジアの主要国のひとつである。カザフスタンのような中央アジア諸国との商業関係は大幅に進展したが、中国が経験した爆発的な増大と比較すればそれは穏やかなものだった。（中略）インドは中央アジアに地理的には近いが、パキスタンやアフガニスタンを含む、非常に不安定なイスラム諸国の間に位置している。二〇〇一年以降続くアフガニスタン紛争と中国のパキスタンとの緊密な関係も、より西方にある国々へのインドの様々な試みをいらだたしいほど難しくしている[*5]」

インドは地政学的な制約から北西方向を唯一の出口として「閉ざされた国」であり続けたのであるが、そうでありながらも、非常に重要なユーラシアのアクターであることを認識させたのが、ウクライナ危機の中で浮き彫りになったロシアとの紐帯である。

3. ロシアとの紐帯

二〇二二年二月二四日に国連安全保障理事会に提出されたロシアのウクライナ侵攻を非難する決議案の採択で、二五日、一五か国中、一一か国が非難決議に賛成しロシアが孤立する中、インドは中国などとともに棄権に回った。印ロの結びつきの強さを特に軍事面から確認しておく。

ロシアはインドにとっての最大の武器調達国。空母「ヴィクラマディティヤ」はロシア海軍から譲り受けたものを改装、超音速巡航ミサイル「ブラモス」はロシアと共同開発、そしてロシア製地対空ミサイル「S400」は二〇二一年一一月にインドへの供給が始まった。中国やパキスタンと国境紛争を抱えるインドにとってロシアは、国土への侵入を防ぐための高性能の兵器や装備を、弾薬や部品とともに提供し、保守やシステムの更新まで行ってくれる貴重な存在である。モディ首相、プーチン大統領はほぼ毎年、相互に相手国を訪問し良好な関係を維持し、同年末の首脳会談では今後一〇年間の軍事技術協力や兵器の共同生産に合意している。

インドがソ連（ロシア）と密接な関係を深めるきっかけになったのは、一九六二年の中印国境紛争での敗戦とその翌々年の中国の核実験だ。国産の武器を作る力がなかったインドに、ソ連の武器が流れ込んでいった。一九六五年の第二次印パ戦争で、アメリカがパキスタンに戦闘機F104を供与したのに対し、ソ連はインドにミグ21を提供している。中国よりソ連と結ぶ道を選択したインドは一九七九年のアフガニスタン侵攻を非難せず、ソ連側も一九七一年の第三次印パ戦争でインドの軍事行動を止める国連決議に拒否権を行使した。冷戦時代に社会主義の経済体制をとっていたインドの製品は品質が悪く国際競争力を持たなかったが、ソ連はそのインド製品を購入して武器を調達する資金を提供した。

武器の調達だけではない。一九九八年、インド人民党が核実験を強行するとロシアはインドを強くは非難せずアメリカや日本などが課した経済制裁の列に加わらなかった。

筆者がNHKの記者としてデリーに駐在していた二〇〇〇年には、アメリカのクリントン大統領と、大統領に当選したばかりのプーチン氏が相次いで訪問した。インドと「戦略的パートナーシップ」を結んだプーチン大統領は、インドと商業用原子炉輸出契約を取り交わした。核技術の分野でソ連時代と同じようにロシアがインドに深く関与する姿勢を示し、その証としてインドのタラプル原子力発電所への燃料の供給に動いた。これは単なる燃料の提供ではなく、核実験の制裁で孤立していたインドに対していち早く事実上の「核保有国」としての特別な地位を承認するという意味があった。

インドは防衛装備の調達先をヨーロッパやアメリカに多国籍化してきており、ロシアもパキスタンへの武器売却に動いているが、核保有国としての両国の共感や、長年の武器取引の信頼にもとづく結束は決して甘くみるべきものではない。

表　共和国記念日　暦年のゲスト一覧

インド共和国記念日招待主賓		
2003年	モハンマド・ハータミー	イラン大統領
2004年	ルイス・イナシオ・ルーラ・ダ・シルバ	ブラジル大統領
2005年	ジグミ・シンゲ・ワンチュク	ブータン国王
2006年	アブドゥッラー・ビン・アブドゥルアズィーズ	サウジアラビア国王
2007年	ウラジーミル・プーチン	ロシア大統領
2008年	ニコラ・サルコジ	フランス大統領
2009年	ヌルスルタン・ナザルバエフ	カザフスタン大統領
2010年	李明博	韓国大統領
2011年	スシロ・バンバン・ユドヨノ	インドネシア大統領
2012年	インラック・シナワトラ	タイの首相
2013年	ジグミ・ケサル・ナムゲル・ワンチュク	ブータン国王
2014年	安倍晋三	日本の首相
2015年	バラク・オバマ	アメリカ合衆国大統領
2016年	フランソワ・オランド	フランス大統領
2017年	ムハンマド・アブダビ皇太子	アラブ首長国連邦
2018年	10か国の首脳	ASEAN・東南アジア諸国連合
2019年	シリル・ラマポーザ	南アフリカ大統領
2020年	ジャイール・ボルソナーロ	ブラジル大統領
2021年	新型コロナウイルス感染拡大により	招待主賓なし
2022年	中央アジア５か国の首脳の予定が変更となり	招待主賓なし

中央アジアとの関係

現在のインドからの北西への広がりにはパキスタンとアフガニスタンという二枚の壁があり、インドはその先にある中央アジア諸国と関係強化を図っている。化石燃料に乏しいインドは資源が豊富な中央アジア諸国との関係を重要視しており、「TAPI（トルクメニスタン、アフガニスタン、パキスタン、インド）天然ガスパイプライン」構想の構成国にもなっている。タジキスタン、ウズベキスタン、トルクメニスタンの三か国はアフガニスタンと国境を接しているため、アメリカ軍撤退後の地域協力を進める上で重要な存在となっている。二〇二一年暮れにはインド・中央アジア対話の第三回外務大臣会合がニューデリーで開催され、貿易と経済協力を確認した。中央アジア五か国の外相は、モディ首相を表敬訪問し、インド各紙は、二〇二二年のインドの共和国記念日の主賓は中央アジア五か国の首脳になると報じた。

一月二六日の共和国記念日はインドの祝日で、一九五〇年のこの日にインド憲法が発布されたことを祝う。八月十五日の独立記念日や十月二日のガンディー生誕記念日とともにインド国民にとって最も重要なものとなっている。軍の壮大なパレードが行われる式典には外国の首脳が主賓として招かれることが慣例となっており、式典への招待はインド国外の首脳に贈られる最高の栄誉とされている。二〇一八年には東南アジア諸国連合（ASEAN）十か国の指導者がまとめてゲストとして招待され、インド外交の多極化と地域大国としての影響力の確立を示した。共和国記念日への中央アジア諸国の主賓参加は新型コロナウイルスの感染拡大で見送られたが、インドを含む六か国はオンラインでの首脳会議を記念日の翌日の一月二七日に開催し、アフガニスタン問題など広範なテーマについての協力を確認した。[*6]

モディ首相は二〇一五年にすべての中央アジア諸国を訪問し接近を続けてきた。中国は中央アジア五か国と同様のオンライン形式による国交三〇周年記念の首脳会議を行っている。

4．多面化するインドの外交

以上みてきたように、ユーラシアの中の重要な位置にありながら、陸の孤島として国内のインド世界に閉じこもっていたインドはユーラシア世界の将来を左右する大国としての存在感を強めている。

一九六〇年代までは非同盟、そしてそれに続く印ソの同盟に近い関係が基軸にあり、一九九〇年代にはソビエト連邦の解体を受けインド外交は対米重視にシフトしていった。二〇〇〇年代に入ると新興経済国がBRICsとして注目を集め、インドの外交もグローバル・プレーヤーとしての大国を意識するものに変化した。植民地からの独立、非同盟、地域大国、超大国へと拡大の一途をたどっている。

二〇一二年に公開された報告書『非同盟2.0――二一世紀におけるインドの外交戦略政策』は、自国の基本対外政策を文書に示さないインドが長期的な外交指針として大国を志向する路線を示したものとして注目された。二〇一四年の総選挙で勝利したインド人民党は、綱領で「卓越したインド」を掲げた。そして二〇一八年のインド独立記念日の式典では、モディ首相が「眠っていた象が起き上がって走り出したことに世界が驚いている」と語った。

大国化する今後のインドがユーラシアにおいてどのような役割を果たすことになるのかについて、筆者は「二つの三角形」を考えてみたい。

一つは印米日の三角形である。民主主義と法の支配の理念を基調とするもので「海」を舞台にした連携の動きが注目される。もう一つは印中ロの三角形である。こちらは歴史と土地の支配の現実を基調とするもので「陸」を舞台にした駆け引きが注目される。インドはこの二つの三角形のいずれの頂点にもなっている。

まず一つ目は、印米日の三角形である。三角形の各辺を見ると、インドは日本との間では東南アジアを介した地理的な近接性を持っている。そしてアメリカとの間では地理的な遠隔性が故の外交的な接近があり、具体的には原子力協力、情報通信、印僑などのつながりがある。印米を結ぶこの辺は先述のア

図２　ユーラシアをめぐるインドの立ち位置概念図
――印米日、印中ロの二つの三角の共通の頂点

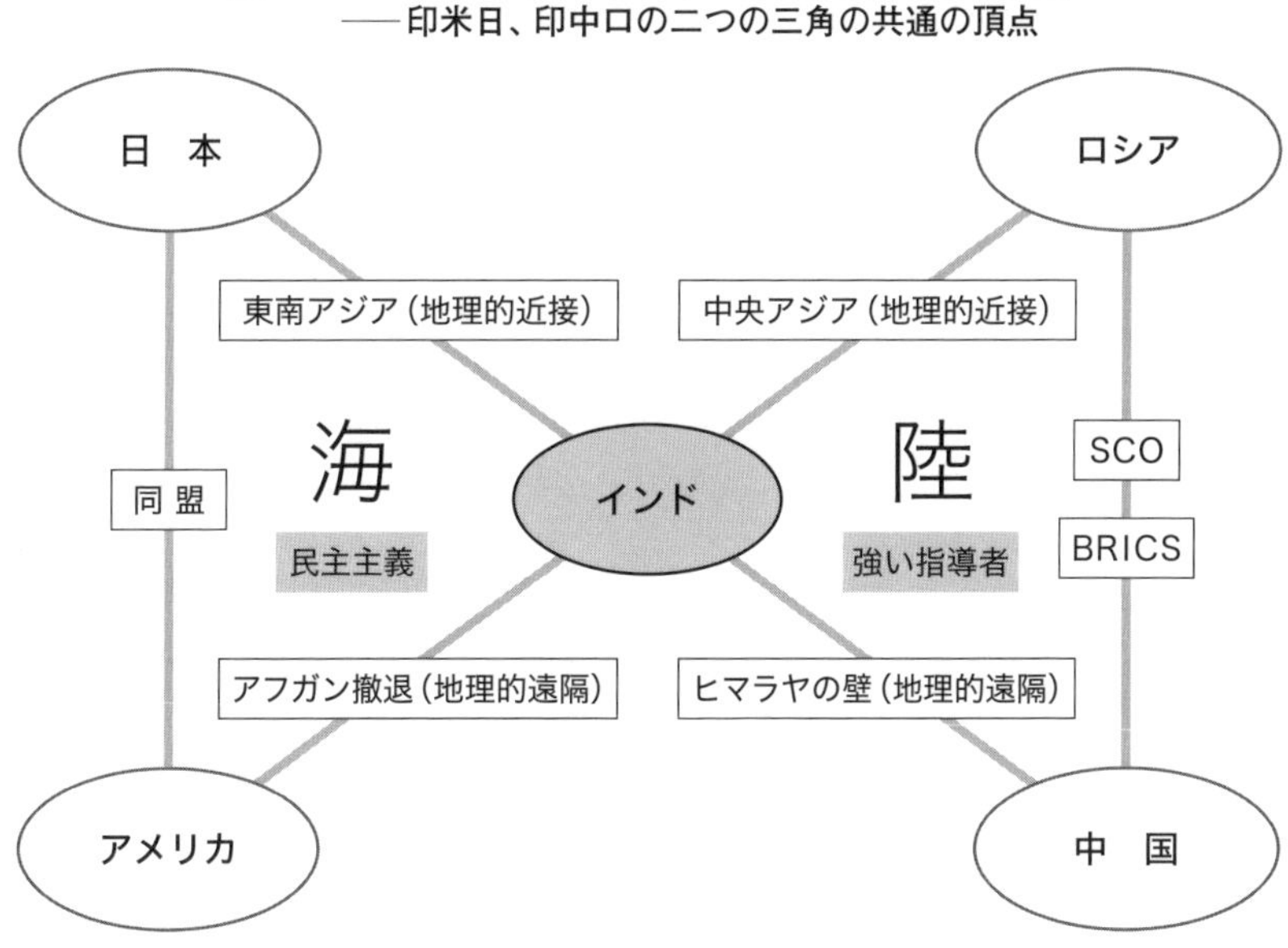

フガニスタンの対テロ戦や合同演習などの海洋安全保障の連携の動きが含まれる。

インドが頂点となっているもう一つの三角形は印中ロである。こちらの三角形は、習近平主席、プーチン大統領という強い指導者による長期政権が続いている。選挙で指導者を選ぶ日本やアメリカは指導者が比較的短期で交代することが多いが、インドは民主主義国であるものの現在のモディ政権が議会での安定多数と高い支持率を維持し、「強い指導者」となっている。三角形の各辺を見ると、ロシアとの間では軍事・エネルギーで古くからの強い結びつきがあり、中央アジアを交えた地域開発でもロシアは敵にはできない関係である。中国との関係においては、アジアの二大大国として利益を共有する場面も多い。

つまりインドは欧米諸国との関係を維持しながらも、歴史的に結びつきの強いロシアとの協

力は重視している。海軍の潜水艦をロシアから購入する計画で、中国に対しても、インドは友好的な経済関係の強化を求めている。つまり、この三国は、協力の度合いを強めているといえる。[*7] もう一つの局であるヨーロッパは、民主主義や法の支配の理念と、歴史と土地の支配という、インドにとって二つの三角形の双方の要素を併せ持つ存在として重要である。

ウクライナ危機によって、ロシアの友好国であるインドはユーラシアにおけるアクターとしての存在の重さを一気に増すことになったのはいうまでもない。アフガニスタンの今後に責任を持たざるを得ない地域大国としての役割も増している。さらにインドは南アジア地域協力連合（SAARC）で主導的な役割を果たしているが、より広域の国際場裏ではまだ超大国としての地位を築いたとはいえず、国連や西側先進国の外交の舞台では十分に自国の立場を主張できない場合があり、アジア太平洋経済協力（APEC）にも参加していない。このため上海協力機構、アジアインフラ投資銀行（AIIB）、BRICSの枠組みなど、自国の独自外交を展開できる場での活動を活発化させ、多極化する世界の中で静かに世界潮流のキャスティングボートの位置を確実にしていくだろう。

日本の対インド外交

最後に、外交を多面化し大国としての存在感を増すインドと日本はどのような外交を行っていくべきなのか。日本は印米日の当事者として三角形の視点の中だけに陥ることなく、印中ロの動きから目を離してはならないだろう。

冷戦の時代、日本は日米同盟を基軸とする自由主義経済を進め、非同盟外交と閉鎖的な経済体制をとっていたインドとは接点を小さくしていた。接近を始めたのはバブル崩壊の時代に入った一九九〇年以降で、日本は経済的苦境を抜け出すための新しい市場や投資先としてインドに焦点をあて、一九九一年、インドを襲った経済危機でインドの外貨が底を突いた際に日本が支援をしたのを機に、インドも資本や技術を提供する日本との関係を強化する方向に向かった。一九九八年、インドの核実験実施により関係は冷え込むが、現在は日印首脳が一年おきに互いに相手国を訪れるという関係を維持している。

日本はインドとの間で二国間の協力を急速に進めているが、今後はユーラシアでの中長期的なインドの役割を十分に考慮に入れた多国間の外交を進めていく必要があるだろう。パキスタン、アフガニスタン、中国といった近隣の国々だけでなく、南アジア、中央アジア、東南アジア、欧州という地域ブロック、アメリカ、ロシアなどの大国プレーヤーのインドとの関係を踏まえておく戦略が求められる。特にアフガニスタンの民主化と安定、エネルギー政策、テロ拡散防止、サイバー情報通信、地球環境などのグローバルなテーマについてインドと手を結ぶことで、日本は広域で有効なユーラシア外交を展開することができるはずである。

註

＊1　フランシス・ロビンソン『ムガル皇帝歴代誌：インド、イラン、中央アジアのイスラーム諸王国の興亡（1206－1925年）』小名康之監、創元社、二〇〇九年、一六五ページ。

＊2　ロバート・D・カプラン『インド洋圏が、世界を動かす：モンスーンが結ぶ躍進国家群はどこへ

向かうのか』奥山真司・関根光宏訳、インターシフト、二〇二二年、一九七ページ。

*3 広瀬公巳『対テロ戦20年の米印接近、そしてインドに残された「大きな重荷」』新潮社フォーサイト特集記事、二〇二一年九月二三日掲載。https://www.fsight.jp/articles/-/48281

*4 伊藤融「アフガニスタン情勢とインド」『現代インド・フォーラム No. 52, 2022年冬季号』、一二ページ。

*5 ケント・E・カルダー『スーパー大陸：ユーラシア統合の地政学』杉田弘毅監訳、潮出版社、二〇一九年、一〇〇ページ。

*6 Delhi Declaration of the 1st India-Central Asia Summit, January 27, 2022, Ministry of External Affairs, Government of India. https://mea.gov.in/bilateral-documents.htm?dtl/34773/delhi+declaration+of+the+1st+indiacentral+asia+summit

*7 竹中千春「権力移行期の世界と日印関係の創造的可能性」『現代日印関係入門』堀本武功編、東京大学出版会、二〇一七年、二九六ページ。

第一〇章

南コーカサスと「狭間の地政学」

廣瀬陽子

はじめに

南コーカサスとは、一九九一年のソ連解体に伴い独立したアゼルバイジャン、アルメニア、ジョージア（グルジア）からなる地域である。この三カ国はそれぞれが小国であって、複雑な国際関係を舵取り（かじと）しなければ国家運営が成立しない一方、また大国の思惑によって様々な影響を受けてきた。また、三カ国は狭い領域に近接しながらも、民族的、宗教的、言語的に極めて多様である。そのような背景に加え、戦略的意義が高い地域であることから、歴史的に時の大国などによる侵略や支配を受けてきたこともあり、この地域には紛争が絶えなかった。現在も未解決の紛争や紛争の火種が多くあり、それらがまた国際政治にも影響し、また影響されてきたのが実情である。

このように歴史的に常に諸外国から翻弄されてきた南コーカサス諸国であるが、彼らが生き抜いていく秘訣は、ロシア、そして欧米というビッグ・パワーの「狭間」でバランスをいかに上手く取るかということにあった。さらに近年では、中央アジアほどではないが、バランスを取るべき大国として中国の存在も大きくなっているといえる。

他方、南コーカサス三国の外交・内政を考える上では、「狭間の政治学」の観点が不可欠である。筆者の言う「狭間の政治学」とは、地理的には欧州とロシアの狭間に位置し、政治的にはさらに米国の要素も加わって、欧米とロシアの間でどちらに接近するかの選択を迫られ、またその選択によって様々な制約や試練を甘受せねばならなくなる、つまり、主権国家でありながら、政治的な自由が制限されている南コーカサス三国の政治状況のことで、これは、まさに「狭間の政治学」だと言って良いだろう。

それでも、南コーカサスの各国の外交志向、政治スタンスによって、その国際関係の方向性には大きな違いが見られる。そして、このような南コーカサス三国の所与の条件及び彼らの外交方針は、ロシアや中国によるユーラシア・プロジェクトにも大きく影響してきた。特に、ロシアが最も重視している外交の原則が勢力圏構想であり、旧ソ連地域を何としてもロシアの影響圏にとどめることが外交の最重要課題であり続けてきたことは、強く認識されるべきである。

本章では、南コーカサス諸国の地政学的位置と背景を概観した後、それら諸国の国際関係を論じた上で、ユーラシア・プロジェクトにどのような形で関わっているのかを明らかにする。また、近年、南コーカサスで中国はもとよりトルコの影響力が高まっており、国際関係の構図はますます複雑なものとなっている中、大国の狭間で様々な限界に直面している南コーカサス諸国のジレンマを示しつつ、今後の展望についても述べる。

1. 南コーカサスの地政学的位置と背景

欧州とアジアの間、まさにユーラシアの中心に位置する南コーカサス地域は民族の坩堝(るつぼ)であり、多くの言語、文化、宗教が交錯する文明の十字路であると言える。さらに、アゼルバイジャンが接するカスピ海からは石油、天然ガスが採掘されることもあり、南コーカサス地域の地政学的重要性は、極めて高く評価されてきた。

表　南コーカサス三国の比較

	アゼルバイジャン	アルメニア	ジョージア
外交志向	中立・バランス外交	親ロシア	親欧米（NATO／EU加盟が目標）、より良い地域関係の維持
政治志向	堅固な権威主義	権威主義的傾向から民主主義的傾向への過渡期	自由・民主主義を目指す
宗教	イスラーム（シーア派約7割、スンニ派約3割）	アルメニア使徒教会（301年に世界で初のキリスト教国教化）	ジョージア正教会（337年に世界で2番目にキリスト教国教化。イスラーム教徒も）
言語、文字	アゼルバイジャン語（テュルク語系）、アゼルバイジャン・ラテン文字	アルメニア語（印欧系）、アルメニア文字	ジョージア語（コーカサス諸語）、ジョージア文字
地理の特徴	カスピ海に面する、飛び地（ナヒチェヴァン）を持つ、多様な気候	陸封、国境の8割は「敵国」（アゼルバイジャン、トルコ）と接する	黒海に面する、地域の「ハブ」、多様な気候、ワインの名産地
紛争	アルメニアとのナゴルノ・カラバフ紛争	アゼルバイジャンとのナゴルノ・カラバフ紛争；所謂「アルメニア人大虐殺」などを中心としたトルコとの歴史的対立	アブハジア紛争、南オセチア紛争という2つの内戦（ともにロシアが関与）、ジョージア・ロシア戦争、ロシアとの厳しい関係
エネルギー	カスピ海に石油・天然ガスを保有	ロシアと原発に依存	かつてはロシア、現在はアゼルバイジャンに主に依存

（筆者作成）

それが故に、南コーカサス地域が、歴史的に多くの侵略を受けてきたのもまた事実である。そして、この過程で多様な文化や言語、宗教が持ち込まれ、地域の様相はますます複雑かつモザイク的になった。それ故、狭い領域に異なる信仰や文化、言語を持つ多様な民族が存在し、テュルク語系の言葉でありながら、アラビア語、ペルシア語、ロシア語の語彙を多く含むアゼルバイジャン語のような、複雑な言語も見られる（表参照）。

そして、その複雑性は、民族紛争を多く生むことにもつながってきた。民族の分布と国境線の不一致は、多くの民族紛争や民族間の緊張を生むことになったのだ。

特に、ソ連末期に勃発した紛争、すなわちジョージアのアブハジア紛争と南オセチア紛争、そしてアゼルバイジャンとアルメニアの間のナゴルノ・カラバフ紛争では、三カ国それぞれが大きな犠牲を出し、経済的にも痛手を負ったが、それらの紛争はすべて未解決のまま、ソ連解体後にも深刻な問題として残り続けた。小競り合いなどに加え、二〇〇八年には南オセチアとジョージアの衝突に端を発するロシア・ジョージア戦争が起きたほか、二〇一六年にはアゼルバイジャンとアルメニアの間のナゴルノ・カラバフ紛争が四日間再燃し、さらに二〇二〇年には四〇日間に及ぶ大規模ないわゆる「第二次ナゴルノ・カラバフ紛争」が勃発した。

ソ連末期の紛争は、ロシアをはじめとした諸外国と南コーカサス三カ国の関係を規定することとなったが、再燃した戦争・紛争もまた、各国の外交方針や地域の勢力地図に大きな影響を与えることになった。それら紛争の概略を述べておこう。

アブハジア紛争と南オセチア紛争とはジョージアからの独立を目指したアブハジアと南オセチアとジョージアとの間に勃発した紛争であり、ナゴルノ・カラバフ紛争とは、アゼルバイジャンのナゴルノ・カラバフの多数派だったアルメニア系住民の独立運動に端を発し、ソ連解体後はアゼルバイジャンとアルメニアの間の戦争に発展した対立である。[*2]

ソ連解体直後の時期、これら紛争のすべてにロシアが関与し、すべての紛争において分離主義派が勝利した。しかし、アゼルバイジャンもジョージアもそれらの独立を認めておらず、一応の停戦が成立したものの、それら紛争はどれも完全な解決を見ておらず、ナゴルノ・カラバフ、アブハジア、南オセチアは事実上の独立国家を維持しながらも、諸外国からは承認されていないという「未（非）承認国家」

となった。[*3]

だが、三つの未承認国家は、同じような道筋を辿らなかった。まず、アブハジアと南オセチアはロシアをパトロンとして多大な支援を得ながら「国家建設」を進めていったわけだが、そのプロセスの中で、多くの住民がロシア・パスポートを手にすることになった。それが、二〇〇八年八月には南オセチアとジョージアの緊張が昂じて再び紛争が起こった際に、「自国民保護」を掲げてロシアが南オセチア側で参戦し、ジョージア・ロシア戦争が勃発した背景にもなっている。

なお、同戦争後、ロシアはアブハジア、南オセチアを国家承認し、ロシアの友好国が数カ国それに続いたことも、ジョージアには大きな打撃となった。[*4] さらに、ロシアはアブハジア・南オセチア両地域の住民へのロシア・パスポートの配布を強化し、また「条約」により、事実上、両地域の属国化を進めている状態である。ただし、二〇二二年のロシアのウクライナ侵攻には反発も多く見られ、南オセチアでは三〇〇人程の軍人がウクライナへの派兵を拒否したとされ、同年五月八日の「大統領選挙」では、親ロシア派の現職が敗北した。

他方、ナゴルノ・カラバフは、アルメニアと世界に拡散したアルメニア人ディアスポラ（離散民）からの支援に支えられてきた未承認国家であるが、アゼルバイジャン国内で、ナゴルノ・カラバフの領域のみならず、その周辺も含めたアゼルバイジャン領の約二〇%を占拠していた。そして、一九九四年の停戦後も、常に両民族間の小競り合いが絶えず、毎年多くの死傷者が出ていた。そして、二〇一六年に起きた比較的大規模な衝突ではアゼルバイジャンが少し領土を奪還していたが、二〇二〇年秋にはアゼルバイジャン・アルメニア両国の全面戦争が勃発し、結果的にはロシアの仲介によりアゼルバイジャンが大勝して、すべての緩衝地帯とナゴルノ・カラバフの約四割を奪還した。

この戦争については、いくつかの論点を強調しておく必要がある。まず、かつての紛争ではアルメニアを支援していたロシアが、アルメニアがロシアが主導する軍事同盟である集団安全保障条約機構（CSTO）のメンバー国であるにもかかわらず、戦争がアゼルバイジャン領で行われていることを理由としてアルメニア側への参戦をせず、完全中立を保ったことである。

他方、以前の戦争では口頭での支援しかしていなかったアゼルバイジャンの兄弟国トルコがアゼルバイジャンに対し、軍事面を含む全面的な支援を行った。特にトルコやイスラエル製の無人航空機（UAV、いわゆるドローン）がゲームチェンジャーとなり、アゼルバイジャンは戦闘を有利に進めた。そして、ロシアの仲介で停戦となったわけだが、ロシア軍が、アルメニアが死守したナゴルノ・カラバフの約六割の部分の平和維持活動を行うことになり、また、アゼルバイジャンが自国領にアルメニアとナゴルノ・カラバフを結ぶ道路の新設を許す代わりに、アゼルバイジャンと飛び地のナヒチェヴァンを結ぶザンゲズル回廊（アルメニア・イラン国境）をアルメニアが提供することになり、同回廊はロシア連邦保安庁（FSB）が平和維持活動を行うこととなった。

同回廊により、トルコがアゼルバイジャン本土と陸続きになったことの意味も大きい。つまり、同紛争により、ロシアはアゼルバイジャンに軍事的プレゼンスを確保できることになり、また、トルコの南コーカサスへの影響力も強まるなど、地域のパワーバランスに明らかな変化が生まれたのであった。[*5]

2. 南コーカサス諸国の国際関係

前述のような紛争の経緯から、アゼルバイジャンとアルメニアの関係とジョージアとロシアの関係は極めて深刻なものとなっている。またいわゆる「アルメニア人大虐殺」などの歴史的経緯から、アルメニアとトルコの関係も極めて厳しい。[*6]

第一次ナゴルノ・カラバフ紛争でのアルメニアへの支援や一九九〇年にソ連軍などがアゼルバイジャンのバクーで一般人を無差別殺害した「黒い一月事件」などをめぐり、アゼルバイジャンとロシアの関係もソ連解体後しばらくは緊張していたし、アゼルバイジャンが「反ロ的機構」とされるGUAM（ジョージア、ウクライナ、アゼルバイジャン、モルドヴァという参加国の頭文字をとった地域協力機構。いわゆる「カラー革命」の後、ジョージアとウクライナが特にこの活動に熱心になり、拡大改組も行ったが、活発な活動は長くは続かなかった）のメンバーであることも、アゼルバイジャンとロシアの緊張関係の証左とされてきた。しかし、アゼルバイジャンはバランス外交を強化し、GUAMからも一定の距離を置くようになったし、最近ではアゼルバイジャンがロシアから兵器も購入していることから、両国間の緊張関係はほぼなくなったと言ってよい。他方で、人権問題や権威主義などで度々批判を受けながらも欧米とも比較的良好な関係を維持し、絶妙なバランス外交を繰り広げていると言えるだろう。

アルメニアはロシアと緊密な関係にあり、ユーラシア経済連合、安全保障条約機構（CSTO）をはじめとしたロシアが主導する地域共同体にも参加してきたが、ロシアと陸続きでない上に、陸封されているため、陸路でのロシアからの輸送はすべてジョージア経由となる。そのため、ジョージアとロシアの関係が特に悪化した際には、アルメニアもその打撃を被ってきた。なお、アルメニアはイランとの関係も強化してきたが、それに対してロシアの妨害が見られ、ロシアはアルメニアの重要インフラを九割とも言われるほど接収し、支配を強めてきた。そのため、アルメニアはロシアなくしては国家として存続することが難しい状況に置かれながらも、最近では、ロシアによるアゼルバイジャンへの武器供給問題やナゴルノ・カラバフ紛争が再燃した際に何も支援がなかったこと、ロシア兵による文民殺害事件などで、ロシアへの不満・不信感が募ってきているのもまた事実だ。二〇二二年のロシアのウクライナ侵攻にも明白に反発している。また、本心では欧米への接近を図りたいとも言われている。アルメニアでは二〇一八年に政変が起き[*7]、ニコル・パシニャンが首相となって、アルメニアが親欧米化するのではないかという見解も持たれたが、第二次ナゴルノ・カラバフ紛争に大敗したこともあり、まずは国内の政治的安定を目指しているように見える。

ジョージアは、ウクライナと並び、最も反ロシア的な姿勢を取る一方、欧州連合（EU）及び北大西洋条約機構（NATO）への加盟を目指してきた。ロシアは従来、ジョージアに厳しい姿勢を取り続けてきて、特にワインやミネラルウォーターの禁輸や出稼ぎ労働者の強制送還などでジョージアを苦しめてきた。そのような中でのロシア・ジョージア戦争は両国の対立を決定的にした。二〇一二年の総選挙で成立した「ジョージアの夢」政権は、対露関係の緊張緩和・対話路線を取るも[*8]、南オセチア・アブハジアに対するロシアによる実質的な併合プロセスも進む中、また、ジョージアの親欧米路線がより顕著となる中で、緊張関係が続いている。二〇二二年のウクライナ危機の展開に乗じる形で、二〇二四年に予定していたEU加盟申請文書への署名を二〇二二年三月三日に行った。

他方、アゼルバイジャン、ジョージア、トルコの三カ国の関係は極めて緊密である。アゼルバイジャン・トルコの関係、ともに「テュルク語」系民族であり、兄弟国としてはもともと深かったが、アゼルバイジャンからのバクー・トビリシ・ジェイハン（BTC）パイプラインやサウスコーカサスパイプラインの敷設やそれと並行した鉄道・道路などの整備に伴い、また、黒海に面していることから海路を使えるという強みもあり、ジョージアはその間を結ぶ「地域のハブ」としての存在感を増してきた。だが、陸路について、ジョージアが「ハブ」となり得る背景には、アゼルバイジャン及びトルコとアルメニアの間の緊張があることは否めず、本来であればアゼルバイジャンからトルコ、ひいては欧州へのインフラを整備するならば、アルメニアを通した方が合理的だが、緊張関係がそれを許さず、アゼルバイジャン・トルコ間のインフラはすべてジョージア経由となっているのである。

最後に、南コーカサス三国と日本の関係は極めて良好だと言える。日本の南コーカサス三国に対するODAや草の根無償支援は極めて高く評価されているし、日本の技術支援も大いに歓迎されている。日本語や日本の武道、日本文化に対する習得熱も高く、親日度は極めて高い。日本がGUAMと大臣会合をはじめとした様々なレベルの対話を進めてきたこと、[*9]コーカサス・イニシアティブ[*10]などの試みも評価されている。欧米とロシアの顔色を見ながら外交を進めている南コーカサス三国にとって、日本は中立的な立場で細やかな支援をしてくれる存在であり、また、日本が西側先進国の一角を占めながらも、ロシアと領土問題を抱えていることも、日本に共感を寄せる一因だと考えられる。

3．ユーラシア・プロジェクトとの関わり

南コーカサス地域は、ロシアが推進するユーラシア経済連合（理論的には、将来的に「ユーラシア連合」に発展させたいとされているが、事実上、断念しているという話も聞く）や中国が進めている一帯一路に代表されるユーラシア・プロジェクトのまさに核となる部分に位置しているが、その関わり方、立場も一様ではない。

アゼルバイジャンはユーラシア・プロジェクトについても、あくまでもバランス外交の一部と位置づけ、中立を維持している。中露が主導している上海協力機構（ＳＣＯ）には二〇一二年に加盟申請し、一五年から対話パートナーになっているが、特に熱意は見られない。ユーラシア経済連合に未加盟であると同時に、中国との連携にも慎重である。アジアインフラ投資銀行（ＡＩＩＢ）には創設メンバーとして参加したものの、当初、中国のユーラシア進出には警戒心を隠さなかった。だが、二〇一四年以降の石油価格下落により、アゼルバイジャンの経済状況が悪化すると、それまでの中国の進出をなるべく阻止するという方針を維持することが難しくなり、エネルギー産業や建設産業を中心に、中国企業のアゼルバイジャンへの参入が顕著に増えた。カスピ海経由での列車輸送でも、アゼルバイジャンは重要な位置を占めることとなった。

アルメニアは、前述のように本心では欧米に接近したいところなのだが、ロシアとの関係が重要であるが故にそれが叶わない現実がある。そのような状況の中で、ユーラシア協力はアルメニアのロシアへ

の依存を軽減しうる新たな選択肢として期待を持たれている。アルメニアは当然ながらロシアが主導するユーラシア経済連合に参加しているが、実はそれによるメリットがあまりないことに不満も出ている状態である。アゼルバイジャンと同様に、SCOには二〇一二年に加盟申請し、一五年から対話パートナーになっているが、やはりSCOにおいてはあまり活発な動きが見られない。しかし、アルメニアは中国との関係強化にはとても積極的である。アルメニアにとって、中国は重要な貿易相手国である（たとえば、二〇一九年には、アルメニアの対中輸出は二億二〇〇〇万ドルで三位、中国からの輸入は五億二五〇〇万ドルで二位であった）。

中国は、アルメニア・イラン間の鉄道・道路建設を支援し（同計画はロシア、米国から妨害を受けることになり、日本もそれに対するODAを断念した経緯がある）、ゴム工場などアルメニアの技術を用いた共同事業なども進められている。アルメニアはAIIBには遅れて参加表明をしたが、二〇一七年三月二三日に加盟申請が承認された。ロシアへの一方的な軍事依存から脱却するため、近年、アルメニアは軍事関係の多角化を進めており、その中で最も重視しているのが中国、第二がイスラエルとなっている。なお、これを受けて、アゼルバイジャンはイスラエルとの軍事協力関係の強化を目指すようになり、それが二〇二〇年の第二次ナゴルノ・カラバフ紛争で奏功することとなった。

ジョージアは、反ロシア路線をとる一方、欧米に接近しきれていない。具体的にはまだEU、NATOに加盟できていない状況で、より多角的な外交を構築することを目指してきた。それ故に中国の進出も大いに歓迎し、二〇〇〇年代半ば（ミヘイル・サアカシュヴィリ元大統領の改革によりジョージアの投資環境が整った頃）からかなりの中国資本が入るようになった。ジョージアにとって中国は第三位の貿易相手であり、中国との自由貿易協定（FTA）交渉も二〇一五年から始まり、一八年一月一日に発効した。中国商務部によると、同日付で、ジョージアでかかる中国製品への関税品目の九六・五％が即時撤廃され、それは中国のジョージア向け輸出額の九九・六％をカバーする。また、中国側はジョージア製品への関税の九〇・九％の品目を即時撤廃し（ジョージアの対中輸出額の四二・七％）、その後の五年間でさらに三・〇％（五一・一％）を撤廃するとされた。[*11] 一七年一月にはクタイシ及びポティ自由産業ゾーンのマネジメントに中国企業が参加するなど、中国のプレゼンスは高まる一方だ。ジョージアはAIIBにも創設メンバーとして参加しているほか、今後も中国からの投資の増加を希望している状況である。他方、ジョージアはロシアの動きには一貫して反対しており、ユーラシア連合構想も「旧ソ連再構築の危険な試み」として反発してきた。中国の動きには協調しているものの、ロシアも関わっているSCOからは距離を置いている。ジョージアは同じユーラシアの試みでも、欧州が主導するTRACECA（Transport Corridor Europe Caucasus Asia、欧州・コーカサス・アジア輸送回廊）などには積極的に参加するなど、ロシアの存在の有無で各プロジェクトへの参加状況が異なっている。

このように南コーカサス三国のユーラシア協力への関わり方は一様ではないが、中露がともに同地における影響力強化を狙っているのは間違いなく、南コーカサスを中心に展開されている鉄道プロジェクトを見ればそれは明らかである。

元来の計画からはかなり遅れたものの、アゼルバイジャン、ジョージア、トルコを結ぶBTK（バクー・トビリシ・カルス）鉄道が二〇一七年一〇月三〇日に開通した。この開通に最も期待を寄せていたのは実は中国だった。中国は中央アジアと鉄道で結ばれているが、その終点のトルクメニスタンからアゼルバイジャン間の輸送をカスピ海経由にて船で行えば、中国からアゼルバイジャンまで空路を使わずに物資を輸送できる。さらに、そこから鉄道を使えば、中国から欧州まで大量の物資輸送も可能となる。そのため、中国にとっては、本鉄道の開通が中国の陸のシルクロード構想を強化するものという位置づけになるのだ。

他方、イラン・アゼルバイジャン・ロシアを結ぶ南北鉄道計画は、西ルートのアゼルバイジャンの国境の町アスタラからイラン北西部のラシュトの区間が未整備だったために完成が遅れていたが、二〇一八年二月にイラン政府がアゼルバイジャン政府から建設費用の融資を受けることを承認したため、完成の目処がついた（まだ完成しておらず、二〇二三年完成説もあるが、今後の展開は読めない）。それが完成すれば、ロシア、コーカサス、ペルシャ湾岸、南アジア地域との経済交流と物流の促進が期待されるだけでなく、南アジアからフィンランドまで鉄道で結ばれることになり、かなり大規模な輸送網が完成することになる。この計画の背景に、中国色が強まりつつあるBTK鉄道に対するロシアの対抗意識があることは間違いないが、さらに中国はインドまでの鉄道敷設と港湾整備によりインド・イランの間を船舶で結ぶ計画にも尽力しており、これが実現すれば、中国も南北鉄道計画に参入できることになる。

そして、鉄道については前述の二〇二〇年の第二次ナゴルノ・カラバフ紛争の結果、アゼルバイジャンが獲得した飛地・ナヒチェヴァンと本土を結ぶ「ザンゲズル回廊」に沿って鉄道が敷設されるという話が当初からあったが、それについては二〇二一年六月時点で、アルメニアが否定的立場を表明している状態だ。仮に、ザンゲズル回廊の鉄道計画が実現すれば、トルコのさらなるコーカサスや中央アジアへの影響力の拡大が期待されているほか、中国の一帯一路政策とのリンクも期待されている。

他方、二〇二一年一月十一日にロシア、アゼルバイジャン、アルメニアの三首脳はモスクワで会談を行い、ナゴルノ・カラバフ周辺に鉄道輸送網を建設することで合意した。具体的には、アルメニアからアゼルバイジャンを経由してロシアやイランに通じる鉄道輸送路であるが、これが実現すれば、ロシアは同盟国アルメニアやエネルギー分野で協力関係にあるイランへの物資輸送が容易になり、大きな利得を得られる。本鉄道計画では、ロシアがむしろ中国を出し抜けると言えよう。

このように、中露はユーラシア・プロジェクトでの連携を約束しているとはいえ、両国の関係は「離婚なき便宜的結婚」と称され、両国の勢力圏をめぐる関係は単純ではない。なお、ロシアが旧ソ連地域に対する影響力確保を外交の最重要課題としているのに対し、南コーカサス地域は中国にとってそれ程プライオリティが高い地域ではない。それでも中国が、南コーカサスをユーラシア戦略のプラットフォームとし、特にジョージアのアナクリア港やアゼルバイジャンを経由する東西・南北の二本の鉄道がインフラのハブとなるとして重要視しているのも事実だ。中国としては、南コーカサス諸国が政治的に中国を批判しないこと、また欧米・ロシアの間に存在していることから戦略的に利用価値があることも極めて都合がよく、自由貿易圏を広く獲得しつつ経済進出を進めたいところだ。ただ、南コーカサスへの中国の進出の担い手は、中国の私企業、特に中小企業であって、また、当地の安定を望むものの紛争には一切関与しない姿勢を貫いていることなどからも、政府レベルの関わりは深くないことにも留意すべきだろう。[*12]

4. 大国の狭間で揺れる外交

南コーカサス諸国は狭い地域にありながらも、その所与の条件、宗教や文化、歴史などのバックグラウンドによって、それぞれがかなり違う状況にある。

まず、資源があればあるほど、海に面しているほど、関係が悪い国との国境線がより少ないほど、国家の自由度が高まる。具体的には、資源があるアゼルバイジャンはかなり自由度が高いと言えるし、海に面し、資源保有国と欧州につながる大国に領土を接するのみならず、かつアゼルバイジャンとアルメニアの紛争の漁夫の利を得て、地域のハブというステイタスを確保しているジョージアは、ロシアファクターによる制約も多いとはいえ、自由度は比較的高いと言えるだろう。しかし、ポジティブな所与の要素がないアルメニアの外交自由度は極めて低い。

次に宗教や文化的背景が及ぼす影響は単純ではなく、宗教による連帯がある一方、全く関係ない側面があるのも事実だ。たとえば、イランは同じイスラーム教シーア派が主流であるアゼルバイジャンと関係が悪く、キリスト教国のアルメニアによりシンパシーを感じ、ナゴルノ・カラバフなど紛争でもアルメニアを支援してきた経緯があるし（ただし、第二次ナゴルノ・カラバフ紛争では、政治的にはむしろアゼルバイジャンの立場を支持した）、ジョージアとロシアは共に正教国家であるにもかかわらず関係は厳しい（正教間にも複雑な関係があることには留意すべきである）。

さらに、侵略や虐殺、弾圧などの歴史的経緯が国家間のトラブルの遠因を作り、またその影響で利益を得る国もあるという事実も重要だ。具体的には、アルメニアとトルコ・アゼルバイジャンの関係が悪いことが、ジョージアの両国との関係をより緊密にし、ジョージアの地域のプレゼンスを高めていることが好例だろう。

これらの条件の結果、最も自由度が高いアゼルバイジャンは中立を維持することができ、ロシアに決して逆らえないアルメニアは親露路線を取らざるをえず、またジョージアはロシアからの妨害を受けながらも親欧米を維持できていると言える。

他方で、南コーカサス三国に共通しているのが欧米、ロシアの狭間にあって、多様な制約を受け、また様々な配慮を強いられる状況である。このような、欧米・ロシアの間で揺れるユーラシアの小国の政治を「狭間の政治学」と呼びたい。

ロシアは過度な親欧米路線の国には容赦ない対応を取ってきた。最も容赦ない懲罰的な行為を受けたのはジョージアとウクライナであり、これら諸国に対してロシアは、長年の経済制裁に加え、武力行使や領土強奪（事実上のものも含む）まで行ってきた。さらに、特に近年では正規戦と非正規戦を組み合わせた「ハイブリッド戦争」を多用する。[*13] このように、ロシアから距離を置くのであれば、欧米・ロシアの間のバランスをうまく取れない限り、国家としてかなり危機的な状況に追いやられることになりえる。さらに、近年ではユーラシアでも台頭が目立つ中国との関係や、特に二〇二〇年の第二次ナゴルノ・カラバフ紛争後に地域での影響力を強めたトルコとの関係、さらにイランとの関係なども極めて重要なバランス外交のコマになっていると言える。

つまり、「狭間」に位置する小国は、主権国家であるとはいえ、「真の独立」を獲得、維持することが難しく、また内政干渉を受けやすい状況にある。「真の独立」を希求することは、ロシアから距離を置き、親欧米路線をとるということとほぼ同義になる傾向があり、だからこそ「真の独立」が極めて難しくなる。この「狭間の政治学」の考え方は、多くのユーラシア諸国、とりわけ資源がなく、経済力が弱い国に適用できるが、このような状況があることを国際社会が認識する必要がある。なぜなら、このような状況を理解せず、極端な親欧米路線や改革を強いれば、それはロシアの逆鱗に触れることになり、ロシアが懲罰的行為を始めることになる。そうなれば、欧米スタンダードや民主化の達成がむしろ遠くなるような国家の危機に至ることは、ジョージアやウクライナの事例から明らかだ。

おわりに

これまで述べてきたように、南コーカサス諸国が置かれている状況は三ヵ国それぞれ違いがあり、その外交的自由度は一様ではないが、欧米・ロシアの狭間にあって、国家の安定を維持するためには慎重なバランス外交が求められてきた。

また、南コーカサスには多くの民族問題や紛争があるが、それらが地域協力を難しくし、その先にあるユーラシア協力にも悪影響を与えている。たとえば、紛争している国、地域を迂回するために非合理的なインフラを建設すること、また地域の協力体制がとれないことが、ユーラシア協力の深化を阻むことは間違いない。

南コーカサス諸国が独立してから三〇年以上が過ぎたが、これら諸国はまだ国家として成熟しておらず、現在もまだ基礎体力作りの最中だともいえる。国家が政治的、経済的に脆弱であればあるほど、外部からの影響を受けやすく、また外部への依存度も増す。そうすれば、主体的な外交はできなくなり、地域協力にも多くの制約が生まれてくる。各国が、諸外国や自国の資源など所与のものに頼らない経済を確立した上で産業を多角化して経済的に自立すること、そして民主的な政治を確立することがまず各国が乗り越えるべき課題であり、その先に真のユーラシア協力の形が見えてくると言えるだろう。

註

＊1　ソ連時代はアゼルバイジャン内の「自治州」であったが、アゼルバイジャンは一九九一年に同地の自治を剥奪した。

＊2　ソ連末期の紛争については、拙著『旧ソ連地域と紛争——石油・民族・テロをめぐる地政学』(慶應義塾大学出版会、二〇〇五年)、拙著『コーカサス——国際関係の十字路』(集英社新書、二〇〇八年) などを参照されたい。

＊3　未承認国家については、拙著『未承認国家と覇権なき世界』(NHKブックス、二〇一四年) を参照されたい。

＊4　ロシア・ジョージア戦争については、拙稿「『新冷戦』議論と米ロ関係改善の展望——グルジア紛争にみる両国の対立と国内要因」『国際問題』二〇〇九年三月号 (焦点：オバマ新政権の危機対応戦略)、拙稿「コーカサス地域の視点から捉えるグルジア紛争とその影響」『ロシア・ユーラシア経済』二〇〇九年三月号 (特集：ロシア・グルジア紛争の検証)、拙稿「グルジア紛争後の動向：新たな動きと変わらない現実」社団法人国際情勢研究会『国際情勢紀要』八〇号、二〇一

〇年二月などを参照されたい。

＊5 第二次ナゴルノ・カラバフ紛争については、拙稿「第2次ナゴルノ・カラバフ紛争：現状での結果の分析」『国際情勢紀要』九一号、二〇二一年三月、拙稿「ナゴルノ・カラバフ紛争とロシア」『海外事情』二〇二一年三・四月号などを参照されたい。

＊6 トルコとアルメニアは歴史的な対立を続けてきたが、二〇二二年一月一四日にロシアで二カ国間の関係正常化交渉が行われ、二月二日から両国間の直行便の再開も約束され、関係正常化に向けて一歩前進した。

＊7 アルメニア政変については、拙稿「二〇一八年のアルメニア政変とその余波」国際情勢研究所紀要『国際情勢紀要』第八九号、二〇一九年三月を参照されたい。

＊8 二〇一二年のジョージアの選挙とその後の動向については、拙稿「グルジア議会選挙後の政治展望——新政権の性格と政策の検討を中心に」国際情勢研究所紀要『国際情勢紀要』第八三号、二〇一三年二月を参照されたい。

＊9 「GUAM＋日本」会合については、外務省ウェブサイト（https://www.mofa.go.jp/mofaj/area/europe/guam/index.html）を参照されたい。

＊10 コーカサス・イニシアティブについては、外務省ウェブサイト（https://www.mofa.go.jp/mofaj/files/000436760.pdf）を参照されたい。

＊11 「ジョージアと中国の自由貿易協定が発効——「一帯一路」政策を背景に両国関係が強化」『JETRO ビジネス短信』二〇一八年一月一五日（https://www.jetro.go.jp/biznews/2018/01/1a2d56fd7cf71a17.html）。

＊12 中露関係については拙著『ロシアと中国 反米の戦略』（ちくま新書、二〇一八年）を参照されたい。

＊13 ハイブリッド戦争については、拙著『ハイブリッド戦争 ロシアの新しい国家戦略』（講談社現代新書、二〇二一年）を参照されたい。

第一一章

ユーラシアに対するトルコの外交戦略2.0

機は熟したのか?

今井宏平

はじめに

近年、トルコ外交におけるユーラシアの重要性が増している。ユーラシアと言うと、広義にはアジアとヨーロッパを合わせた地域のことを、狭義には中央アジア、コーカサス、そしてロシアを指すことが多い。トルコにとって狭義のユーラシアは隣接地域であり、アゼルバイジャンに代表されるようにテュルク系の人々も多く居住している。

とりわけ二〇一六年以降、トルコが（狭義の）ユーラシアを意識する場面が増えてきている。二〇一六年六月に、前年一一月のロシア軍機撃墜事件で関係が悪化していたロシアとの関係改善、その後のロシア、イランとのアスタナ会議、第二次ナゴルノ・カラバフ紛争、アフガニスタンでのタリバン政権発足がそれに当たる。また、ユーラシアの東部分に該当する中国が覇権挑戦国として、世界秩序にインパクトを与えるようになってきていることもトルコの「ルック・イースト」を助長している。

しかし、トルコがユーラシアに対する外交を重視したのは近年が初めてではない。冷戦体制崩壊直後の一九九〇年代初頭、トルコはユーラシア外交に力を入れていた。それでは近年のトルコのユーラシア外交と一九九〇年代初頭のユーラシア外交では何が違うのか、近年のトルコのユーラシア外交の特徴は何か、という点について概観していくのが本章の目的である。加えて、トルコ外交におけるユーラシア主義の位置づけ、そして一般のトルコ国民のユーラシアの国々に対する見方についても概観し、トルコのユーラシア外交を包括的に検討する。

1. 冷戦後のトルコのユーラシア外交（ユーラシア外交1.0）

ユーラシアの定義

まず、ユーラシアについて再度確認しておきたい。冒頭でも述べたように、広義のユーラシアは地理的にはヨーロッパとアジアを合わせた地域のことを指す。しかし、中東など他の地理概念と同様、ユーラシアも伸縮したり何かを象徴したりする概念である。地政学の父、ハルフォード・マッキンダーがユーラシアをランドパワーに結び付け、英国をはじめとしたシーパワーと区別した。また、ユーラシアはロシアを中心とする非西洋地域で、西洋に対する勢力均衡の場としても象徴的であった。[*1]

近年はユーラシアとしてロシアおよび旧ソ連地域、アフガニスタン、中国の西部などを漠然と指す場合が多い。また、西洋に対する勢力均衡の場という象徴作用も、上海ファイブから上海協力機構（SCO）が正式に設立する一九九〇年代後半以降、強くなってきている。

アジアとヨーロッパのハブもしくは架け橋の役割を果たしてきたトルコにとっても、その両方を包括するユーラシアの動向は、外交の柱の一つとなりつつある。トルコのユーラシアにおける存在感は、経済力の増加、そしてエネルギー輸送のハブとして立ち回ることで高まってきた。[*2] この点については後ほど論じる。ユーラシアを後者の意味で捉えると、トルコが明確にユーラシアを意識し始めたのは冷戦体制崩壊後の一九九〇年代からである。

ユーラシア外交1.0の特徴

一九九〇年以降、言い換えればソ連崩壊以降、トルコはユーラシアに本格的に関与し始めた。トルコ政府が目を付けたのが、同じテュルク系の新興独立諸国であった。「共通のトルコ性」を打ち出し、新興独立諸国に先輩風を吹かせる外交であった。そのためにトルコ政府は四つの外交戦略を展開した。

それらは、①援助外交、②草の根外交、③首脳外交、④多国間外交であった。援助外交として、外務省に中央アジアを扱う新しい部門を創設し、四億六〇〇〇万ドルという大規模な予算をつぎ込んでトルコ開発援助機関（Turkish Cooperation and Coordination Agency：TİKA）をはじめとした援助団体を創設した。草の根外交に関しては、当時のトゥルグット・オザル大統領がトルコ国内のビジネスマン、宗教グループ、メディアなどに対して積極的に中央アジアへ進出するように促した。

その結果、多くのトルコ系企業、宗教グループによる学校などが主にアゼルバイジャン、トルクメニスタン、カザフスタンで設立された。首脳外交として、オザル大統領自身が何度も中央アジア諸国を実際に訪問し、多くの協定を締結した。その中身は、例えばトルコの大学への奨学金制度の充実、トルコ国営テレビをはじめとしたトルコ語番組の放送許可、トルコ航空の定期便運行の開始、トルコ輸出入銀行による信用貸付などがあった。加えて、トルコはコーカサス・中央アジアの各国を国際連合、経済協力機構（Economic Cooperation Organization：ECO）や欧州安全保障協力機構（Organization for Security and Cooperation in Europe：OSCE）といった自身が所属している国際機関、地域機構に招き入れた。そして、トルコ主導で黒海経済協力機構（Organization of the Black Sea Economic Cooperation：BSEC）を九二年六月に設立した。

ユーラシア外交1.0の弱点

しかし、冷戦直後のトルコの中央アジアに対する外交はすぐに弱点を露呈することになる。まず、当時のトルコは経済力が弱かった点である。一九八〇年代に自由主義経済を取り入れたひずみが徐々に出始めた時期で、先輩国家として、ユーラシアの新興独立諸国に十分な援助ができるほどの余裕がなかった。二つ目に、新興独立諸国の多くがソ連崩壊後もロシアを最大のパトロン国家と考え、ロシアを第一に考える外交を展開したためである。特に新興独立諸国に対するトルコ外交の限界を露呈したのが、一九九二年一〇月にアンカラでトルコが主催した「テュルク系諸国会議」であった。この会議では、参加したカザフスタンのヌルスルタン・ナゼルバエフ大統領やウズベキスタンのイスラム・カリモフ大統領がトルコのリーダーシップに懐疑的な姿勢を示した。

2. ユーラシア外交2.0の胎動

公正発展党の登場による経済の安定

トルコの「共通のトルコ性」に基づく外交は、公正発展党政権下でトルコの経済力が増したことで、機能するようになった。一九九二年以降もテュルク系諸国会議は定期的に開催されていたが[*3]、二〇〇九年に「トルコ語を話す諸国会議」の発足が決定、二〇一〇年に活動を開始した。現在はテュルク評議会（Turkic Council）と改名された。本部はイスタンブルに置かれており、会議サミットという形で定期会合は継続し、基本的に経済・社会問題・文化を扱う組織である。テュルク系諸国会議の時代よりも活動は活発になっているものの、政治問題は極力避ける傾向にあるため[*4]、政治機構としての重要性は高くないのが現状である。

活発化するエネルギー回廊

それでは、一九九〇年代半ばから二〇〇〇年代前半までのトルコのユーラシア外交は空白だったのだろうか。もちろんそんなことはなかった。この時期、とりわけトルコが力をいれたのがエネルギー外交で、その中核として九〇年代末に提唱された「東西エネルギー通路計画」があった。この計画の目的は、輸送量が多くタンカーが込み合うトルコ海峡（ボスポラス海峡・ダーダネルス海峡）を迂回し、中央アジアと南コーカサスのエネルギー資源をヨーロッパ市場へと輸送することであった。この計画はバクー（Baku）、トビリシ（Tbilisi）、ジェイハン（Ceyhan）を通過するＢＴＣライン、バクー、トビリシ、エルズルム（Erzurum）を通る南コーカサス天然ガスパイプライン（ＢＴＥライン）、そしてトルクメニスタンからトルコを経由してヨーロッパに天然ガスを輸送するパイプラインの三つから成り立っていた。

ＢＴＣラインは二〇〇五年五月二五日から、南コーカサス天然ガスパイプラインは二〇〇七年七月三日からアゼルバイジャンで稼動され始めた。トルクメニスタンからトルコへのパイプライン計画は、ロシアとイランの反対に合い、計画が見直された。その一方で、南コーカサス天然ガスパイプラインにつながり、トルコ国内を輸送し、ギリシャへとつなげる計画であるトランスアナトリア天然ガスパイプライン（ＴＡＮＡＰ）プロジェクトが二〇一九年に開通した。さらにギリシャからアルバニアを通り、アドリア海からイタリアへ到達するトランスアドリア・パイプライン（TAP）も二〇二〇年末に完成した。南コーカサスパイプライン、TANAP、TAPは総じて南ガス回廊と呼ばれる。

ロシアからトルコへのパイプライン計画も軌道に乗った。二〇〇三年にはロシアからトルコへの天然ガス供給を実現するブルーストリームラインが完成した。また、ロシアが当初、ブルガリアを経由してヨーロッパに輸出する天然ガスのルート、サウスストリームを計画していたがうまくいかず、トルコのクユキョイ経由のトルコ・ストリームに方向転換、二〇一九年一二月にパイプラインが完成した。このように、トルコはユーラシアを横断するガスパイプラインの要であった。

3．トルコのユーラシア外交2.0

戦略的ヘッジングの場としてのユーラシア

近年のトルコのユーラシア外交は大きく大国間政治とトルコ・ナショナリズム重視の戦略に大別できる。まず、戦略的ヘッジングについて概観する。戦略的ヘッジングについては別稿で詳しく論じているので、ここではそのエッセンスだけ触れることとしたい。[*5]

戦略的ヘッジングは「バランシングとバンドワゴニングの中間に位置する戦略」で、同盟関係にある大国との関係を維持しつつ、近接する大国とも良好な関係を模索するものである。覇権国の影響力が衰退すると、同盟国は地理的に近い潜在的脅威に対してどのように行動すればよいか再考することになる。言い換えれば、覇権国との関係を維持しながら、潜在的脅威となる大国にも協調する必要が出てくる。

覇権国との地理的距離が遠く、潜在的脅威となる大国が強大で地理的に近い場合、それは喫緊の課題となる。

これを現在の国際関係に当てはめ、トルコの文脈から考えると、覇権国であるアメリカの力が相対的に低下する中、ユーラシアでは地理的に近い中国とロシアの影響力がこれまで以上に大きくなっている。トルコはアメリカの同盟国であるが、冷戦後の世界では前述したように、西洋重視以外の外交政策も積極的に取り入れられるようになり、アメリカとのつながりは相対的に弱くなった。

その傾向は二〇一〇年代半ばになり、より一層強まった。それはトルコ政府が強く要請していた二〇一三年夏のシリアのバッシャール・アサド政権への攻撃を当時のバラク・オバマ政権がロシアの仲介で回避したこと、二〇一六年七月一五日のトルコにおけるクーデタ未遂事件の首謀者と言われ、アメリカに滞在しているフェトフッラー・ギュレン師の引き渡しにアメリカが応じないこと、シリア内戦においてトルコが敵対視するクルド民族主義組織をアメリカが支援していること、そして二〇一八年夏、二〇二〇年一二月に経済制裁を受けたことなどが原因である[*6]。

トルコは二〇一五年一一月のシリアにおけるロシア軍機撃墜事件以降、半年間ロシアとの関係が極度に緊張したが、二〇一六年六月末に関係改善がなされて以降、友好関係を保っている。とはいえ、シリア、リビア、ナゴルノ・カラバフの各紛争において両国の利害は対立しており、ウクライナ情勢に関してもその関係は微妙である。ただし、トルコとロシアはどんな問題も対話可能な状況にあり、その地理的近接性とトルコ周辺部の問題への関与により、トルコにとって対応が不可欠なアクターとなっている。

加えて、トルコは中国との関係も活発化させている。トルコと中国の関係は二〇〇九年以降強まり、特に経済関係でその結びつきは強固である。経済の結びつきが強まるにつれ、トルコと中国が抱える最大の問題であるウイグル族の処遇に関しても近年、トルコはそのスタンスを変化させている。トルコ国内のウイグル族の活動家を逮捕したり、国外退去としたりする方針がとりわけ二〇一七年以降散見されることになる。[*7] また、コロナ危機以降、トルコは積極的に中国からワクチンを輸入し、中国のワクチン外交の対象国の一つとなった。

このように、トルコはアメリカとの関係を維持しつつも、これまで以上にロシアと中国という近接するユーラシアの大国との関係も模索している。ただし、強調しておきたいのはアメリカは同盟国であり、その関係は強固だという点である。例えば、アフガニスタンにおいては北大西洋条約機構（NATO）の一国としてトルコは長い間貢献してきた。二〇二一年四月にアメリカのジョー・バイデン大統領がアフガニスタンからの米軍撤退を宣言した後の同年六月のNATOサミットにおいて、バイデン大統領と会談したレジェップ・タイイップ・エルドアン大統領は、トルコが米軍撤退後のアフガニスタンの治安管理を担う意欲を見せた。そして八月にタリバンがアフガニスタン国内の権力を掌握しようと動くと、トルコはカブール空港の治安維持を担いつつ、タリバンとの交渉役の一ヵ国となった。トルコがユーラシアにおける大国間政治で重視しているのはバランスであり、アメリカ、ロシア、中国といった大国の一つとだけ関係を強化するのは避ける傾向にあるのが、現状の戦略と言えよう。

トルコにとっての第二次ナゴルノ・カラバフ紛争

大国間ではバランスを重視する一方で、ユーラシアにおける自国の国益を確固たるものにしようという姿勢も見える。特に隣国で兄弟国家とも言われるアゼルバイジャンとの関係は重要である。二〇二〇年秋に起きたナゴルノ・カラバフ紛争はアゼルバイジャンの勝利という形で終わった。そしてそのアゼルバイジャンを支えたのがトルコであった。ナゴルノ・カラバフ紛争でのアゼルバイジャンの勝利は、コーカサス地方、そしてその先にある中央アジアでのトルコのプレゼンスを高めることになった。具体的には、Middle Corridor と呼ばれる計画の推進であった。Middle Corridor の正式名は Trans-Caspian East-West-Middle Corridor Initiative（カスピ海横断東西中廊イニシアティブ）であり、これは中国の一帯一路（トルコも参加）と共鳴するカスピ海と中央アジアを経由する形でヨーロッパと中国をつなぐ鉄道を中心とした輸送経路である。[*8] アゼルバイジャンをはじめとするテュルク評議会の国々は Middle Corridor を承認している。Middle Corridor の内、トルコからカスピ海に至るルートはカルス、ジョージアのトビリシ、アゼルバイジャンのバクーを通るＢＴＫルート（バクー、トリビシ、カルスの頭文字）を延長する形が構想されていた。しかし、第二次ナゴルノ・カラバフ紛争の結果、それまでアルメニアの領土であり、通行が不可能だったナヒチェバンの経由が可能となった。ナヒチェバンを経由する陸路はＢＴＫより三四〇キロのショートカットが可能となるため、こちらのルートを利用する、もしくは二つのルートを使用する可能性が高くなりつつある。

また、第二次ナゴルノ・カラバフ紛争の結果、カルスからナヒチェバンへの新たな鉄道施行の計画も立てられ始めた。加えて、既存のナヒチェバン鉄道（ヴェリダー〈Velidag〉からオルドゥバド〈Ordubad〉に至るルート）の修理、そしてザンゲラン回廊沿いを含むナヒチェバンのオルドゥバドからアゼルバイジャンのホラディズ（Horadiz）までの鉄道計画もあり、こうした鉄道の整備と建設もトルコの Middle

Corridor計画を後押しする結果となっている。

第二次ナゴルノ・カラバフ紛争の結果は、Middle Corridor計画の実現性を高めたことに加え、南コーカサスの和平も進展させた。トルコはアゼルバイジャンの肩を持ちつつも、二〇〇〇年代からコーカサス地域の安定に向けた会合に言及してきた。ただし、最初にこの会合(Peaceful Caucasus Initiative)に言及したのはジョージア大統領のエドゥアルド・シェワルナゼで一九九九年のことであった。[*9] その翌年の二〇〇〇年一月にトルコのスレイマン・デミレル大統領が「コーカサスの安定協定」(Stability Pact for the Caucasus)を提示した。特に二〇〇〇年代後半にはトルコとアルメニアの関係改善が進んだことでプラットフォームの具体的な構想が立ち上がった。二〇〇八年八月、エルドアン大統領は「コーカサス安定と協力プラットフォーム」(Caucasus Stability and Cooperation Platform)を提案した。しかし、アゼルバイジャンが難色を示していたため、失敗に終わった。二〇一〇年九月にジョージアのミヘイル・サアカシュヴィリ大統領が再度国連総会で「コーカサス連合」に言及していた。[*10]

しかし、第二次ナゴルノ・カラバフ紛争の結果を受け、再び地域の平和と繁栄を達成するためのプラットフォームの創設の機運が高まった。第二次ナゴルノ・カラバフ紛争の直後、トルコのエルドアン大統領とアゼルバイジャンのイルハム・アリエフ大統領は、南コーカサスの三ヵ国(アゼルバイジャン、アルメニア、ジョージア)に周辺の大国であるロシア、イラン、トルコが加わる形でのプラットフォームの立ち上げを提案した。[*11] イランも二〇二一年一月にモハンマド・ジャヴァード・ザリーフ外務大臣がロシアを訪問した際、コーカサス六ヵ国連合(six-party union)に言及した。[*12] イランはトルコの南コーカサス進出のライバルと言われて久しいが、トルコにとってのアゼルバイジャンほど親密な関係を結んでいる国は存在せず、第二次ナゴルノ・カラバフ戦争の結果を受け、焦りを見せていたと推測される。とはいえ、ロシア側も前向きに受け取り、六ヵ国の南コーカサスプラットフォームは現実味を帯びた。そして、結果としてロシアが主導する形で二〇二一年一〇月に「三プラス三様式」が提示され、第一回目の会合が二〇二二年にトルコで開催されることとなった。そのキックオフミーティングが一二月にロシアで開催された。[*13] しかし、結果的にジョージアだけはロシア主導の「三プラス三様式」への参加を見合わせた。ジョージアとロシアは二〇〇八年のジョージア戦争以降、南オセチアとアブハジアの領土をめぐる論争が続いていたためであった。[*14]

南コーカサスの「三プラス三形式」の実施に加え、トルコとアルメニアの関係改善も進んでいる。アゼルバイジャンとアルメニアの間のナゴルノ・カラバフ紛争が一定の解決を見た中で、トルコとアルメニアの関係も改善すると、南コーカサスにおけるトルコの影響力の拡大は必至と考えられる。ただし、南コーカサスにおける「三プラス三様式」に見られるように、イランとロシアはトルコの動きを牽制している。トルコがユーラシア外交1.0を展開していた一九九〇年代もイラン、そしてサウジアラビアはトルコのユーラシア進出のライバルであった。トルコのユーラシア外交2.0を展開していくうえで、特にこれまでは比較的良好であったイランとの関係が一つの鍵となるだろう。

4. トルコ外交におけるユーラシア主義の伝統と国民のユーラシア観

最後にトルコ外交におけるユーラシア主義の位置づけとトルコ国民のユーラシア観について触れておきたい。

トルコ外交の思想的伝統は四つ、もしくは五つに大別することができる。例えば、アクテュルクは、トルコには西洋を重視した外交、アラブ・イスラームを重視した外交、テュルク系民族を重視した外交、ロシアを重視したユーラシア主義の外交という四つの伝統があると指摘している。[*15] アラブ・イスラームを重視した外交と一部重複するが、オスマン帝国の伝統を重視する「新オスマン主義」の外交も異なる伝統として付け加えることが可能だろう。[*16] 一九二三年一〇月二九日にトルコ共和国が建国されて以降、冷戦期に至るまでは一貫して西洋を重視した外交が展開されてきた。冷戦構造が崩壊した後、前述したようなテュルク系を重視した外交、そして新オスマン主義に基づく外交も取り入れ、二〇〇二年一一月に親イスラーム主義政党の公正発展党が政権を握った後は、アラブ・イスラームを重視した外交に力が入れられた。

ロシアを重視したユーラシア主義はトルコ外交の伝統の中で最も影響力が低く、異端視されてきたと言える。しかし、その伝統は古く、外務省の中にも少数派であるがロシアシンパは存在してきた。そもそも、トルコ共和国が最初に外交関係を取り結んだのはソ連であり、冷戦のデタント期においても一時的に良好な関係にあった。

加えて、トルコ国内におけるトルコ・ナショナリズムの活性化がテュルク系の人々を重視する考えを後押ししている。その最たる事件はトルコ共和国の大きな危機と言われた二〇一六年七月一五日クーデタ未遂事件である。この事件を契機にトルコ人の団結が叫ばれ、トルコ・ナショナリズムが国民の間で

表　トルコ国民の友好・脅威認識

友人だと思う国		脅威だと思う国	
国名／年	2021	国名／年	2021
アゼルバイジャン	56.6％	アメリカ	54％
北キプロス	49.7％	イスラエル	41.8％
ジョージア	43.2％	アルメニア	39.4％
ウズベキスタン	37.1％	ギリシャ	38.7％
パキスタン	31.7％	フランス	37.3％
ロシア	29.9％	イギリス	37.1％
ウクライナ	27.4％	イラク	34.7％
中国	27％	イラン	34.6％
インド	26.7％	ドイツ	34％
カタル	25.2％	シリア	34％
ドイツ	20.9％	キプロス	32.2％
サウジアラビア	20.3％	ロシア	20.7％
アメリカ	16.7％	中国	18.9％
シリア	15.9％	サウジアラビア	18.9％
イラン	15.3％	エジプト	18.1％

2021年に実施されたカディルハス大学の世論調査における調査結果（TDP 2021を参照し、筆者作成）

高揚した。また、長らく単独与党であったエルドアン率いる公正発展党が二〇一五年六月、そして二〇一八年六月の議会選挙で第一党の座を維持するも単独与党ではなくなり、加えて二〇一七年四月の憲法改正の有無を決める国民投票実施のために他党と協力する必要が生じ、民族主義者行動党と協力することとなった。中央アジアと南コーカサスの人々も含む「広域」のトルコ・ナショナリズムを重視してきた民族主義者行動党は外交に関し、常に西洋よりもトルコの「東」を意識してきた党であった。

トルコ国民のユーラシアの国々に対する見方

それでは、トルコ国民のユーラシア観はどうだろうか。二〇一三年から二〇二一年まで（二〇一四年を除く）毎年行われているカディルハス大学国際関係学部の世論調査の「どの国を最も近しい友人だと思っているか」という質問では、毎年アゼルバイジャンが圧倒的な支持を集めている。[*17] トルコ国民にとってアゼルバイジャンは北キプロスと並んで、民族的に近い、特別な国と考えられている。

二〇二一年の結果（表）では、アゼルバイジャン以外でもジョージアとウズベキスタンが高い支持を集めている。また、ロシアや中国に対しても一定の親近感があり、脅威認識もロシアや中国に対してはそれほど高くない。それに対し、歴史問題を抱えるアルメニアを脅威と認識しているトルコ国民は依然として多い。トルコとアルメニアが関係改善に向かう中、市民のアルメニアに対する認識にも変化が生じるのか、二〇二二年の調査結果に注目したい。

おわりに

本章では、近年のトルコのユーラシア外交と一九九〇年代初頭のユーラシア外交では何が違うのか、近年のトルコのユーラシア外交の特徴は何か、という点について概観してきた。最大の違いは、近年のユーラシア外交には中国という覇権挑戦国が重要な位置を占めるようになり、アメリカもそこに絡んでいるという点である。その一方で近年は地域大国としてのトルコの重要性が増している。その意味では、最近のユーラシアをめぐる動きは決して大国間だけのグレートゲームの再来ではなく、地域大国を巻き込んだ複雑なゲームである。また、ブレジンスキーが「グランド・チェスボード」と論じたチェスゲームでもなく、アフガニスタンや未承認国家、ウイグル族をめぐる問題といったさまざまな「落とし穴」があるという点で、すごろくなどに近いゲームだろうか。しかし、明確なゴールはいまだにない。同地域でトルコの影響力は第二次ナゴルノ・カラバフ紛争を経て、増してきている。トルコのユーラシア外交2.0はこのまま順調に進路を進むのだろうか。今後の展開を注視したい。

〈追記〉

ロシアのウクライナ侵攻はトルコにとって外交的な試練となっている。なぜなら、ロシアとウクライナを支援するアメリカ、そしてNATOの対立が決定的になり、双方と良好な関係を維持する戦略的ヘッジングが極めて取りづらくなった。二〇二二年三月一一日現在、トルコはNATO加盟国として基本的にはウクライナの主権の侵害を非難する立場をとるが、一方でロシアに対する経済制裁には反対し、さらに三月一〇日にトルコのアンタルヤでロシアの侵攻後初めてのロシアとウクライナの外相会談を実現させるなど、戦略的ヘッジングと解釈できる対応を採り続けている。言い換えれば、ユーラシア外交2.0をここまでのところ、貫いている。

ロシアのウクライナ侵攻を受け、トルコには二つの選択肢があるだろう。一つ目はこれまでと同様に戦略的ヘッジング、ロシアとアメリカ／NATOの間で中立を保つ政策、ユーラシア外交2.0を継続する道である。二つ目は冷戦期と同様、アメリカ／NATOへの依存度を極度に高める政策である。ただし、どちらもリスクがある。前者は、黒海でのロシアの影響力がクリミア半島だけでなく、ウクライナ全体に広がると、ロシアがトルコにとってより一層の脅威となる可能性、後者は衰退する覇権国アメリカが抑止力となるか、NATOがトルコに対し、集団安全保障を適切に実施するのかという点である。今後、トルコがユーラシア外交2.0を継続するのか、それともよりアメリカ、NATO加盟国に寄り添う新たなユーラシア外交3.0をとることになるのか、今後の動向を見守りたい。

ただし、原発の開発やS－400ミサイル防空システムの購入など、安全保障とエネルギー確保に関して必要不可欠な存在であるロシアとの関係をトルコが切るのは相当な覚悟が必要と考えられるので、個人的にはトルコはできる限り戦略的ヘッジング、つまりユーラシア外交2.0を継続するのではないかと考えている。

（二〇二二年三月一一日脱稿）

註

＊1　Erşen, Emre. 2014. "Rise of new centers of power in Eurasia: Implications for Turkish foreign policy", *Journal of Eurasian Studies*, Vol. 5, p. 187.

＊2　Ibid, pp. 187–188.

＊3　一九九二年のアンカラ開催以降は、一九九四年イスタンブル、一九九五年ビシュケク、一九九六年タシュケント、一九九八年アスタナ、二〇〇〇年バクー、二〇〇六年アンタルヤ、二〇〇九年ナヒチェバンで会合が開かれた。

＊4　テュルク評議会の本部での筆者の聞き取りインタビュー（二〇一九年二月二三日実施）

＊5　戦略的ヘッジングに関して筆者がまとめたものとして、今井宏平「ユーラシアにおけるトルコの動向—戦略的ヘッジングの展開—」日本国際フォーラム二〇二一年九月七日（https://www.jfir.or.jp/studygroup_article/6242/）、今井宏平「戦略的ヘッジングの理論と実践—トルコの外交を事例として—」星野智編『アントロポセン時代の国際関係』中央大学出版部、二〇二二年、一四

九一−一六七頁を参照されたい。

*6 この点の詳細に関しては、今井宏平「なぜアメリカとトルコの関係は悪化したのか」『立教アメリカン・スタディーズ』第四〇号、二〇一八年、一二三−一三八頁。

*7 Ayca Alemdaroglu and Sultan Tepe, “Erdogan Is Turning Turkey Into a Chinese Client State”, *Foreign Policy Website*, 16 September, 2020（https://foreignpolicy.com/2020/09/ 16/erdogan-is-turning-turkey-into-a-chinese-client-state/?utm_source=PostUp&utm_ medium=email&utm_campaign=25346&utm_term=Editors%20Picks%20OC&?tpcc=25346）、二〇二二年一月三〇日閲覧。

*8 Republic of Turkey Ministry of Foreign Affairs website, “Turkey’s Multilateral Transportation Policy”（https://www.mfa.gov.tr/turkey_s-multilateral-transportation-policy.en.mfa）、二〇二二年一月三〇日閲覧。

*9 Vali Kaleji, “Iran and the 3+3 Regional Cooperation Format in the South Caucasus: Strengths and Weaknesses”, *The Jamestown Foundation Eurasia Daily Monitor*, Vol.18 Issue: 96, 16 June 2021.

*10 “Saakashvili Speaks of ‘United Caucasus’ in UN Speech”, *Civil Georgia*, 24 September 2010.

*11 İbrahim Altay, “6-country regional cooperation platform win-win for actors in Caucasus, Erdoğan says”, *Daily Sabah*, 11 December, 2020.

*12 “Zarif: Iran seeking to form six-party union in the Caucasus region”, *Teheran Times*, 26 January 2021.

*13 “Next 3+3 Caucasus platform planned to be held in Turkey”, *Daily Sabah*, 20 December 2021. “Russia proposes “3+3” format to unlock economic and transport communications in Caucasus”, *bne IntelliNews*, 6 October, 2021.

*14 Dilara Aslan, “Georgia will not attend 3+3 Caucasus platform in Turkey: Envoy”, *Daily Sabah*, 3

January 2022.

*15 Aktürk, Şener. 2015. "The Fourth Style of Politics: Eurasianism as a Pro-Russian Rethinking of Turkey's Geopolitical Identity", *Turkish Studies*, Vol. 16, No. 1, p. 54.

*16 新オスマン主義に関しては、例えば、Hakan Yavuz. 2020. *Nostalgia for the Empire: The Politics of Neo-Ottomanism*, New York: Oxford University Press や Cengiz Çandar. 2021. *Turkey's Neo-Ottomanist Moment: A Eurasianist Odyssey*, London: Transnational Press を参照されたい。

*17 Kadir Has Universitesi, "TDP2021: Türk Dış Politikası Kamuoyu Algıları Araştırması", 15 Haziran 2021（https://www.khas.edu.tr/tr/arastirma/khasta-arastirma/khas-arastirmalari/turk-dis-politikasi-kamuoyu-algilari-arastirmasi-2021）、二〇二二年一月三〇日。

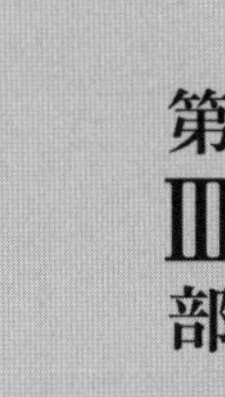

第Ⅲ部

第一二章

サイバーグレートゲームと二つのハートランド

土屋大洋

1．二〇世紀のグレートゲーム

二〇世紀初頭、中央アジアを巡って帝政ロシアと大英帝国の間で争われたインテリジェンス合戦を「グレートゲーム（great game）」と呼ぶことがある。それを人々に印象づけたのが英国人で初めてノーベル文学賞を受賞したラドヤード・キプリング（Rudyard Kipling）の小説『少年キム』である。英国軍人の血を引く孤児のキムは、インドで育ち、やがて仏僧と旅をしながら、グレートゲームに巻き込まれていく。

この小説を読んだひとりが、大英帝国のインド植民地の行政官だったジョン・フィルビー（John Philby）である。変わり者で知られたジョン・フィルビーは、息子のハロルド・フィルビー（Harold Philby）に「キム」とあだ名を付けた。それが後にソ連のスパイ・グループ「ケンブリッジ・ファイブ」の一人として知られるキム・フィルビーである。キム・フィルビーは英国政府のインテリジェンス機関で働き、米国の中央情報局（CIA）と密接に働きながら、実はソ連のスパイであり、それが露見する直前にソ連に亡命した。[*1]

二〇世紀初頭のロシアと大英帝国のインテリジェンス戦争は、キム・フィルビーが活躍する二〇世紀後半になるとソ連と米国のグレートゲームに置き換わっていた。一九七九年、ソ連はアフガニスタンに侵攻し、冷戦の終わりが見え始めた一九八九年まで居座った。

ハルフォード・マッキンダー（Halford Mackinder）らの地政学では、ユーラシア大陸の中央部が「ハートランド」と呼ばれ、東ヨーロッパを制する者がハートランドを制し、ハートランドを制する者が世界島（ユーラシア大陸とアフリカ大陸）を支配し、世界島を支配する者が世界を支配すると考えられた。ニコラス・スパイクマン（Nicholas Spykman）はこれを一歩進め、ユーラシアの大陸国家とユーラシアを取り囲む海洋国家の争いはユーラシアの辺縁である「リムランド」で起こるとした。*2

実際、アフガニスタンだけでなく、東西ドイツ、中東、インドとパキスタン、ベトナム、中国と台湾、そして朝鮮半島で冷戦とその後の紛争は起こっている。リムランドは大陸国家としてのソ連と海洋国家としての米国が争う場となった。

2. サイバーグレートゲーム

二一世紀のグレートゲームはどのようになるのだろうか。現代の安全保障で問題となるのがサイバー攻撃である。サイバー攻撃の発信源として近年名指しされることが多いのが、中国、ロシア、北朝鮮、イランである。いずれもユーラシアの中心部ないしリムランドに位置する。

中国は、米国のドナルド・トランプ（Donald Trump）政権との間で、貿易摩擦・技術摩擦を激化させた。やり玉に挙げられた中国情報技術（ＩＴ）大手ファーウェイは、米国市場から排除されただけでなく、米国や同盟国・友好国の企業との取引も実質的に禁止された。二〇一八年一二月にはイランに対する制裁違反でファーウェイ創業者・任正非の娘で、ファーウェイ最高財務責任者（ＣＦＯ）の孟晩舟がカナダで逮捕された。直接の容疑はイランへの制裁違反だが、米中摩擦と結び付けて論じられることが多い。世界のＩＴ市場において中国製品・サービスが普及する一方で、中国がスパイ行為を行っているのではないかという懸念が高まり、サプライチェーン・リスクと呼ばれるようになっている。

ロシアはどうだろうか。二〇一六年の米国大統領選挙にロシアはあからさまな介入を行い、トランプの当選に一役買ったと考えられている。ロシアが行った情報の暴露や偽ニュースの流布がどれだけ米国の有権者を動かしたのかは証明できない。しかし、トランプを当選させることが目的ではなく、米国が至高の価値を置く民主主義と選挙に疑義を抱かせるだけでロシアの目的は達成されたと見るべきだろう。

二〇二〇年の米国大統領選挙では、ロシアよりもイランの選挙介入が目立った。高齢のジョー・バイデン（Joe Biden）民主党候補を揶揄するような情報が流されたり、ツイッターの偽アカウントから政治的なメッセージが流されたりした。しかし、事前に察知した米国サイバー軍は「前方防衛（defend forward）」戦略によって介入が大きな効果を生み出すことを防ぐことができた。[*3]

トランプ大統領は、敗北という選挙結果に不満を表明し、詐欺が行われたと主張したが、最終的にはバイデン候補の勝利が認定された。ところが、二〇二一年一月六日にトランプ大統領の支持者たちが議会に乱入し、五名の死者が出てしまった。選挙そのものは防衛できたものの、民主主義を防衛できたかどうかには疑問の残る結果となった。

3. ユーラシア大陸を取り囲む海底ケーブル

現代のサイバーグレートゲームの基盤を構成するのがインターネットである。インターネットは時に雲（クラウド）に例えられることがあるが、その実態は、情報通信機器、情報通信チャンネル（有線ケーブルや無線通信）、そして記憶装置（サーバーやデータセンター）がつながった物理的な存在である。物理的な存在であるがゆえに、サイバースペースは、いわゆるハッキングや不正侵入、ソフトウェア的なシステム破壊だけでなく、ハードウェアの破壊によっても損害を被る脆弱なものである。そこで、本節では、海底ケーブルからユーラシア大陸を捉え直してみたい。

世界の海底ケーブルを最も包括的に調査し、情報を公開しているのは米国のテレジオグラフィー社であろう。同社がインターネット上で公開している地図[*4]では、世界の海に敷設されている海底ケーブルが一覧できるとともに、それぞれの敷設者や所有者、陸揚げ地点などが分かるようになっている。

ユーラシア大陸を環状に一周するような海底ケーブルは存在しない。多くの海底ケーブルが米国の西海岸の各都市から日本をはじめとする東アジアの諸都市とハワイに延びている。ハワイからケーブルは南太平洋の島嶼（とうしょ）国に延びるとともに、グアムへとつながり、その後、オセアニアの国々やアジアの国々に延びている。世界経済の成長のエンジンとなっている東アジアは海底ケーブルが密集する地域でもある。

日本や台湾などの東アジアの海底ケーブルの多くはシンガポール沖のマラッカ海峡を通り、インド洋へと抜け、そこからペルシャ湾の奥のクウェートとイラクから陸路へと入る。もう一つはアフリカのジブチ沖を通り、紅海を抜けてエジプトから地中海に入る。その多くがフランスのマルセイユで陸揚げされるが、ジブラルタル海峡を抜けて大西洋へ出た後、英国へとつながる海底ケーブルも多い。

もともと世界最初の海底ケーブルは一八五〇年に英仏海峡に敷設されており、一八九二年には英国は世界の海底ケーブルの六六・三％を保有していた。[*5] 英国から多くの海底ケーブルが米国の東海岸へとつながっている。

このように、ユーラシア大陸を大きく眺めるとき、海底ケーブルは日本をはじめとする東アジアから大陸の南側を通って西側の英国へとつながっていると見ることができる。無論、アジアから欧州へとつながる陸上の通信ネットワークもあるが、その多くは中央アジア諸国ではなく、東南アジアや南アジアの国々、そして欧州大陸で密に敷設されている。

その海底ケーブルは地政学的な争いにさらされている。例えば、米国西海岸のロサンゼルスと香港をつなぐ予定だったPLCN（Pacific Light Cable Network）ケーブルは、完成直前になってトランプ政権によって陸揚げが認められず、香港の代わりにフィリピンと台湾に陸揚げされることになった。また、太平洋島嶼国のナウルとキリバスをつなぐための東ミクロネシア・ケーブル・システムは、世界銀行の支援を受けて敷設される見込みだったが、入札において中国企業が落札したため、米豪両国政府の介入によって入札が無効とされた。

新しいサイバーグレートゲームの時代には、誰がどこにネットワークを敷設するかが政治的に重要な関心事となっている。[*6] そして、焦点の一つは北極に絞られている。

北極海ケーブル

北欧では北極圏にも陸上の通信線が引かれており、最も緯度の高い相互接続点（Internet Exchange

Point：IXP）は、ノルウェーのトロムセー（Tromsø）にある北極大学（Arctic University）に置かれている（北緯六九度）。しかし、ロシア国内での最北のIXPは、サンクトペテルブルクである（北緯五九度）。

再び海洋に目を転じると、北極圏（北緯六六度三三分以北）で敷設されている海底ケーブルはほとんどない。二〇二二年二月現在で確認できるのは以下の海底ケーブルである。

- ポーラー・サークル・ケーブル：ノルウェー沿岸に敷設
- ボド・ロスト・ケーブル（Bodo-Rost Cable）：ノルウェーの離島ロストと接続
- ツヴェッリンケン（Tverrlinken）：ノルウェー沿岸の都市をつなぐ短いケーブル
- スヴァールバル海底ケーブル・システム：ノルウェーのスヴァールバル諸島のロングイェールビーンをつなぐ中距離ケーブル
- クインティリオン海底ケーブル・ネットワーク（後述の北極コネクトの一部）：米国アラスカ州の西北部沿岸をつなぐ中距離ケーブル

そうした中、注目されているのが、いわゆる「北極海ケーブル」である。これには少なくとも三つの計画がある。

第一に、北欧フィンランドが主導した「北極コネクト（Arctic Connect）」である。[*7] このケーブルは北極海航路（Northern Sea Route）と呼ばれるロシアの北側の北極海を通るルートでヨーロッパとアジアをつなごうとした。主体となったのは、フィンランド政府の運輸通信省とフィンランドの国営インフラ事業者のシニア（Cinia）である。八億〜一二億米ドル規模の予算で二〇二二年から二三年の間に敷設完了と見込まれていた。

このプロジェクトには、フィンランドの他に、ロシア、ノルウェー、日本、中国が参加の見込みであった。実際、日本側では、北海道ニュートピアデータセンター研究会が結成され、海底ケーブルがつながることで、北海道にデータセンターを誘致する計画も発表された。[*8]

しかし、二〇二一年五月、北極コネクト計画は中断が発表された。その理由は定かではないが、ウィンストン・チウ（Winston Qiu）は、中国側がプロジェクトに積極的ではなかったからだと指摘している。[*9]

二つ目の北極海ケーブル構想は「北極ファイバー（Arctic Fiber）」プロジェクトである。[*10] こちらは北西航路（Northwest Passage）と呼ばれるカナダの北側を通るルートに海底ケーブルを敷設しようというプロジェクトである。このプロジェクトは三つのフェーズに分かれている。第一フェーズは、米国アラスカ州のプルドー湾（Prudhoe Bay）からノーム（Nome）までの六つの都市を結ぶ部分であり、「クインティリオン海底ケーブル・ネットワーク」とも呼ばれている。この部分は二〇一七年一二月にサービスを開始した。

しかし、第二フェーズと第三フェーズはまだ完成のめどが立っていない。第二フェーズは、ノームからベーリング海とオホーツク海を経由して北海道からアジアへつながる部分である。第三フェーズはプルドー湾から東へ向かい、カナダ沿岸から英国へつながる部分である。

第二フェーズと第三フェーズなくして本来の北極海ケーブルとしての意味はなくなるが、第一フェーズのアラスカの海底ケーブルは、プルドー湾から陸線を通じてアラスカ州のフェアバンクス（Fairbanks）とアンカレッジ（Anchorage）につながっている。第二フェーズと第三フェーズが敷設できなくても、アラスカ州の小さな町々をつなぐことができたという点で意味があるのだろう。

この北極ファイバーも、北海道につながることを北海道ニュートピアデータセンター研究会は想定していたが、北極コネクトも北極ファイバーも二〇二二年二月現在で接続の見込みが立っていない。

北極海ケーブルの中で最も注目されていたのがポーラー・エクスプレス（Polar Express）である。このケーブルは二〇二六年にサービス提供が企図されている。全長は一万二六五〇キロに及び、日本海のウラジオストック（Vladivostok）とナホトカ（Nakhodka）から始まり、ユジノ・サハリンスク（Yuzhno-Sakhalinsk）とペトロパブロフスク・カムチャツキー（Petropavlovsk-Kamchatsky）、アナディリ（Anadyr）を経て北極海に入り、北極海沿岸の四つの都市、ペヴェク（Pevek）、サハ（Sakha）共和国、ディクソン（Dikson）、アムデルマ（Amderma）を経て、ムルマンスク（Murmansk）までつながる。

このケーブルが現代において異彩を放つのは、オーナーがロシア政府だという点である。一九世紀から二〇世紀の前半には政府がオーナーになることはあったが、一九八〇年代以降に通信事業の民営化が世界各国で進み、政府が直接のオーナーとなることは、発展途上国を除けばきわめてめずらしい。

プロジェクトについて説明するウェブサイトでは、ユーラシア大陸南側の海底ケーブル・ルートには、五つの難所があると指摘している。[*11] つまり、フィリピン沖のルソン海峡、シンガポール沖のマラッカ海峡、ペルシャ湾入口のホルムズ海峡、ジブチ沖のバブ・エル・マンデブ海峡から紅海を抜けてエジプトへつながる地点、そして、イタリア沖のシチリア海峡である。これらのチョーク・ポイントを避けるためにポーラー・エクスプレスは有用であるという。

しかし、ユーラシアの南側を通るルートにそうした問題があることは事実だとしても、ロシアでは通信の検閲が日常的に行われていると見られている。ロシアが提供するポーラー・エクスプレスにリスクがないと見ることもできない。ユーラシア大陸を横断する陸線を通すか、大陸の南側の海底ケーブルを通すか、大陸の北側の北極海ケーブルを通すか、それは各国の通信事業者の選択に他ならない。二〇二二年二月にロシアがウクライナに侵攻を始めたため、ポーラー・エクスプレスの実現性もきわめて低くなったと見るべきだろう。

4. 二つのハートランド

金融資産を収めるデータセンター

二〇世紀の地政学におけるハートランドは、ユーラシア大陸の中心部を指した。ITを通じて行われるサイバーグレートゲームにおいてハートランドは別の場所にある。第一に、デジタル化されたデータとそれを収めるデータセンターである。データの中でも特にデジタル化された金融資産が重要である。現代の金融資産はもはや紙幣や硬貨によって保存されていない。それはデジタル化されたビット信号としてコンピュータの中に記憶されている。そうしたデジタル・マネーが盗まれたり、失われたりする可能性に備えなくてはならない。機微な個人情報の収集と保存もまた重要になっている。そうすると、データセンターを物理的にどこに置くかが、重要な政策的選択となる。各国がデータローカリゼーションを進めているのもそのためである。

データセンターの設置場所は、いくつかの要因によって決まる。第一に、データ需要の多い大都市の周辺、第二に、海底ケーブルの陸揚げ局やインターネット・エクスチェンジ（IX）へのアクセスが良い場所、第三に、大量のコンピュータが吐き出す熱を冷ますために必要な電力が安く手に入るところ、第四に、地震や津波といった自然災害に遭いにくい場所、である。

中国における人口とデータセンター数の関係を見てみると、経済の中心であり、圧倒的に人口が多い上海に最も多くデータセンターが設置されている。そして、首都として政治の中心であり、人口も多い北京に一二のデータセンターが設置されている。[*12]

ロシアでは、五九箇所にデータセンターが設置されているが、そのうち三三箇所が首都モスクワ、一四箇所が第二都市のサンクトペテルブルクに設置されている。その他の都市で二箇所おかれているのはカザン（Kazan）、クラスノヤルスク（Krasnoyarsk）、ニジニ・ノヴゴロド（Nizhny Novgorod）の三都市のみ、あとの六都市は一箇所ずつしかない。非常に中央集権的な構造である。

認知スペースへの介入

現代の新しいサイバーグレートゲームにおける第二のハートランドは、我々が情報を認識、解釈し、そして発信する際の認知スペースである。二〇一六年の米国大統領選挙における介入はその最たる例であり、選挙に介入しようとする勢力は、何が事実であり、何が正しいのか、人々の認識を混乱させ、正常な判断力を失わせる。[*13] いわば外国勢力が人々の頭の中をかき回すことができるようになっている。

ＩＴを通じて我々は多様な情報を受け取る。その情報が正確であり、それを適切に判断することができるということが民主主義の前提になっている。そして、それぞれが考えたことを自由に表現できることも重要である。しかしながら、受け取る情報が操作・歪曲されており、正しくない場合、我々は正しい判断ができなくなる恐れがある。

現代のソーシャルメディアは、自分が望む情報をより多く取得できるアルゴリズムに基づいていることが多い。まちがった情報を好めば、それに似たまちがった情報により多く接することになる。二〇二〇年以降の新型コロナウイルスやそのワクチンに関しては、その解釈について分断が生まれた。

サイバースペースは物理的な存在でありながら、それによって操作され得るのは我々の資産であり、思考である。ここが二〇世紀のグレートゲームと二一世紀のグレートゲームの大きな違いである。

5．新しいサイバーアライアンス

二〇世紀のグレートゲームと二一世紀のサイバーグレートゲームに共通するのは、それらがインテリジェンス活動だということである。インテリジェンスは本来、外交や安全保障におけるサプライズ（予期せぬ重大事）を避けるために行われる。ある時には人間によるスパイを使い、別の時には人工衛星のような技術を用いる。現代のようにＩＴに依存する情報社会においては、通信を監視するシグナル・インテリジェンス（ＳＩＧＩＮＴ）が重要さを増している。

二一世紀のサイバーグレートゲームの時代に何ができるだろうか。サイバー攻撃の発信源がユーラシアに位置する国々であり、サイバースペースが物理的な機器・設備によって構成されているとするなら、もう一度ユーラシアを封じ込める戦略があり得るかもしれない。

第二次世界大戦末期から冷戦期に行われた大英帝国系の国々のSIGINT連携は、「ファイブ・アイズ」と呼ばれる。米国、英国、カナダ、オーストラリア、ニュージーランドの五カ国が参加した。しかし、二一世紀のサイバーグレートゲームの時代においては、いわゆる「クアッド」と呼ばれる日米豪印の四カ国の連携に英国を加え、JAIBU（Japan, Australia, India, Britain, and the U.S.）とも呼べるような新しいサイバーアライアンスを形成し、ユーラシアの国々と対抗することを考えることはできないだろうか。

無論、サイバーセキュリティの冷戦が熱戦に転化しないように、軍事と外交と経済を連携させながら、国際平和を目指すことが最上である。しかし、お題目を唱えているだけで平和を達成することはできない。日本は自らのサイバー能力を高めるとともに、国際的連携に積極的に加わることで、サイバースペース、そして国際社会の安定に寄与すべきである。

参考文献

Department of Defense, "Summary, Department of Defense Cyber Strategy 2018", Department of Defense 〈https://media.defense.gov/2018/Sep/18/2002041658/-1/-1/1/CYBER_STRATEGY_SUMMARY_FINAL.PDF〉

Daniel R. Headrick, *The Invisible Weapon: Telecommunications and International Politics 1851–1945*, New York: Oxford University Press, 1991.

ボブ・ウッドワード（伏見威蕃訳）『ＲＡＧＥ 怒り』日本経済新聞出版、二〇二〇年。

ラドヤード・キプリング（三辺律子訳）『少年キム』岩波少年文庫、二〇一五年。

コリン・Ｓ・グレイ（小島康男訳）『核時代の地政学』紀尾井書房、一九八二年。

デービッド・サンガー（高取芳彦訳）『サイバー完全兵器――世界の覇権が一気に変わる』朝日新聞出版、二〇一九年。

ニコラス・スパイクマン（渡邉公太訳）『スパイクマン地政学――世界政治と米国の戦略』芙蓉書房出版、二〇一七年。

土屋大洋『暴露の世紀――国家を揺るがすサイバーテロリズム』角川新書、二〇一六年。

土屋大洋『サイバーグレートゲーム――政治・経済・技術とデータをめぐる地政学』千倉書房、二〇二〇年。

土屋大洋、川口貴久編著『ハックされる民主主義――デジタル社会の選挙干渉リスク』千倉書房、二〇二二年。

ベン・マッキンタイアー（小林朋則訳）『キム・フィルビー――かくも親密な裏切り』中央公論新社、二〇一五年。

持永大『デジタルシルクロード――情報通信の地政学』日本経済新聞出版、二〇二二年。

註

＊１　ベン・マッキンタイアー（小林朋則訳）『キム・フィルビー――かくも親密な裏切り』中央公論新社、二〇一五年。

*2　コリン・S・グレイ（小島康男訳）『核時代の地政学』紀尾井書房、一九八二年。ニコラス・スパイクマン（渡邉公太訳）『スパイクマン地政学――世界政治と米国の戦略』芙蓉書房出版、二〇一七年。

*3　Department of Defense, "Summary, Department of Defense Cyber Strategy 2018", Department of Defense 〈https://media.defense.gov/2018/Sep/18/2002041658/-1/-1/1/CYBER_STRATEGY_SUMMARY_FINAL.PDF〉.

*4　https://www.submarinecablemap.com/

*5　Daniel R. Headrick, *The Invisible Weapon: Telecommunications and International Politics 1851–1945*, New York: Oxford University Press, 1991, p. 94.

*6　持永大『デジタルシルクロード――情報通信の地政学』日本経済新聞出版、二〇二二年。

*7　Submarine Cable Networks, "Arctic Connect", Submarine Cable Networks 〈https://www.submarinenetworks.com/en/systems/asia-europe-africa/arctic-connect〉 Publish Date Unknown (accessed on February 19, 2022).

*8　北海道ニュートピアデータセンター研究会「北海道データセンター計画」北海道ニュートピアデータセンター研究会〈https://nutopia-hokkaido.org/our-plans/〉（二〇二二年二月一九日アクセス）。

*9　Winston Qiu, "Trans-Arctic Cable Project Arctic Connect Comes to a Suspension", Submarine Cable Networks 〈https://www.submarinenetworks.com/en/systems/asia-europe-africa/arctic-connect/trans-arctic-cable-project-arctic-connect-comes-to-a-suspension〉 May 29, 2021 (accessed on February 19, 2022).

*10　Submarine Cable Networks, "Arctic Fiber", Submarine Cable Networks 〈https://www.submarinenetworks.com/systems/asia-europe-africa/arctic-fiber〉 Publish Date Unknown (accessed on February 19, 2022).

＊11 Morsviazsputnik, "Arctic submarine fiber-optic cable line Polar Express", Morsviazsputnik 〈https://www.marsat.ru/en/polarexpress_project_description〉 Publish Date Unknow (accessed on February 19, 2022).

＊12 Data Center Map, "China Data Centers", Data Center Map 〈https://www.datacentermap.com/china/〉 Publish Data Unknown (accessed on February 19, 2022).

＊13 土屋大洋、川口貴久編著『ハックされる民主主義――デジタル社会の選挙干渉リスク』千倉書房、二〇二二年。土屋大洋『暴露の世紀――国家を揺るがすサイバーテロリズム』角川新書、二〇一六年。

第一三章

ユーラシア・ダイナミズムと保健協力

詫摩佳代

はじめに

新型コロナウイルス感染症（新型コロナ）について世界保健機関（WHO）が「国際的に懸念される公衆衛生上の緊急事態（PHEIC）」を宣言したのは、二〇二〇年一月三〇日のことであった。それから早二年が経過した。

二〇〇〇年以降、感染症のアウトブレイクに対し、度々PHEICが宣言されてきた。二〇〇九年のH1N1インフルエンザは二〇〇九年四月にPHEICが宣言されて、その一年四か月後の二〇一〇年八月に解除された。二〇一六年の三月に解除されるまで一年七か月に渡り続いた。二〇一六年二月には、アメリカ大陸でのジカ熱の流行に関してPHEICが宣言され、同年一一月に解除されるまで九か月に渡り続いた。こうした前例と比べても、今回は異例の長さの緊急事態となっている。世界同時多発的なパンデミックの下で生みだされた格差や分断が、危機を長引かせてきたといえる。

社会・経済機能の回復に向けた道筋にも格差が広がりつつある。英国のジョンソン首相は、二〇二二年二月半ばに新型コロナ対策のすべての法的規制を撤廃すると発表した。英国内でワクチン接種が進み、重症化率が減少した結果、感染が続く中でもウィルスとの共生の道を選んだのだ。仏でも三月半ばにはマスク着用義務が撤廃され、多くの民主主義国で、従来の対応の見直しや規制の解除が進みつつある。

このように民主主義国がウィズコロナに向けて大きく舵を切り始めたのに対して、中国は頑強にゼロコロナを推進しており、北朝鮮ではここに来て国内で感染爆発が起きている模様である。社会・経済活動の回復といった観点からも、世界で大きな格差が広がっている現状である。

新型コロナはエボラ出血熱や新型インフルエンザなど、局地的であった昨今のアウトブレイクとは異なり、世界同時多発的だという大きな特徴がある。そのため、いずれの国も自国の対応で精一杯となり、ワクチンや治療薬などのリソースをめぐって、またこの禍をもたらした根源や責任の所在について、各国間で競合や対立が起きやすくなっている。ただ、闘いを長引かせている理由はそれだけではない。そもそも、国境を越える保健協力を支える枠組みにも構造的な問題点があった。また、近年、各国が自国の影響力伸長の手段として、保健外交を活発に繰り広げる中、新型コロナ対応そのものが非常に政治的になってしまったという事情もある。[*1] 本稿ではこのような視点に立ち、保健協力と地政学的な動きが交錯する様子を見ていく。そして、今後の展望についても併せて考えていきたい。

1. 国境を越える保健協力の特徴

アクターの多様化、ガバナンスの分散化

保健医療分野のグローバル・ガバナンス（保健ガバナンス）とは、国家のみならず、非国家アクターも含み、人間の健康に関するグローバルな課題に、公式・非公式様々な方法を用いて取り組む協力体系のことを指す。もともとこの分野の協力体系は、国家間の公式の手続きに依拠していたので、「国際保健（international health）」という呼称が一般的であったが、多様なアクターによって構成される複雑なアリーナと化すにつれ、「グローバル・ヘルス（global health）」という呼称にとって代わられてきた。

近年の保健ガバナンスには二つの特徴を見出すことができる。第一はアクターの多様化である。保健ガバナンスの中枢とも言えるWHOは戦後、「唯一の国際保健機関」として設立された。しかし保健分野における課題の多様化、グローバル化に伴う争点連携等を背景に、世界銀行やユニセフなど他のアクターも幅広く保健分野に参画するようになった。開発の一部として保健問題が位置付けられるようになったことは、その直接的な契機となった。一九八〇年代以降、世界銀行は国際通貨基金（IMF）と共に、累積債務が超過した途上国に対して、経済構造や経済政策の改革案として、公共部門の縮小化を要求する構造改革プログラムに着手し、WHOとの間に不和が生じた。世界銀行は発展途上国における貧困撲滅を目指した開発事業に取り組む国際機関であるが、一九六八年に総裁に着任したロバート・マクナマラ（Robert McNamara）のもとで、融資を大幅に増額し、とりわけ近年は、途上国における開発と貧困削減に当たって、保健改革や感染症対策に注力して取り組んでいる。そのため、今日に至るまでWHOとの間にしばしば、対立・競合がみられてきた。一九九八年に就任したグロ・ブルントラント（Gro Harlem Brundtland）WHO事務局長の下で、世界銀行の職員を積極的にWHOに雇い入れるなどして、世界銀行との間で関係改善が試みられたが、現在でも両機関の競合関係は完全に解消されたわけではない。[*2]

その後、WHOがHIV／AIDSへの取り組みにおいて適切なイニシアティブを果たせなかったことも、国連合同エイズ計画（UNAIDS）などの新たなアクターの台頭や競合を招いてきた。国家と非国家アクター（NGO、市民社会組織、民間セクターなど）が、HIV／AIDSの撲滅や新薬・ワクチンの開発、治療へのアクセス拡大など、特定の課題に関してフレキシブルな連携を築くパートナーシップ（public-private partnership; PPPs）も登場した。二〇〇二年に設立されたグローバルファンドはPPPsの典型である。グローバルファンドは二〇〇〇年のG８沖縄サミットの成果として設立された資金メカニズムであり、設立後まもなくＨＩＶ／ＡＩＤＳ、結核、マラリアに対するかなりの活動資金を動員することに成功した。ファンドの意思決定機関であるCCMs（Country Coordinating Mechanisms）はドナー国、国際機関、民間セクターの代表から構成されており、そのハイブリッドな性格が注目を集めてきた。このほか、ＨＩＶ／ＡＩＤＳワクチンのＲ＆Ｄ（研究開発）のためのパートナーシップとして誕生したThe International AIDS Vaccine Initiative（ＩＡＶＩ）や、航空券連帯税を利用してＨＩＶ／ＡＩＤＳ、マラリア、結核の治療へのアクセスを拡大しようというＵＮＩＴＡＩＤもPPPsの好例である。以上のようなPPPsの出現と発展において重要な役割を果たしてきたのが、二〇〇〇年に設立されたビル＆メリンダ・ゲイツ財団（Bill & Melinda Gates Foundation; BMGF）である。ＢＭＧＦは上述のいくつかのPPPsの主要なアクターであることに加え、ＷＨＯに対しても多くの寄付金を投じており、当機関の意思決定に大きな影響力を行使している。[*3]

以上のようなアクターの増殖は、活動資金を確保することに加え、問題への国際的関心を高め、またワクチンや治療法の開発を促したり、途上国における治療へのアクセスを拡大することにも大きく貢献してきた。他方、保健ガバナンス全体を俯瞰した際、分散化や求心力の低下という問題を招いてきた。[*4]

保健外交という側面

近年の保健ガバナンスにおける第二の特徴は、影響力ある国家による保健外交という側面である。保健協力における伝統的なアクターである国家は、以上のような保健ガバナンスの変容の中で、役割を相対化させてきた側面があるものの、依然、重要なアクターであり続けている。古くは各国の保健省を通じた関与が一般的であったが、近年では外務省や国際協力・開発庁を通じて、特定の国のあるいは世界全体の保健システムの向上を目指した関与が増えている。またその際、自国の政治的影響力の拡大や何らかの政治的目的が付随している場合が多い。本章ではこれを「保健外交」と呼ぶ。[*5]

変化の背景としては、保健問題が公衆衛生という専門的な領域の課題から、広い範囲に影響を及ぼす安全保障上の課題として位置付け直されてきたことが関係している。一九七〇年代から今日に至るまで三〇以上の新興ウイルス感染症が新たに発見されており、世界中どこでも常にパンデミックの危険性に晒されている。一日に大量の航空機が大陸間を飛び回る現在では、一旦どこかで感染症の大流行が始まれば、その影響は世界規模であり、たとえ感染を免れたとしても、安全保障、経済、産業など多局面でその影響を免れ得ない。実際、そのような認識に立ち、感染症の問題はハイレベルで扱われる機会が格段に増えた。二〇〇〇年一月の国連安保理では、議長を務めたアメリカのアル・ゴア副大統領がエイズを「国際平和と安全にとって脅威」であると述べ、同年七月の安保理決議では、国連のすべてのPKO活動においてHIV予防プログラムを実施することが承認された。[*6] 二〇一四年に西アフリカで流行したエボラ出血熱に関しても、国連安保理は「国際平和と安全にとっての脅威」と認め、緊急対応ミッションの設立へと至った。

先進国首脳会議(サミット)でも保健協力が議題となる機会が増えた。二〇〇〇年の沖縄サミットには初めてWHOが招かれ、首脳らと共にエイズ、マラリア、結核に関する特別基金の設立が合意された。

二〇〇六年のサンクトペテルブルクサミットでは初めてG8保健相会合が開催され、その後二〇一五年、二〇一六年、二〇一七年、二〇一九年にも保健相会合が開催された。新型コロナウイルスをめぐっても、米中対立の影響を受けて具体的な成果は乏しいものの、G7外相会合やG7首脳会合、日中韓外相会合等が開催されている。

こうした事情を背景に、各国が国際的影響力を高めたり、自らの構想を実現するうえで、保健外交は重要な手段と位置付けられてきた。中国も影響力確保の観点から保健外交に力を入れている。二〇一七年一月には習近平国家主席がWHOを訪問し、当時のチャン事務局長と会談、一帯一路構想のもと公衆衛生上の緊急事態への対応や中国製の薬やワクチンの活用に関する協定を締結した。[*7]二〇一七年八月には一帯一路構想の関係国保健大臣、WHO事務局長らを招き、一帯一路ハイレベル保健会合を開催、[*8]感染症の予防や公衆衛生上の緊急事態への対処、保健政策やワクチンの研究開発に関して連携していくことが確認された。このほか、二〇一四年西アフリカでのエボラ出血熱の流行に際しては、中国は専門家を派遣、現地での治療センターの開設や、現地の治療スタッフの育成に尽力した。アフリカに対する人道的な配慮もさることながら、中国はアフリカと深い経済交流を続けており、エボラ出血熱の流行は一〇〇万人以上いるとされる現地の中国人への影響も懸念されたためであった。中国の新型コロナに対するマスク外交やワクチン外交も、その延長線上に位置付けられる。

アメリカも保健外交に力を入れてきた。アメリカの保健外交のチャンネルは二国間支援と多国間支援、独自のイニシアティブの三つからなる。二〇一九年度におけるアメリカの多国間・二国間合わせた保健分野への政府開発援助の拠出総額は約八〇億ドルで世界首位であり、これは第二位のイギリス（約三〇

図1　保健分野のODA国別拠出（2019年）

（単位：100万米ドル）

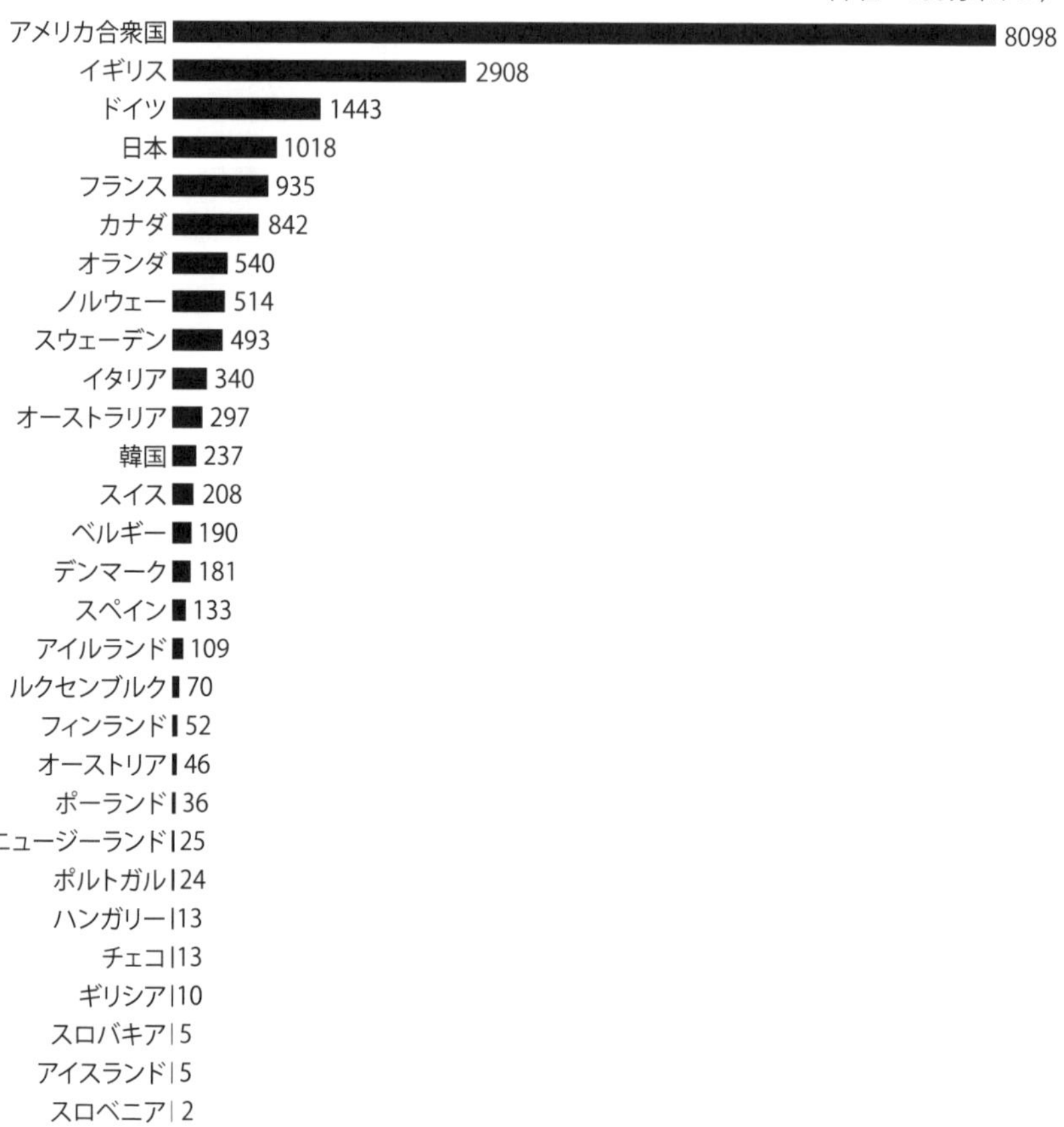

Donor Tracker ウェブサイトより（https://donortracker.org/united-states/globalhealth）

億ドル）の二・五倍の額に当たる。ちなみに、アメリカの保健分野のＯＤＡはその八一%が二国間ベースであり、残りの一九%はグローバルファンドやＧＡＶＩワクチンアライアンスなどの多国間枠組みを通じた拠出となっている。[*9]

多国間支援においても、最近に至るまでアメリカの存在感は際立っていた。ＷＨＯの予算は一九四の加盟国からの分担金と自発的拠出金の二種類の財源から構成される。加盟国の分担金は国連の分担金と同様、主に当該国の経済規模によって決まり、アメリカは戦後一貫して最大の分担金を負担してきた。ＷＨＯが一九五〇－七〇年代にかけて展開した大規模なマラリア撲滅事業、天然痘撲滅事業もアメリカの資金とワクチン等の物資に大きく依拠してきた。しかし、近年では、多国間枠組みを通じたアメリカの保健分野への関与は縮小している。最新のＷＨＯ会計年度においてアメリカは従来の一位から大きく交代して四位、ＷＨＯの全歳入に占める負担割合は六・九一%となっている。ちなみにその間、欧州諸国が負担率を上げ、ドイツが一位（一一・九七%）、欧州委員会が三位（七・六三%）となっている。

表　WHO予算（2021年度）支出者の内訳

➡トップ6が約50%を支出

	歳入全体に占める割合（%）	
ドイツ	11.97	49.66%
ビル＆メリンダ・ゲイツ財団	10.37	
欧州委員会	7.63	
アメリカ	6.91	
GAVIアライアンス	6.43	
イギリス	6.35	
～		
日本	2.22	
～		
中国	0.82	

WHOのウェブサイト（http://open.WHO.int/2020-21/contributors/contributor）より、著者作成

近年では、独自のチャンネルを通じた関与も拡大している。二〇〇三年始め、アメリカのジョージ・Ｗ・

ブッシュ大統領は来る五年間の国際的なエイズ対策の資金として一五〇億ドルを支出すると発表し、米国内で超党派の支持を集めてPEPFAR（The U.S. President's Emergency Plan for AIDS Relief）が成立した。その後の五年間で当初の一五〇億ドルを優に上回る額が国際的なエイズ対策に投入され、計画が終了する二〇〇七年五月には活動をその後も継続することを決定、また来る五年用の活動資金として、二〇〇三年に用意された資金の二倍に当たる三〇〇億ドルが計上された。[*10]

新型コロナ対応をめぐっても、二〇二一年七月にUS COVID-19 Global Response and Recovery Frameworkを設立するなど、独自の枠組みを通じた関与を強めている。

2. 新型コロナ対応への地政学のインパクト

政治的対応としての新型コロナ対応

以上の通り、今回のパンデミックの以前より、保健と政治との接点は既に大きなものだったが、新型コロナ対応をめぐっては、対応そのものが政治と化した。ウイルスの影響が人間の健康のみならず、広く社会の隅々にまで及ぶからこそ、その対応は国内的にも国際的にも立派な政治的争点となった。その様子は米中の様子からも明らかだ。

二〇二〇年二月七日、当時のトランプ大統領と習近平国家主席が電話会談をした際、トランプ大統領は中国の対応を完全に支持する、アメリカには専門家の派遣など、様々な支援を行う用意があると申し出ていた。米中対立の最中においても、あたかも、感染症をめぐっては米中連携が可能であるかのような様相であった。その対応が大きく変化したのが二〇二〇年三月だった。アメリカで劇的に感染者数が増加したのだ。秋に大統領選挙を控えていたトランプ政権は、国内から対応の悪さを批判され、それが大統領選挙に影響を与えることを懸念した。

その後のトランプ大統領の中国やＷＨＯに対する態度は大きく硬化した。新型コロナウイルスのことを「武漢ウイルス」と呼んだり、ＷＨＯに対する批判を強めたのもその時期以降だった。いずれの国の首脳にとっても、新型コロナ対応は選挙への影響、国際的な評判への影響などが懸念され、その対応は極めて政治的なものとなった。

第二次世界大戦後、保健協力を含む機能的国際協力は、国際協調の基盤となることを期待された。「非政治的」な協力の積み重ねが、「政治的」な領域の合意の土台となるのではないかという期待である。しかし、脅威が多様化した今日において、感染症をめぐる協力を「非政治的」と位置付けることはもはや不可能であり、地政学的な動向との連動を免れ得ない。ロシアによるウクライナ侵攻も、保健ガバナンスに影を落としつつある。双方をメンバーとするＷＨＯ欧州地域局でも、またＷＨＯ総会でもロシアの侵攻を非難する決議が採択された。今後、ロシアが一層の孤立を深めれば、保健協力においてもそれと連動する動きが深まると予想される。

国際的な求心力の欠如

新型コロナをめぐっては、保健ガバナンスの欠陥も種々明らかとなった。戦後の保健ガバナンスにおいて、形式的にはその中心役にＷＨＯが位置付けられ、規範の設定や健康格差の調整を行うことが期待されてきた。国際社会では基本的に、国際機構や国際法は拘束力や強制力を持たない。そのような中でも、国際機構や国際規則が提示する様々な規範をベースとして、ある種の調和した行動が見られてきた。ポリオの地域的根絶や天然痘の根絶、エイズの治療薬の普及といった偉業は、こうした仕組みの下で達成されてきたと言える。他方、近年では前述の通り、アクターの多様化、WHOの求心力の低下により、保健ガバナンスの綻びが指摘されてきた。

そのことが今回のパンデミックに際して、様々な形で明るみに出た。国際保健規則の履行に関しても、またリソースの公平な分配に関しても、調和した行動なるものはほとんど見られなかった。国際保健規則は一九〇三年に成立した国際衛生協定に起源を持ち、領域内のサーベイランスや水際対策、WHOへの一定時間内の報告義務など、感染症対応のための各種義務が定められている。この条約は国際環境の変動に応じて、数々の改定を経てきた。

最近二〇〇五年の改定では、対象が特定の感染症から自国領域内における「国際的に懸念される公衆衛生上の緊急事態」へと拡大された。

この改定は九・一一同時多発テロを受け、炭素菌ウィルスなどを用いたテロの危険性が高まったことを反映したものであり、これらの事象が発生した場合、加盟国は評価後二四時間以内にWHOへ通達することが義務付けられた。二〇〇五年の改定ではさらに、感染拡大防止のための対策は社会・経済に与える影響を最小限に止めるよう配慮すべきことも加えられた。SARSの時、WHOがカナダや中国の一部地域への渡航禁止勧告を出し、それが大きな経済的損失をもたらしたことへの反省であった。以降、WHOは今回の新型コロナも含め、渡航禁止勧告を出していない。

しかしいずれの機能も今回のパンデミックでうまく機能したとは到底言い難い。中国がWHOに新型コロナに関する報告を行ったのは二〇一九年の大晦日であったが、少なくとも同年一二月以降、様々な異変が国内で確認されていたとされる。国際保健規則で定められた「評価後、二四時間以内にWHOに通達する」という規定は正しくは守られなかったのである。

また、オミクロン株の出現時など、WHOは国際保健規則に基づき、国際交通及び取引に対する不要な阻害を回避する目的で、たびたび渡航規制の撤廃や緩和を加盟国に勧告してきたが、それが実行に移されることはほとんどなかった。規則の履行を強制するような仕組みが存在せず、あくまで各国の自発的な協力に依拠する仕組みの限界が明らかとなった形だ。

国際機関に対する信頼の欠如も大きく響いた。各国の自発的な協力が機能するためには、組織や枠組みに対する信頼が不可欠である。しかし、残念ながらWHOへの国際的な信頼は、初動で大きく低下した。二〇二〇年の一月二三日に複数の国で人から人への感染が見られるなか、PHEICの宣言を見送ったこと、一月末に中国を訪問したテドロス事務局長が中国の対応を賞賛するなどの一連の行動ゆえに、WHOの中立性や独立性に対する信頼が大きく揺らいだ。その後のWHOの勧告は必ずしも実行に移されたわけではなく、各国がバラバラな行動を行い、連帯の欠如という帰結をもたらしたのであった。

ワクチン外交

各国の保健外交としての側面も、新型コロナ対応に際してクローズアップされた。医薬品へのアクセスに先進国と途上国で格差があるのは何も目新しいことではなく、新型コロナワクチンをめぐっては予め、格差を予防するために、史上初の公平供給を目指す枠組みCOVAXファシリティが設立された。COVAXは加盟国が約二〇〇億ドルを共同出資し、候補ワクチンを複数囲い込み、二〇二一年末までにWHOの事前承認を受けた20億回分の安全で効果的な新型コロナワクチンを提供することを当初の目標とするグローバルパートナーシップである。参加国は自国の公費で国民のワクチンを確保できる国（高・中所得国）とそうでない国（低所得国）に分けられ、高中所得国はワクチン開発や製造設備整備に使われる拠出金を前金として支払い、その資金によって製造費をわずかに上回る価格で、人口の二〇％相当分を上限にワクチンを確保することができる。一方で、途上国に関しては、各国のODAやドナーからの拠出金により、ワクチンを供給・輸送する枠組み（COVAX AMC）が設けられている。

他方、制度が整えられたからといって、ワクチンが公平に分配された訳ではなかった。実際、COVAXによるワクチン供給は二〇二一年二月から始まったものの、順調にワクチン供給が進んでいるとは言い難い状況である。二〇二一年三月には、COVAXが大きくワクチンの供給元として依存していたインドで感染者が急増、インドはワクチンの輸出を一時停止する事態に追い込まれた。その後も、ワクチンの調達や資金不足の影響を受け、現在でもCOVAXの運営に関しては、当初の予定通りには必ずしも進んでいない。二〇二二年五月時点で、日本をはじめとする先進国では必要回数を接種した人の割合は日本が八〇％、カナダが八二％、フランスが七八％と軒並み、人口の八割を優に超えているのに対して、エチオピアが一八・五％、ブルンジが〇・一％、コンゴ民主共和国が一・三％とその格差は大きく広がっている。[*11]

その間を縫うように、二国間ベース、あるいは有志国の枠組みを通じたいわゆるワクチン外交が活発

図2　ワクチンの寄付元と寄付先（トップ5）

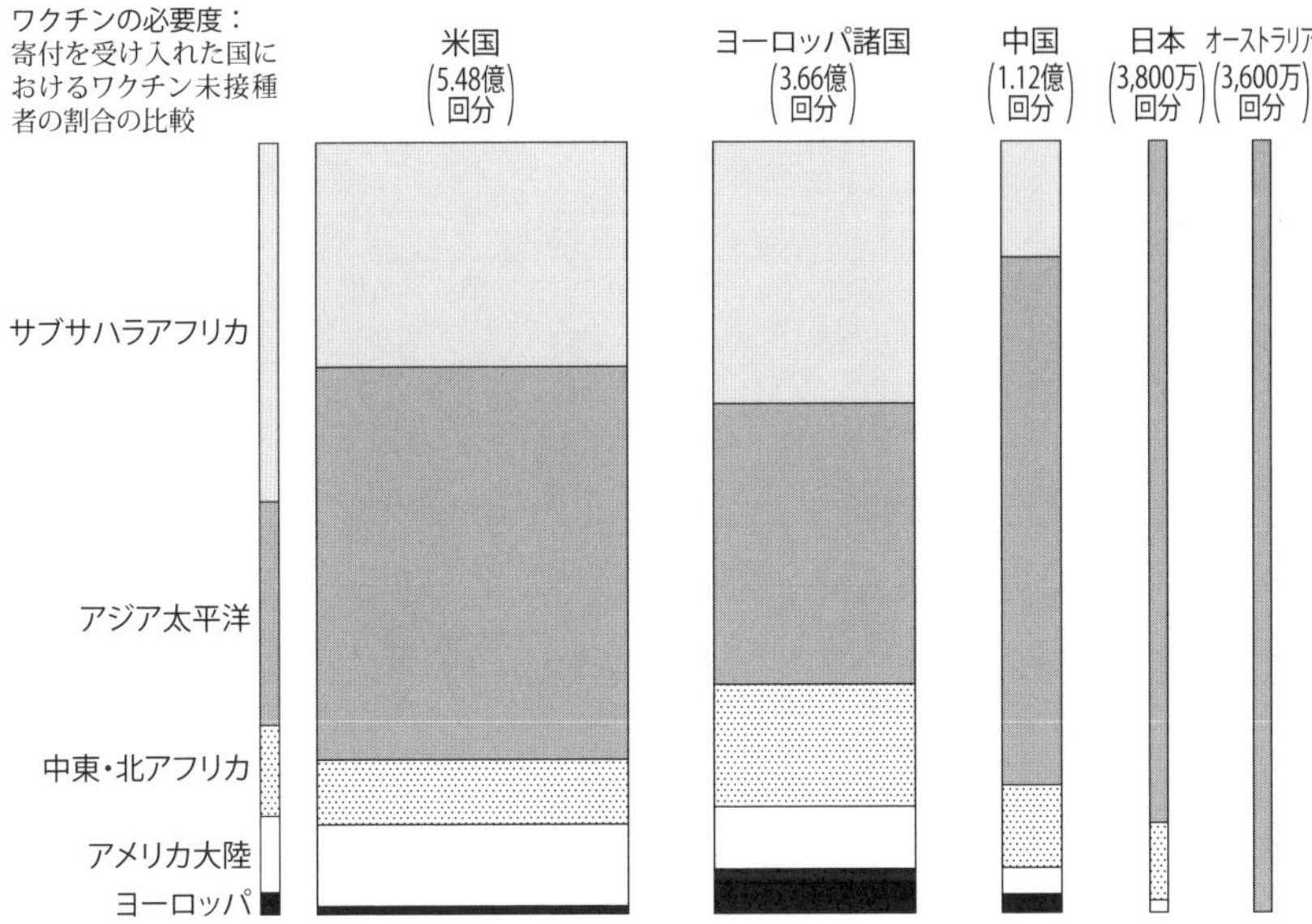

Council on Foreign Relations, 'Visualizing 2022: Trends to Watch', Last updated December 6, 2021 3:00 pm (EST), https://www.cfr.org/article/visualizing-2022-trends-watchより引用

に展開されてきた。上述の通り、COVAXがうまく機能するか否かは不透明な部分も多く、その不安を埋め合わせる形で、中国とロシアが国産ワクチンを主に中所得国に輸出してきた。例えば中国の李克強首相は二〇二〇年八月にメコン開発協力の加盟五カ国に対し、中国産ワクチンを優先的に供与する約束をした。[*12] この時までに中国はブラジル、インドネシア、フィリピンにも優先供給を約束していた。ワクチンはマスクよりも希少価値が高く、供与と引き換えに、各種外交上の目的を達成する意図もあると分析されてきた。[*13]
実際、エジプトは中国と現地製造に関する合意を締結した後の二〇二一年六月、国連人権理事会で「香港、新疆ウイグル、チベットの問題は中国の内政であり、他国が干渉すべきでない」と謳った共同声明を支持しており、王毅外相自身、ワクチンに関する両国の戦略的パートナーシップにとって「最善の時期」だと言及するほどであった。[*14]中国はエジプトの他にもモロッコやインドネシアにもワクチンの現地製造協力を行っており、その影響は新型コロナ対応にとどまらず、中長期的なインパクトも見込まれる。

アメリカについても、国内のワクチン接種の目処がたった二〇二一年四月頃から中国に対抗して、二国間、COVAXへの寄付、インドに日本、アメリカ、オーストラリアを加えた四カ国の外交・安全保障政策の枠組み「Quad（クアッド）」を通じて、ワクチンの寄付、ワクチン製造能力向上に向けた拡大支援、コールドチェーン支援などに取り組んできた。しかし、米外交問題評議会が公開しているデータによれば、アメリカ、ヨーロッパ、中国、日本、オーストラリアらのワクチン外交の支援先は、二〇二一年末の時点で、世界で最もワクチン接種率が低いサブサハラアフリカではなく、アジア太平洋地域に集中している。中国によるワクチン外交の主な対象も、アジアや中南米の中所得国に比重が置かれている。[*15]ワクチン外交では必要性より、戦略的考慮が優越的に機能する側面が窺える。[*16]

3. 今後の争点

国際機関の主導力の低下、国際社会における分断の深化等の影響を受けて、今後も感染症の備えと対応に関しては、グローバルなレベルで合意を形成することが難しい状況は続くと予測される。実際、具体的な争点がいくつか存在する。第一は、新型コロナの発生源調査に関するものである。世界を揺るがした新興感染症の発生源や感染経路を解明することは、次なるパンデミックを予防する上でも重要である。二〇一四年に西アフリカで大流行したエボラ出血熱に関しては、ドイツ国立ロベルト・コッホ研究所の研究チームがパンデミックが宣言されてまもない時期に、最初の死者の周辺環境を詳細に調査、その年末に感染の発生源は、ギニア辺境にある村の木の洞に住む食虫性コウモリである可能性を科学雑誌に発表した。他方、今回の新型コロナをめぐっては、二〇二一年初旬にWHOの調査チームによる発生源調査が中国で行われたが、あくまで発生国の許可した範囲内での調査であり、発生源解明には程遠い現状である。WHOは二〇二一年秋にも再調査のための専門家会合を設置したが、初回と同様、WHOの権限は極めて限られており、どこまで真相を解明できるのか不透明な状況にある。WHOの下に設置された調査チームによる真相解明が厳しいことが明らかになると、米国や科学者のグループらが中国武漢市の卸売市場を発生源とみる説や、武漢のウイルス研究所から流出した説の検証を独自に進め、それをもとに相互の非難の応酬が継続することは避けられない。

第二の争点は、パンデミック条約に関するものである。発生源調査で明らかとなった通り、発生国の積極的な関与がない限り、国境を越えるパンデミックへの対応はより一層難しいものとなる。こうした現状を踏まえ、「パンデミック条約」策定に向けた動きが加速化している。パンデミック条約は、各国の責務と国家間協力を強化することで、パンデミックに備えようという趣旨で、二〇二〇年EUのミシェル大統領が提案したものだ。現在、感染症対応に関する各国の義務等を記した国際保健規則が存在するが、いずれも義務を怠った際の罰則等が設けられていない。提案されているパンデミック条約は、国際保健規則にとって代わるものではなく、パンデミックの予防と備えに向けた、医薬品の国際共同研究開発体制の整備など、既存の枠組みではカバーしきれていない事項に関し、WHOの権限並びに各国の責務を強化する狙いがある。

二〇二一年一一月のWHO特別総会では、パンデミック条約創設に向けた合意がなされたことは、一応の前進と見ることができる。他方、その具体的な内容や実効性を担保する具体的方法を詰めていく作業が残っている。欧州諸国は野生動物の取引を禁じる条項や、協力のインセンティブを付与する案を提案している。また、米国はIHR改定に際して、発生国が情報共有を拒んだ際に、WHOが当該国の許可を得ずに、他国と情報共有する権限や、PHEICの基準を満たしていない時に中間的なアラートを出せる権限など、踏み込んだ提案をしている。一方の中露は消極的だ。実際、二〇二二年五月のWHO総会でロシア代表は「新たな法的措置やIHR改定が、各国の主権に抵触するものであってはならない」と釘をさした。

明るい兆しもある。グローバルな枠組みにおける米国の関与が持ち直された側面や、欧米の結束が強まった側面が観察されているのだ。米国はテドロス事務局長の二期目について、二〇二二年二月末になって支持する意向を明確にした。WHOの財政改革に関しても昨年末、交渉が一旦決裂となったが、四月末になって増資に合意がなされ、五月の世界保健総会ではこの案に沿った勧告が採択された。しかし、国際社会の分断は依然大きく、グローバルなレベルでの合意形成には今後、多くの困難が付きまとうと予想される。

4．重層化する保健ガバナンス

重層的協力の重要性

未来を悲観したくなるような厳しい現状であるが、グローバルなレベルでの協力装置の補強と並行して、地域や有志国、国レベルなど多層的な枠組みで互いに補い合うことを目指すのが現実的だといえよう。

歴史的に見ても、保健協力においては、グローバルなレベルに先駆けて地域レベルでの協力体制が進展してきた。感染症はアフリカにおけるマラリアやアメリカ大陸における黄熱病という風に、地域によって異なる課題に直面するからだ。アジアでも戦前、国際連盟保健機関シンガポール感染症情報局という組織が存在し、地域的保健協力の拠点となっていた。新型コロナ対応をめぐっては、グローバルなレベルでの協力に関する綻びが明らかになったからこそ、地域レベルでの協力を見直す動きが活性化している。戦後はWHOの下に六つの地域局が設立されたこともあり、地域別保健協力が発展したものの、地域間の閉鎖性が高く、必要なときに地域間が助け合えないという問題点も引き起こした。それでもなお、地域レベルの保健協力の意義とは、グローバルなレベルでの協力を補完するというものだろう。新型コロナ対応をめぐって、グローバルなレベルでの協力に関する様々な綻びが明らかになったからこそ、地域レベルでの協力を見直す動きが活性化している。EUは従来、公衆衛生分野の域内協力に積極的ではなかったが、新型コロナ対応や新型コロナワクチン調達等に関して共同歩調を取ることができなかった経験を受けて、二〇二〇年秋に欧州保健連合（European Health Union）の設立に向けて舵を切り始めた。域内での医薬品や医療機器の供給状況のモニタリング、ワクチン治験やワクチンの有効性・安全性に関する情報や研究のコーディネート、またEUレベルでのサーベイランスシステムの整備、加盟国内で病床使用率や医療従事者数などデータの共有などを通じて、公衆衛生上の危機に対する地域レベルでの備えと対応を強化する狙いがある。[*17] 近隣諸国と情報共有システムを構築したり、緊急時の対応に関する覚書を結ぶことは、グローバルなレベルでの対応枠組みを補完することにつながる。

ラテンアメリカでは、WHOアメリカ地域局が二〇二一年九月に、新型コロナワクチンの域内製造を推し進めるための地域的プラットフォーム（Regional Platform to Advance the Manufacturing of COVID-19 Vaccines and other Health Technologies in the Americas）の設立を発表した。アフリカでも新型コロナを契機として、地域内協力の重要性が再認識され、アフリカCDCが中心となり、サーベイランスや検査、必要物資やワクチンの調達等に努めてきた。大陸内部の医薬品・医療用品の調達を担う地域内枠組みとしてアフリカ医療用品および医薬品プラットフォーム（Africa Medical Supplies Platform）も設立され、アフリカ連合（AU）やアフリカCDC、国連アフリカ経済委員会など地域の組織間でパートナーシップとして、アフリカにおける域外からの新型コロナワクチン調達にもおいても大きな役割を果たしている。アフリカでは新型コロナをきっかけとして、域内でのワクチン自給率を高めようという動きも高まった。アフリカはワクチン輸入率は九九％であり、二〇二一年四月、アフリカCDC長官は現地の生産能力を高めることで、二〇四〇年までに輸入率を四〇％にまでさげることを目指すと宣言した。アフリカでは、WHOやCOVAXといったグローバルな枠組みへの懐疑心が地域的な枠組みを補強しようという動きにつながっているといえる。

有志国による関与も活発化している。上述の通り、クアッドは二〇二一年春以降、インド太平洋諸国に対するワクチン支援は製造能力拡大支援、コールドチェーン支援などに取り組んできた。このように重層化していく保健ガバナンスの下で、グローバルなレベルでの協力の意義とは何だろうか？

グローバルな協力枠組みの役割

戦後の国際秩序の基盤である多国間協調、法の支配といった大原則は今、大きな危機を迎えている。ロシアのウクライナ侵攻について、国連安保理で非難決議の採択にあたり、常任理事国のロシアが拒否権を行使した場面は、国際機関の硬直性と限界を如実に示すものであった。他方、国連総会は三月初めの緊急特別会合で、最も強い言葉で遺憾の意を表する決議を賛成多数で採択した。決議に拘束力はないが、国際社会の結束を確認し、ロシアによる主権侵害に毅然と対抗するための基盤を提供したといえる。国際機関はその限界を露呈する局面が格段に増えてきているが、それでも、関係するアクターのフォーラムを提供し、規範やルールを提示し、政治的関与を引き出し、維持する上でギリギリの役割を果たしているとみることができる。

同じことが保健協力に関しても言える。国際協力の欠如やWHOの主導力の欠如を嘆くことは簡単だが、それは本来アナーキーな国際社会では織り込み済みの話だ。そのような現状を、国際環境の変動に即して、わずかにでもベターな状態にするべく、既存の枠組みのどこを変え、新しい装置や他の手段で何を補うのかを考えていく視点が今、求められている。世界が多極化していく中で、国際協力とそのアリーナとしての国際機構にとっては、ますます厳しい時代が訪れるだろう。そのような中でもWHOの、健康に関する様々な規範を設定し、規範を維持するための政治的コミットメントを引き出し、醸成するという根本的な役割は変わらないだろう。新たなパンデミック条約に関しても、何らかの拘束力を持たせて、実効性のあるものにできれば理想的だが、分断が深まる現在の情勢下では難しいと想定される。現実的には、感染症と気候変動や貿易などとの関連性を鑑み、公衆衛生を超えた包括的な規範（人間と動物、環境の健康を一体と捉えるワンヘルスや、〈公平性の原則〉を盛り込み、締約国のコンプライアンスを確保する制度を併せて設けることができれば上出来だろう。ただし、それだけでは次なるパンデミックに備えるのは、あまりにも心許ない。並行して、サーベイランスや医薬品の開発と製造に関する能力構築、緊急時の渡航制限をめぐる申し合わせなど小回りの効く措置を、国レベル、近隣諸国間、有志国間、官民のパートナーシップといった様々なチャンネルを用いて、試みていく必要があるということだ。

おわりに

日本をはじめとする関係各国には、このように重層化していく保健ガバナンスの中で、限られたリソースをどのチャンネルにどれだけ割り当てるのかという難題に直面しつつあるし、また各枠組みの間の重複を避け、整合性をとっていくというバランス感覚も必要となる。極めて困難な作業となるが、各レベルの特徴を見極め、バランスをとっていくことが求められることとなろう。

日本は近隣諸国や友好国との協力構築も前向きに検討していくべきだろう。アジアでは欧州やアフリ力とは異なり、地域全体を網羅するような地域的保健協力の体制ではなく、友好国の間で断片的に協力が進展している状況である。東南アジア諸国とは、二〇二〇年に日本政府が打ち出したＡＳＥＡＮ感染症センターを軸に、保健協力の進展が期待される。一方、日中韓の間では、二〇〇七年以降、日中韓三国保健大臣会合を開催し、二〇二一年末の会合ではパンデミック対応への備えや情報共有等の強化を謳った共同声明を採択、また人材育成の促進等の記載を盛り込んだ共同行動計画も採択された。しかし外交的な緊張関係が継続する中で、今後どこまで実態を伴ったものに発展させられるかは不透明である。ただ、上述の通り、近隣諸国と小回りの効く仕組みを整えることは、いずれの国の備えと対応においても利するものと期待できる。日本の国立感染症研究所と中国ＣＤＣ、韓国疾病予防管理庁のあいだには定期的な研究交流も行われている。また、クアッドや日米間でも感染症への備えと対応能力の強化を探る動きもある。こういった国々と、情報共有や医薬品の研究開発・融通の仕組みを整えていくことは必須だと思われる。

グローバルなレベルでも、日本の積極的な関与が求められている。二〇二二年初旬には韓国に中・低所得国のワクチンや治療薬等の開発製造訓練を行う目的で、ＷＨＯのハブが設立された。ドイツにも二〇二一年秋、感染症の情報や検知の協力拠点としてＷＨＯのハブが設置された。フランスは二〇〇一年、リヨンにＷＨＯリヨンオフィスを設置し、主に途上国の能力構築に向けた支援を行なっている。日本も力を入れてきたユニバーサル・ヘルス・カバレッジにフォーカスしつつ、中長期的な視野で、各国の能力構築に積極的に寄与していく必要があるだろう。さらに、提案されているパンデミック条約に関しても、日本は政府間交渉会議の一カ国として、具体的で実効性のある起草作業に従事し、関係各国の意見調整を行うという役割が期待される。

不安定な国際情勢の中で保健ガバナンスにとっては、厳しい時代が到来すると予測されるが、一方で、パンデミックの脅威は継続する。重層化する保健ガバナンスの中で、各レベルの特徴を見極め、各レベルのバランスをとりつつ、次なる危機に備える必要があるといえる。

註

＊1 この点は、詫摩佳代「『自国の危機』としての新型コロナ対応」、国際経済連携推進センター編『コロナ禍で変わる地政学――グレート・リセットを迫られる日本』産経新聞出版社、二〇二一年、pp.210-218でも指摘。

＊2 Jeremy Younde, *Global Health Governance* (Polity press 2012), chap.3.

＊3 Ibid., chap.5.

＊4 Ilona Kickbusch, et al., (eds.), *Global Health Diplomacy: Concepts, Issues, Actors, Instruments, Fora and Cases* (Springer 2015).

＊5 詫摩佳代「先進国の保健外交――フランスとWHOの連携を中心として」、城山英明編著『グローバル保健ガバナンス』東信堂、二〇二〇年九月、第7章でも触れている。

＊6 ピーター・ピオット『ノー・タイム・トゥ・ルーズ――エボラとエイズと国際政治』慶應義塾大学出版会、二〇一五年、p.322.

＊7 Röhren, Charlotte, 'Why China Could be a Game Changer for Global Health: With its growing international integration, China is becoming a major actor in global health issues', The Diplomat,

April 22, 2017.

＊8 Kun Tang, Zhihui Li, Wenkai Li, and Lincoln Chen, 'China's Silk Road and global health', Lancet, 390–10112, 2017.

＊9 Donor Tracker ウェブサイトより（https://donortracker.org/united-states/globalhealth）

＊10 Dietrich, John W., 'The Politics of PEPFAR: The President's Emergency Plan for AIDS Relief', Ethics & International Affairs, 21–3, 2007.

＊11 Josh Holder, New York Times, 'Tracking Coronavirus Vaccinations Around the World', Updated Jan. 29, 2022（https://www.nytimes.com/interactive/2021/world/covid-vaccinations-tracker.html）

＊12 Keegan Elmer, 'China promises its Mekong neighbours priority access to a coronavirus vaccine developed in China', South China Morning Post, 24 August 2020.（https://www.scmp.com/news/china/diplomacy/article/3098610/china-promises-its-mekong-neighbours-priority-access）

＊13 Chao Den, 'China Seeks to Use Access to Covid-19 Vaccines for Diplomacy', Wall Street Journal, 17 August 2020.（https://www.wsj.com/articles/china-seeks-to-use-access-to-covid-19-vaccines-for-diplomacy-11597690215）

＊14 Rachel Zhang, 'Sinovac set to start making Covid-19 jabs in Egypt as China expands vaccine push', South China Morning Post, 28 June 2021.（https://www.scmp.com/news/china/diplomacy/article/3139036/sinovac-set-start-making-covid-19-jabs-egypt-china-expands）

＊15 Unicef, COVID–19 Vaccine Market Dashboard より。（https://www.unicef.org/supply/covid-19-vaccine-market-dashboard）

＊16 Council on Foreign Relations, 'Visualizing 2022: Trends to Watch', Last updated December 6, 2021 3:00 pm (EST).（https://www.cfr.org/article/visualizing-2022-trends-watch）

＊17　European Commission, 'European Health Union'. (https://ec.europa.eu/info/strategy/priorities-2019-2024/promoting-our-european-way-life/european-health-union_en)

第一四章

資源地政学からみたユーラシア

宮脇　昇

1. 接続性と国境の相克

接続性（connectgraphy）とは、世界のメガ都市間の競争が重要な時代となった現在、資源、情報などの流通・移動ルートが生命線であり、そのネットワークの利便性を重視するという、「世界を構築するための考え方」（カンナ 2017:31）である。アフリカや中東諸国にとっては、植民地時代の国境よりも、回廊（corridor）やパワー・グリッド（電力網）の接続性が重要となる。接続性の高い都市が世界で優位にたつ。インフラの線（幹線道路、パイプライン、鉄道、海底ケーブル）の総計約六八〇〇万㎞は、世界の国境線総延長約二五万㎞よりも圧倒的に長い。インフラは、自然の地理を変え、国家は地理的運命を接続性によって乗り越えることができる。世界あわせて、それぞれの隣国との貿易は、世界全体の貿易量の四分の一程度にすぎず、接続性の高い地域間での貿易がそれを上回る。以上が、接続性の概要である（カンナ、及び宮脇 2020）。

国境の総延長よりも、インフラ線の総延長のほうが長いという事実の比較は、接続性の思想に潜在する国境への対抗意識に由来する。国境は、言うまでもなく主権国家を区切り、主権国家体制を形作るのに欠かせない地理的、法的装置である。これに対して、富は本質的に国境を越えるものであり、事実、資本主義経済は国民経済の枠を超越しようとし、そこに国家と企業の軋轢が生じてきた。

企業の経済活動に限らず、人々の生活においてもインフラは重要である。しかしインフラは、水平的なものではなく、垂直的な構造をもつ。一九七〇年代の中心―周辺理論（ＣＰ理論）を持ち出すまでも

図1　ポーランドの貨物輸送量の変化

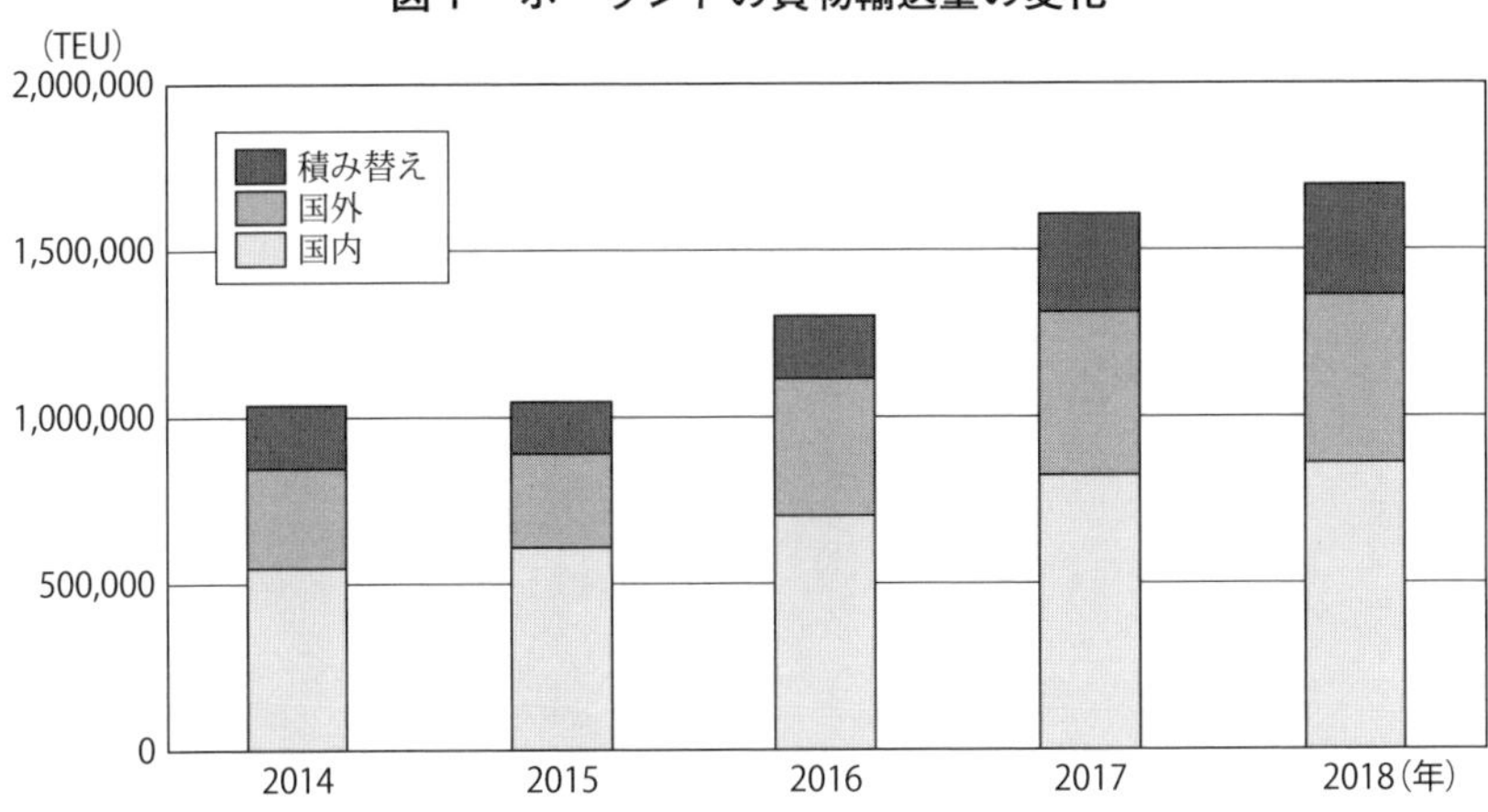

TEU＝貨物量を表す単位。20フィートのコンテナ1個分が1TEU（日通ウェブページより）

なく、富は大国や経済的な中心部に集積される。富への機会は歴史的にも地理的にも不平等である。しかしそれは構造的な無競争とは限らず、競争を伴うことも多い。ここに、接続性をめぐる争いが政治化しうる。

実際に、中国の一帯一路は、ユーラシアに接続性を拡げることで、当該諸国を豊かにするだけではなく、中国自体の経済的な影響力を拡げる結果となる。たとえば「鉄のシルクロード」と呼ばれる鉄道網を通じた財の流れは、中国に向かっており、鉄路で欧州に輸送された中国製品は二〇二一年には七五〇億ドル相当に上ったという。筆者は二〇〇〇年にドイツに在住していたがその当時は貨物列車に見られる文字はアルファベットだけであり、国際列車の客車表示はドイツ語、フランス語が主で、まれにロシア語がまじる程度であった。現在は、コンテナに漢字を多く見かけるようになっている。通過地点のポーランドの鉄道輸送の統計によると一帯一路が発表された二〇一四年から一八年にかけて鉄道貨物は一・五倍に激増している（図1）。

写真1　Małaszewicze 貨物ターミナル（日通のウェブページより）。広軌と標準軌のレールが混じる。

　ポーランド・ベラルーシ間には、軌間の隔たりがある。後述するモンゴル・中国間同様に、旧ソ連は広軌であり、ポーランド以西は標準軌である（広軌の西玄関はベラルーシにあり、東玄関はモンゴルにある）。そのため国際列車はブレスト（ベラルーシの西部国境）で台車交換がなされ、その間に駅に降りてゆっくり食事をとる余裕さえあった。しかし二〇一六年一二月、ロシア国鉄はベルリン・モスクワ間を結ぶフリーゲージ列車「ストリージィ」の運行を開始し、可変軌間によりモスクワからベルリンまでの所要時間は四時間三五分短縮され、二〇時間一四分となった。陸の高速化は技術的に急速に進んでいる。

　また貨物についても現在は、ポーランド側の Małaszewicze に巨大な貨物ターミナルが建設され、台車交換が格段に整理されている（写真1）。

　これは、商品等の国際規格をめぐる競争と同様に、シェアをめぐる相対利得の闘いに直結する。新しくインフラができ、それを一旦利用しはじめると、そこから脱却するには、別の代替インフラにアプローチできねばならない。複数のインフラが集まっている地域は、それほど多くない。なぜなら一方で先進地域では、高度な経済競争の結果、インフラの集中と寡占が進むためである。欧州の航空路線でイタリア、ベルギーなどのナショナル・フラッグが破綻したことを想起すればよい。他方、発展途上地域ではインフラが未だ整備されていないためである。両者の中間地帯にインフラを延ばそうとするのが一帯一路であり、あるいは先進諸国の開発援助である。そこにはユニバーサルな発想はなく、ナショナルの思想が垣間見える。その意味で、接続性をめぐる都市間の争いは、実際には国家間の争いと同期するという、自然な矛盾に到る。

もう一つの接続性の矛盾は、軍事同盟批判についてである。ポスト・イデオロギーとしてのサプライチェーンの世界での入り組んだ関係では、各加盟国が「共同」の活動に参加すべきかの費用便益計算を常に行うため、柔軟性に欠ける同盟の維持は不可能だ（カンナ　268）とされる。具体的にはNATOは、ウクライナをめぐってロシアと対決するよりも経済面での現実を優先していると指摘されていた（同267）。しかし二〇二二年のウクライナ戦争でみられるように、ウクライナの惨状に接し感情的になった世論を抑える政治的リーダーシップをとらなければ、NATOはウクライナ戦争への介入に引きずり込まれてしまい、ロシアとの第三次世界大戦の危険を冒すこととなるだろう。すでに稼働して一〇年以上になるノルド・ストリーム1が停止されれば、接続性は優先されないことになる。動画や画像で伝わる感情的情報がいかに危険であるかを民主主義社会が技術の進化にあわせて冷静に考えられるほど、社会が習熟できていない。それゆえ、同盟は、軍事的にはともかく、政治的には未だ重要な役割を果たすであろう。

こうした矛盾や限界にもかかわらず、接続性の概念は二一世紀の世界を大きく支配している。なぜなら、接続性の概念が登場するはるか以前から、世界の経済的発展や軍事的拡張は、単なる技術革新にとどまらず、インフラの地理的拡大に依っていたためであり、それは時間をかけて国境を越えているためである。たとえば、すでにモーゲンソーは、イランがソ連のバルト海―カスピ海運河を利用したことで、ドイツからイランまでの距離がスエズ経由よりも二七〇〇マイル短く、運搬日数が五〇日から二五日に短縮したことを挙げている（モーゲンソー 1974 : 106）。

本章では、ユーラシアの事例を念頭におきつつ、簡易な説明を必要とする場合には日本国内のインフラの事例を織り混ぜながら、ユーラシア地域の接続性と国家間競争の関係について平易に述べていく。

2. 接続性の歴史的な発展と競争

大航海時代までは、世界の交通は内水の水運と陸路であった。前者は小規模な舟運（しゅううん）であり、後者は馬やラクダによるものであった。洋の東西をまたぐことができたのは、マルコ＝ポーロの旅のように、ラクダや馬など、移動用の動物の力によった。モンゴル帝国は、現在の一帯一路の版図を征服したが、それは馬の力であった。もし馬に人間なみの知性があれば、馬が世界を支配したかもしれない。馬を休める所に拠点がおかれ、交通路が発達し、交通路にそって都市が生まれ、富が蓄えられた。この構図は現在も同じである。ただ手段が進化したのみである。

大航海時代によって、海の優位性が増した。港湾の整備が重視され、航路が開拓された。そのためのインフラとして灯台が設置され、後に経済学で公共財の代表例とされるほど、普遍的なインフラとなった。これが含意することは、海は陸に比べて、競争性が高いということであろうか。むろん港湾の設置や海図作成のように海のインフラには技術も予算も必要であり、そこには、貿易にかける国家の意志がかかわっている。これは二〇世紀以降の空路について一層強く現れる。

陸路に比べて、接続性の概念は海では見えづらい。なぜなら鉄路や道路は、敷設する時点で、それなりの需要が明白であり、後に赤字となってたとえ廃線・廃道となろうとも全体として廃止率は未だ半分を超えない。しかし航路や港湾や空港は、活用されずともインフラとしてすぐに廃止されるわけではない。

北海道を事例に考えてみよう。北海道の留萌（るもい）港は、サハリンや沿海州との貨物物流を目指していたが、ほとんど実績がない。サハリンのコルサコフと稚内（わっかない）を結ぶ定期航路（夏季）は、（日本の南樺太放棄以来なくなっていたが）ソ連崩壊後に開設され二〇〇〇年代には活況を呈したものの、その後減少の一途をたどり、二〇一八年に休止された。北海道では新千歳空港をアジアの空港のハブ拠点にする構想が一〇年以上にわたって掲げられてきたが、仁川や上海に劣後する。陸路と異なって港や空港は、行先の選択肢が多い分、競争も激しいのである。

また海路には、ホルムズ海峡やマラッカ海峡のようなチョーク・ポイントがあり、代替ルートの開発ができたとしても（ロンボク海峡）、迂回のコストが高い。二〇二一年にスエズ運河で日本の貨物船が座礁し、数週間にわたって運河通航が止まったことで、世界の物流が大混乱したことを想起すればよい。さらに海上輸送は、スピードアップが難しく、将来的には陸上の技術革新に伴うスピードアップ（即ちリードタイム）に劣後する。航空輸送との競争においても、化石燃料は難しいとしても希少鉱物資源の貨物輸送が拡大すれば、ウクライナ戦争まで資源輸送としての海路は相対的に減少する可能性さえあった。ホルムズ海峡を通るタンカーの保険料は高騰しており、世界の物流に大きな影を落としていた。

一方で陸路には優位性がある。陸路は、軍民共用にしやすい。港湾が軍民共用となるには、軍事戦略上の適地であるという条件に加えて、かなりの規模（大きさ、深さ）と湾奥のような地理的要衝でなければならない。加えて、軍港都市としてのインフラ整備には、軍用水道、発電、要塞化、教育などの民生施設等の莫大な投資と、それを推進する中央政府・地方政府の政治的合意と意思決定が必要となる（玉井　2020）。敵に機雷等で妨害されれば、その掃海にはコストや時間をかなり要する。空港については軍港ほどではないにせよ、千歳で行われているような発着枠・時間帯の軍民配分が必要であり、加えて訓練等に伴う騒音問題などの社会的費用がかさむこととなる。一般に制空権や制海権に対して陸路制圧に対する防御は、通常は、軍事車両の移動、信号、侵入防止等の最低限のインフラを整備すれば事足りるのである。たとえば陸路に地雷が敷設されるのは、よほど戦況が不利になってからか、ゲリラ戦、テロ等に限られる。また陸路は寸断されたとしても、比較的少ない予算と強い意志さえあれば技術的には復旧が早い。一九九五年の阪神大震災後に高架橋が崩落した山陽新幹線が四か月弱で復旧したのに対して、二〇一八年の台風二一号で関空連絡橋にタンカーが衝突し片側が破損した際に完全復旧に七か月をも要したのは、陸海の差と、国家としての意志の軽重の問題であると評される。

3. 資源地政学

地政学の観点から接続性を考えることは、1で述べた国境と接続性の相克をとらえることとなる。グローバル化が進んだとはいえ、企業が独自の接続性を高める努力をするには限界がある。なぜならインフラは主権国家の制度に服さねばならないためである。たとえば、モンゴルと中国についてみてみよう。

かつて戦前の日本で、東北地方の草原に一本の単線が伸びていたのをみて、これが帝国日本の大動脈東北本線であると知り、その貧弱さに愕然としたことが、ある日本の小説で描かれている。同様に、ユーラシアの大動脈であるシベリア鉄道から北京に向かう鉄路、すなわちモンゴルを南北に通るほぼ唯一の鉄道は、一本の単線で、非電化である。むろんシベリア鉄道の本線は複線電化され、その北にはバイカル・アムール鉄道が走る。モンゴルを通る鉄路を考えよう。ウランウデで分岐した支線は、緑豊かなシベリアの大地から国境の両側で二回停車し、ウランバートルに到る。国境を越えるモスクワ発着の直通の国際列車は週二、三便しかない。これとは別にウランウデからウランバートルまでの短い区間の列車もある。これはほぼ毎日運行されているが、国境を越えるときは客車はただの一両になる。これに対してロシアから石油を積んだタンク車の連結はかなり多い。モンゴルは石油をほとんど産出せず、また近年まで製油所がなかった。そのロシアからの石油輸入は鉄路によっている。

逆に、ウランバートルから南、即ち北京に向かう列車は、頻度は同じながらも、連結客車は一〇輛以上、かなり混雑する。人の流れは圧倒的に中国・モンゴル間の方がロシア・モンゴル間より多い。国境の町ザミンウード（地図1参照、広軌の東玄関）を越えると、国境の無人地帯を経て中国側の二連浩特（二連とも）に到着する。二連では、軌間が広軌から標準軌に変わるため、台車交換が行われる。こうして一夜が過ぎ、二連から客車は、高架、電化、複線の現代的な鉄道となって北京に向かう（宮脇 2022:11）。

地図1　ユーラシアの鉄道輸送ルート

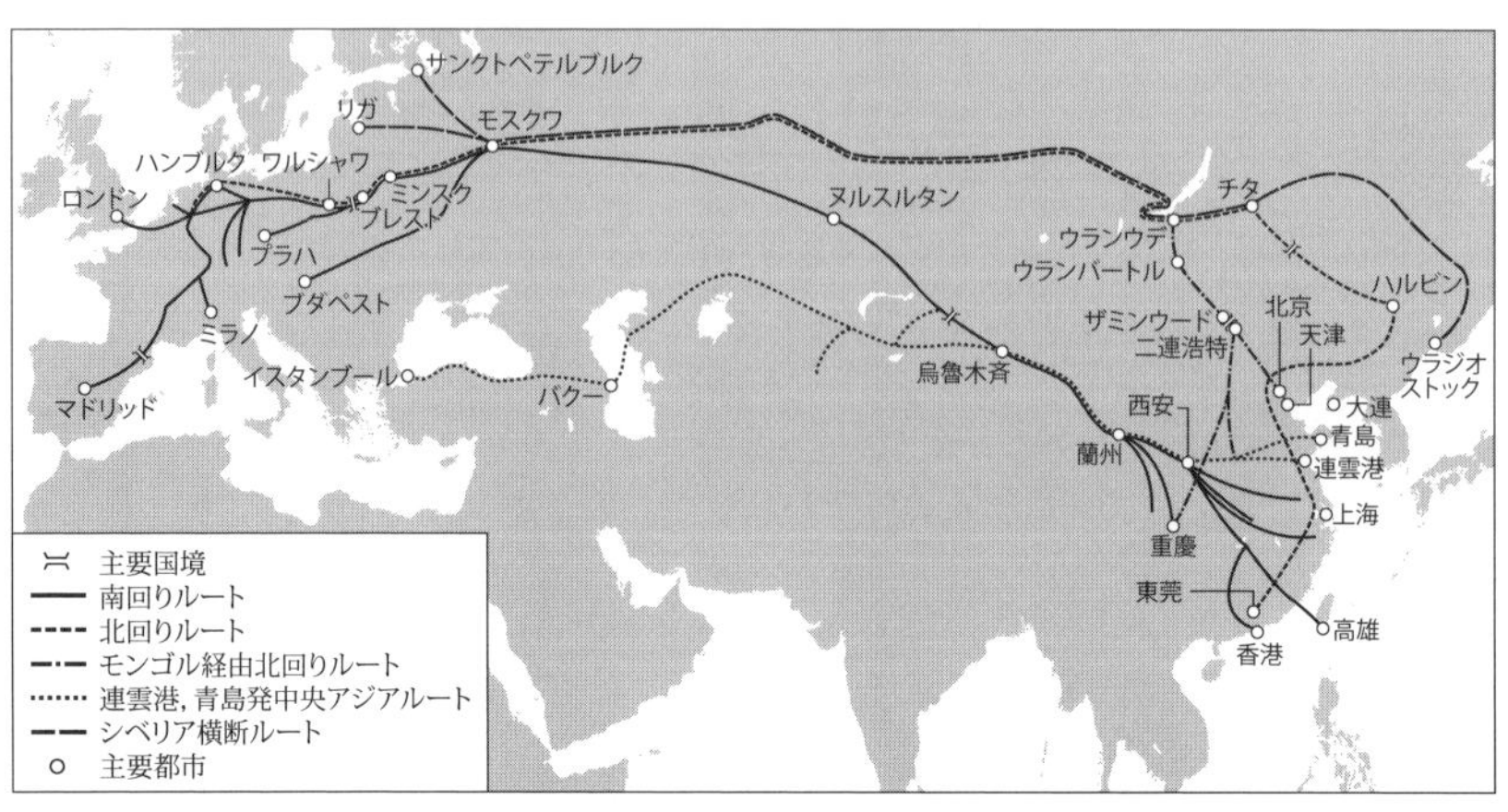

http://www.nittsu.co.jp/railfreight/ を基に作成

このウランウデ・ウランバートル・北京の鉄道が開通したのは、中ソ蜜月の時代である。この列車に多くの中国人が乗ってモスクワに留学した。しかし中ソ対立により鉄路の果たす役割は減り、その後の中ソ和解、中露協調により現在に至るものの、ブレストと異なり、鉄道インフラの延伸や電化等についてはほとんど進まなかった。ただし日本は、民主化後のモンゴルに対するODA事業として、ウランバートルから北の既存鉄路のインフラ整備を支援した。中国は、このボトルネックとなっている軌間変更に対して、軌間可変（フリーゲージ）列車の開発を行っており、二〇二二年からそれが導入される予定である。

また産炭国モンゴルの南部の炭田からは良質の石炭が中国に大量に輸出され、モンゴルは中国の石炭輸入先の五位を占めている。国境をトラックで越境し、中国側の高速鉄道に接続していたが、CO_2排出量削減や積み替えコストの観点から、国境をまたぐ鉄路建設が中国側から提案された。実際に、コロナ禍により、国境を越えるトラック運転手の健康管理と国境閉鎖のため、二〇二〇年三月には一か月程度、対中石炭輸送はストップした。ただし、提案された軌間は中国と同じ標準軌である。これに対してモンゴル国内では中国に対する警戒の世論も高まった。それは鉄路とともに戦車が南から来るのではないかという心理的恐怖によっていた。数年にわたる論争を経て、中モ両国は標準軌による鉄路建設に合意し、近年ようやく完成をみた。

ここに両国の政治的意思の転換がある。中国とモンゴルは歴史的に対立してきた期間が比較的長い。鉄路と戦車の組み合わせの発想も、そうした歴史によって増長される。モンゴルでは二〇〇〇年代まで、主要幹線国道のほとんどが未舗装であった。その理由として中国の戦車が通りにくいようにするためであるとモンゴル人が話すことがある。その真偽はともかくとしても、接続性の高さは、否応なく、軍事的に脆弱になることにかわりはない。それは陸に限らず、海、空、情報などでも同じである。ここに接続性を高めて貿易やネットワークの富を得ようとする国家の努力と、軍事的側面を両立させようとする国家の焦燥が並立することとなる。同時に、接続性を高めることは、経済的、文化的に依存を深めることでもある。相互依存が道徳的か否かという問いが二〇世紀の米中関係で問われた。東西貿易はソ連にプラスか否かも同様に問われた。接続性が高めるところの貿易やネットワーク化は、一見中立的なようで、実のところ中立的な色をしていない。ここには、接続性は果たして独立変数なのか、という問いが横たわっている。

地図２　Trans Adriatic Pipeline（TAP）

https://www.tap-ag.com/

4．媒介変数としての接続性

資源地政学的に考えてみよう。国家は資源戦略を立てる。その戦略にしたがって、接続性を高めようとする。それゆえ、接続性が高いことは、資源地政学的に有利となる。ここに国家を独立変数、富を従属変数として、媒介変数としての接続性を定位できる。

イタリアとアルバニアはアドリア海を隔てている。歴史的にイタリアはアルバニアに影響力を行使してきた。一九九〇年代のアルバニアの騒乱の際には多くの難民は、隣国の旧ユーゴスラビアやギリシャよりも、海を渡ってイタリアに押し寄せた。人はなぜ陸続きの隣国に向かわず、海を越えるのか。ここにカンナの問いに共通するネットワークへの依存がある。ただしカンナ的理解と異なり、これらのネットワークの大部分は、歴史的に形成されたものを増大させているに過ぎない。すなわち経路依存的なのである。

二一世紀になって、アルバニアを含むバルカン半島は経済

地図3　ユーラシア西部のガスパイプライン

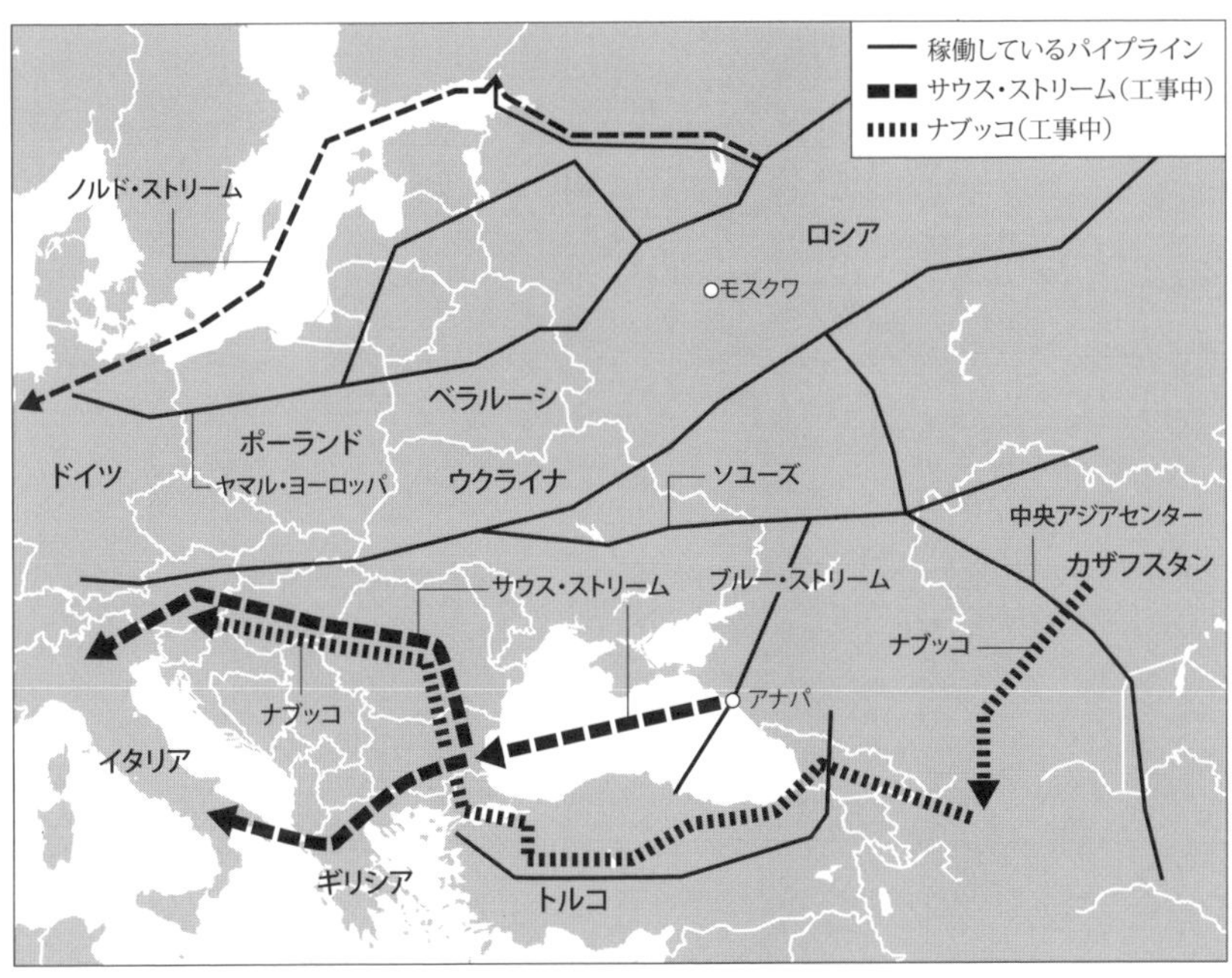

http://www.pontoaporto.blogspot.com を基に作成

的に安定し、水力発電が余るようになった。他方イタリアは電力が慢性的に不足している。そこで、海底ケーブルで送電する計画が浮上している。これをTAP（トランス・アドリア海・パイプライン）として併設することでコストが比較的安くなると試算されている。TAPはロシア・コーカサス→トルコ→ギリシャ→アルバニア→イタリアのルートである（地図2参照）。

これに対抗して、アルバニアの北隣のモンテネグロも同じくイタリアに海底ケーブルで売電を考えている。これは、ルーマニア→セルビア→ボスニア・ヘルツェゴビナ→モンテネグロ→イタリアの経路であり、二〇一九年にイタリアとモンテネグロの両国の大統領が共同声明で発表した。

パイプラインやケーブル敷設費用が廉価で、手続きが煩雑でなければ、こうした競争は経済原理上のものである。しかし、国家の地政学的思惑や、利権が生じると、たちまち政治化し、接続性は国家的接続性に変質する。上記のパイプライン・ケーブルをめぐる競争は、バルカン半島における主導権争いを反映し、EU加盟候補国間の競争を激化させる。ノルド・ストリームがバルト三国やポーランドをわざわざ迂回して敷設されたのと同じく、ここには経済合理性を超える国家意志が介在している。この意味で、接続性は従属変数であり、時に媒介変数となっても、独立変数とはなっていない。つまり接続性が国家間関係を変えることはないことになる（地図3）。

5．関係が脆弱であれば接続性は高まらない

国家間の関係が低調であるときに、接続性が高まることはあるだろうか。巨大都市間の競争が激しい二一世紀において、それは容易なことのように思われる。しかし現実には、少なくとも資源面では、困難である。実現するためには、かなりの政治的努力を要するのである。

北海道とサハリンの間には宗谷海峡がある。水深は浅く一〇〇メートル程度であり、津軽海峡の半分、アドリア海の一〇分の一の浅さである。海峡の幅はドーバー海峡よりも狭い。それではなぜここに橋もトンネルも、送電ケーブルも、パイプラインもないのか。サハリンには、一九九〇年代から日本企業も参入して開発したサハリン2が北部にある。サハリン島内では石油や天然ガスがパイプラインで輸送され、コルサコフ近郊の貨物港で液化され、LNGとして日本などにタンカーで積み出しされている。ま

たサハリンでは電力が余っている。

　これまで多くの構想がこの海峡をつなげようとした。クリミア占領までプーチンは、パイプライン延伸に大いに乗り気であったといわれるし、日本側では安倍政権と経産省はかなり前のめりであった。架橋の話も浮かんでは消えた。ここで接続性が改善しないのは、政治的意志の欠如、具体的には警戒論と反対勢力が存在していることである。モンゴルの軌間論争のほどには、日本国内でパイプライン論争が盛り上がることはない。ただ業界内の競争、省庁間の競争、アメリカの意向といった、はっきりとはいないが否定もできないというレベルでの構造的対立がある。これを乗り越える政治的意思は日本側にはなかった。そのうち、長期にわたった安倍政権は終わり、二〇二二年のウクライナ戦争により、ロシアがパイプラインを恫喝(どうかつ)に使い、ドイツがノルド・ストリーム2を放棄し、脱炭素の流れが不可逆な中にあっては、この構想が日の目を再び見るのは、随分と先のことになろう。このように接続性は、国境を越えるに際して大きな政治的意思を必要とする。

　そうであれば、政治的意思の形成にあたって政治体制との関係も重要な要素となろう。数少ない事例をもとにすれば、民主主義国同士、あるいは非民主主義国同士のほうが資源移送の政治的障害は少なく、民主主義・非民主主義国間の障害は比較的多い。むろん政治体制を独立変数とするというよりは、同盟、経済統合といった変数との関連でとらえるべき事例も多い。

　ノルド・ストリーム2が稼働することはもはやないとドイツ外交の専門家は言う。これは、接続性が万能ではないことを物語る。石炭の時代が去ると、炭鉱は閉山し、産炭地への鉄道は廃線となった。接続性は可逆的である。将来、化石燃料の消費が大幅に減ると、どこでもパイプラインは用なしになり、万里の長城のような遺構、あるいは産業遺産として資源観光の対象と化す。

6. 従属変数・媒介変数にとどまらない接続性と民主主義

ところが接続性が政治の従属変数にとどまらない事例があった。これが一九八〇年代の東西欧州であった。当時、二〇世紀の冷戦後期の厳しい対立（いわゆる新冷戦）では、ソ連のアフガニスタン侵攻、サハロフのゴーリキー追放、ポーランドの戒厳令が西側の世論に衝撃を与えた。アメリカの対ソ最恵国待遇（MFN）供与の議論はとまり、東西貿易は急減し、人の移動やスポーツ交流も激減した。アメリカは、一九六〇年代から接続されていたソ連から西欧とりわけ西ドイツ、イタリアに延びるパイプラインを敵視した。しかし、西ドイツはこれに抗い、パイプラインの稼働と維持を求め、その通りとなった。ここに米欧分断がみられた（山本 1982）。

ここまでは二〇二二年のウクライナ戦争時と類似の現象であった。ただし当時は、アフガニスタン侵攻の血なまぐささは、西側に現在ほど伝わってこなかった。一九八〇年代から二〇二〇年代までの四〇年間に情報伝達の媒体が進化したことが、危機に瀕する民主主義国の世論を揺れやすいものにしている。人道的な観点からソマリアに介入し、米兵の遺体がひきずられた場面が報道されるや、撤退論が急激に高まった一九九〇年代のアメリカから世論はあまり進化していないが、情報技術のみ進化し、戦場の悲惨な光景や人間の人間らしい悲痛がスマートフォンを直撃する。

ここで、ガスに罪はあるかという論争が惹起される。「ウクライナ人の血の匂いがする」（ゼレンスキー）石油やガスをEU諸国は消費することの是非である。ここには人道性の論理と貿易の論理がある。しかし人道性の論理もまた、万能ではない。ロシアからの石油やガスがなければ、EU諸国は経済的に疲弊するだけでなく、価格高騰によりエネルギー貧困層が拡大する。すでにウクライナ戦争においてイタリアではガス代が暴騰して生活を直撃し、いずれ市民生活は厳しい状態におかれ、ひいては人道的な危機につながる可能性がある。いわゆる「返り血」である。

戦争のようなむき出しの暴力は、社会的な問題としてフレーミングされるまでに時間を要しないが、経済的暴力が認知されるにはかなりの時間を要するため、事態を認識した時には多くの個人が生命や財産を失っていた、ということがありうる。それは、二〇二〇年から各国を襲ったコロナ禍で移動の自由が制限されたことで、結果的に多くの破産、離職、自死を生んでしまったことを見れば、予想可能な未来である。人道が普遍であるならば、血の匂いがするガスを買わずして失う人命もまた尊いものであり、代えがたいものである。人類が共通の政治空間には共存せず、グローバル化がいくら進んでも経済空間は未だ多くの商圏に分かれていることによって、接続性の遮断は一方だけでなく他方でも危機を起こしてしまうのである。

7．対ロシア制裁と接続性

二〇二二年のウクライナ戦争をめぐる対ロシア制裁は、既存の接続性と経済制裁という政治的意思の関係を再度問うこととなった。

その選択の背景には、制裁参加国の地理的位置がかかわっている。

ウクライナ戦争が接続性をめぐる状況を変えた大きな第一の点は、制裁発動という政治的意思が接続性を遮断することの重みである。既存の接続性のうち、ノルド・ストリーム2は稼働延期となったがノルド・ストリーム1をすぐさま止めることはできなかった（二〇二二年三月の脱稿時点）。いわゆる「返り血」を浴びることの辛さは、政治的には人道規範に勝るのである。なぜなら、ウクライナ人はドイツ等で選挙権を行使できないためである。物価暴騰や国内の経済危機によって政権が短命化することは、核大国に向き合う各国にとっても国民にとっても合理的ではないだろう。

ウクライナ戦争が変えた第二の点は、接続性の低下と遮断である。欧州諸国とロシアが相互に航空機発着を禁じ、結果的に空路を閉鎖することとなった。これはすでに、欧米のクレジットカードの利用停止などと同様に二〇一四年のクリミア占領時の制裁案として大いに議論されていたが実行されなかったもので、プーチン政権にとっては想定内であった。

さて、ロシア領空通過ができなくなると、アジアから欧州への航空便は、アンカレッジなどの北米側の北極回りとなり、東京－ロンドンは現在の一〇時間程度から一六時間程度となる（アンカレッジで給油した場合にはさらに数時間）。しかし、ロシアにとって非友好国でない中国はロシア領空を利用できるため、中国の欧州ビジネスでの優位性が高まる。

別の一例を考えてみよう。国連総会での対ロ非難決議（二〇二二年三月二日）を棄権したモンゴルに、対ロ制裁に参加する政治的選択肢はあるのか。ロシアの「非友好国」に指定されれば、モンゴルは数少ない空路のうち、モスクワ便を失うこととなり、フランクフルト便も南回りとなれば直航路線としては維持できないであろう。鉄路も遮断されるならば、モスクワ・ウランバートル・北京の国際鉄道は運行停止され、いずれ、カザフスタン経由に取って代わられるであろう。日本のODAによって新設されたウランバートル新空港のハブ化の夢は無残に崩壊し、同国が掲げてきた「草原の道」から「道」はなくなってしまう。それとも、日本などの制裁参加国は、自国の税金を用いてモンゴルの経済を十全に支援するだろうか。バイデンの掲げる「民主主義」対「専制主義」の闘いは、敵のみならず、味方を苦しめることとなり、自由世界にも共苦を強い、列伍を乱す国を恫喝するのである。それはかつてソ連が東側諸国に行ってきたことと同じ程度の政治的手法に過ぎない。

むろん、バイデン政権の求めに応じて、日本がドイツにLNGを融通することが発表されたように、民主主義国同士の協力は存在する。しかしドイツには未だ一つのLNG基地もなく、これから建設したとして、それは日独互いに負担を強いるものである。

第三の点は、一帯一路の縮小可能性である。一帯一路構想では、ウクライナかロシアかいずれかを通らなければ欧州には達しない。むろんトルコを経由することはできるが、そのためには中国→カザフスタン→トルクメニスタン→イラン→トルコとなり、迂回とコストがかかる（地図1）。これでは、バルト三国・ポーランドから南へ向かう「翡翠（ひすい）の道」と交差することができず、一帯一路は中途半端なものとなってしまい文字通り輝きを失う。ウクライナが一帯一路にとって重要であるのは、中国企業がウクライナの港湾や地下鉄の整備事業を担い、二〇二〇年にキーウで中国の通信機器大手、華為技術（ファーウェイ）との間で了解覚書に調印したという報道をもってしても明白である。中国が二〇二一年に輸入したトウモロコシの三〇%はウクライナ産だといわれる。こうしてロシア（あるいは加えてウクライナ）の西部国境にひかれた「鉄のカーテン」（チャーチル、そしてゼレンスキーも引用）によって、鉄のシルクロードは通行止めとなり、翡翠の道と交わることもない。

参考文献（和書のみ）

稲垣文昭・玉井良尚・宮脇昇編『資源地政学』法律文化社、二〇二〇年
バラク・カンナ、尼丁千津子・木村高子訳『「接続性」の地政学　上・下』原書房、二〇一七年
周瑋生編『SDGs時代のサスティナビリティ学』法律文化社、二〇二二年
宮脇昇・樋口恵佳・浦部浩之編『国境の時代』大学教育出版、二〇二二年
玉井良尚『制水権』国際書院、二〇二一年
ハンス・J・モーゲンソー、木村修三・山本義彰訳『アメリカ外交政策の刷新』鹿島研究所出版会、一九七四年
山本武彦『経済制裁』日本経済新聞社、一九八二年

あとがき

公益財団法人日本国際フォーラムは、一九八七年の創立以来、政府から独立した民間・非営利・非党派の、外交・国際問題に関する政策シンクタンクとして、自由な市民の立場から日本の対外関係や国際社会全体のあるべき姿について調査・研究し、多くの提言を行ってきた。

この間、世界は冷戦の終焉を迎え、国際社会の多極化や無極化が進行するポスト冷戦時代へと変遷をとげたが、それに伴い、世界秩序の分析や地域情勢の判断には、これまで以上に多様な研究者の複眼的なアプローチが求められるようになったといえる。

また、近年では、既存の国際秩序の基調たる「リベラル・グローバリズム」が、中国等の新興国が展開する「非リベラル・グローバリズム」の挑戦を受けるようになり、さらにＡＩ・サイバー等の「テクノ・グローバリズム」や新型コロナ禍のような「グローバル・パンデミック」が国際社会に不可逆的な影響を及ぼしつつある。かくして二一世紀世界は「多元的グローバリズム」というべき時代に突入したといえる。

しかし、残念なことに、現在の日本には、そうした「世界の中の日本」のトータルな将来像について戦略的に構想し、具体的な政策へと結びつけることのできるシンクタンクがほとんどない。

私ども日本国際フォーラムは、そうした数少ない外交・国際問題に関するシンクタンクの一つといえる。

こうした問題意識を踏まえて、当フォーラムは、外務省から補助金を得て、二〇二〇年度より三年にわたり、七つの研究会からなる大型研究プロジェクト『多元的グローバリズム』時代の日本の総合外交戦略」を発足させた。本事業は、前述の新旧様々な「グローバリズム」の潮流が、相互に多元的かつ重層的な影響を与えながら世界の多極化が展開されている中で、これら複層的な世界的潮流を踏まえた日本の総合外交戦略を提言することを目的としている。

とりわけ、本プロジェクトの研究会のうち、「ユーラシア・ダイナミズムと日本外交」研究会（主査：渡邊啓貴教授）では、これまでユーラシア地域を大きく、「中国」、「ロシア」、「欧州」という三つの勢力圏に分類し、その三勢力圏における相互力学のメカニズムとこの三勢力圏の狭間に位置する国々の政治経済力学についての分析・検証を行い、日本の対ユーラシア政策への示唆を与えてきた。

昨年度からはこの三勢力圏にプラスして、ユーラシア地域における重要な地理的概念を構成する、米国、中東の視点や米露軍事戦略の動向、及び保健衛生的グローバルガバナンスの視点を加え、同地域における複合的影響圏の政治力学に関する分析も開始した。

さらに、本研究会の特徴の一つである「狭間の地政学」研究を一層深化させるべく、勢力圏と狭間の国の外縁である「コネクティヴィティ（接続性・連結性）」にも着目し、多角的・多国間的秩序形成及び広義の安全保障共同体の形成などを通して、地域パワーとしての日本外交のあるべき姿を模索中だ。

しかるところ、本研究会では、その活動の成果を、広く市民社会のみなさまに知っていただくために、本書を出版することとした。

そもそも、当フォーラムの強みは、日本では珍しい独立系シンクタンクとして、自由かつ創造的な戦略的アプローチに基づき構想・発信できる点にある。二〇一四年八月に発表した『積極的平和主義と日本の針路』と題する政策提言は、当時の安倍晋三首相が提唱する「積極的平和主義」の下、日本外交を強力にサポートでき、我々にとって大きな励みとなった。

また、我々は二〇二二年に設立三五年を迎えるが、この間、ほぼ全世界を網羅する多角的かつ重層的な人的ネットワークを構築することができたのは大いなる財産といえる。

今後の目標としては、ずばり、日本外交における中核機能を担う頭脳集団として、世界最先端の研究・提言活動を行うことはもとより、創造的なアイデアと長年積み上げてきた人的ネットワークを通じて、シンクタンクの新たなビジネスモデルを提案したい。

とはいえ、我々の活動を支えているのは、市民社会のみなさまである。とくに、その趣旨に賛同する会員のみなさまのご参加とご貢献は絶大である。それは当フォーラムの活動を通じて、会員のみなさまお一人おひとりが、激動する国際社会の真の原動力となっている情報やパワーと直結することに他ならない。

いささか手前みそになるが、当フォーラムでは、世界各国の主要シンクタンクや政府機関そして官民の諸団体・個人との双方向の緊密な協力体制を確立している。これらネットワークを通じて、マスメディアやインターネットでは手に入らない世界の最新情報が、我々の手許に日々、届けられている。

これは言い換えると、日本はもとより世界各国の Policy Circles（各国の政策決定に直接影響力をもつパワーエリートのグループ）との日常的な対話は、ＣＮＮあるいはＢＢＣに映しだされる世界の出来事を、より一層身近なものにする。

ではなぜ、当フォーラムは「研究所」ではなく「フォーラム」なのか。それは、「フォーラム」という言葉が、学者・研究者だけの集まりではなく、経済界、政界、官界など各界第一線でご活躍のみなさまにも開かれた市民社会のシンクタンクにしたいという思いに尽きる。各界のオピニオンリーダーが一堂に会し、共通の言葉で議論をし、その成果を国内外の政府や世論に訴え、日本そして国際社会全体を動かしてゆく、という営みは、我々のもつ大きな特徴の一つである。

是非、本書を通じて、当フォーラムの「IN THE LOOP」（英語で「最新の情報を得ることができる限られた人の中に入ること」を意味する）の世界にお迎えできればと考えている。

最後に、帝京大学教授の渡邊啓貴先生と中央公論新社の山田有紀氏、金澤智之氏には本当にお世話になった。三人の理解者がいなければ、この本の上梓のめどは立っていなかったかもしれない。

また、「ユーラシア・ダイナミズムと日本外交」研究会のメンバーである、廣瀬陽子先生、杉田弘毅先生、今井宏平先生、宇山智彦先生、小泉悠先生、詫摩佳代先生、土屋大洋先生、三船恵美先生、松嵜英也先生、ギブール・ドラモット先生には、折に触れて分析の勘所を教えていただいている。このほか、山本忠通大使、広瀬公巳先生、宮脇昇先生にも多くのご示唆をいただいた。

さらに、本書刊行にあたっては、当フォーラム主任研究員の高畑洋平氏に、担当ディレクターとして企画・制作における調整役を果たしていただいた。研究助手の兼定愛氏とハディ・ハーニ氏にも、縁の下の力持ちとしてサポート役を務めていただいた。ここに名前を記した方以外にも、当フォーラムに関わるすべての方々にこの場をお借りして改めて感謝申し上げたい。

二〇二二年　初夏

日本国際フォーラム理事長
渡辺まゆ

■第一二章

土屋大洋（つちや・もとひろ）

1970年生まれ。慶應義塾大学教授、慶應義塾常任理事。専門は国際関係論。著書に『情報とグローバル・ガバナンス――インターネットから見た国家』（慶應義塾大学出版会、2001年）、『ネット・ポリティックス――9.11以降の世界の情報戦略』（岩波書店、2003年、第19回テレコム社会科学賞受賞）、『ネットワーク・ヘゲモニー――「帝国」の情報戦略』（NTT出版、2011年）、『サイバー・テロ　日米vs.中国』（文藝春秋、2012年）、『サイバーグレートゲーム――政治・経済・技術とデータをめぐる地政学』（千倉書房、2020年）など。

■第一三章

詫摩佳代（たくま・かよ）

1981年生まれ。東京都立大学教授。専門はグローバル・ヘルス・ガバナンスと国際政治。2020年『人類と病』（中公新書）でサントリー学芸賞を受賞。著書に『国際政治のなかの国際保健事業――国際連盟保健機関から世界保健機関、ユニセフへ』（安田佳代、ミネルヴァ書房、2014年）、共著に『新しい地政学』（東洋経済新報社、2020年）、『グローバル保健ガバナンス』（東信堂、2020年）など。

■第一四章

宮脇　昇（みやわき・のぼる）

1969年生まれ。立命館大学教授。専門は国際政治における安全保障。著書に『CSCE人権レジームの研究――「ヘルシンキ宣言」は冷戦を終わらせた』（国際書院、2003年）、『ロシア兵捕虜が歩いたマツヤマ――日露戦争下の国際交流』（愛媛新聞社、2005年）、『戦争と民主主義の国際政治学』（日本経済評論社、2021年）、共編著に『改訂第二版　新グローバル公共政策』（晃洋書房、2021年）、『国境の時代』（大学教育出版、2022年）など。

■第五章

杉田弘毅（すぎた・ひろき）

（第一章参照）

■第六章

三船恵美（みふね・えみ）

駒澤大学教授。専門は現代中国の外交・国際関係論。日本国際フォーラム上席研究員。平和・安全保障研究所研究委員。『基礎から学ぶ国際関係論』（泉文堂、2015年）、『中国外交戦略　その根底にあるもの』（講談社選書メチエ、2016年）、『米中露パワーシフトと日本』（勁草書房、2017年）、『米中覇権競争と日本』（勁草書房、2021年）、『中国外交史』（分担執筆、東京大学出版会、2017年）など。

■第七章

小泉　悠（こいずみ・ゆう）

1982年生まれ。東京大学先端科学技術研究センター講師。専門はロシアの軍事・安全保障政策。2019年『「帝国」ロシアの地政学　「勢力圏」で読むユーラシア戦略』（東京堂出版）でサントリー学芸賞を受賞。著書に『現代ロシアの軍事戦略』（ちくま新書、2021年）、『ロシア点描　まちかどから見るプーチン帝国の素顔』（PHP研究所、2022年）など。

■第九章

広瀬公巳（ひろせ・ひろみ）

1963年生まれ。近畿大学教授。専門はインドなど南・東南アジアの地域情勢。NHKニューデリー支局長、クアラルンプール支局長、同解説委員等を経て現職。著書に『自爆攻撃～私を襲った32発の榴弾』（日本放送出版協会、2002年）、『海神襲来――インド洋大津波生存者たちの証言』（草思社、2007年）、『インドが変える世界地図　モディの衝撃』（文春新書、2019年）など。

■第一〇章

廣瀬陽子（ひろせ・ようこ）

（第一章参照）

■第一一章

今井宏平（いまい・こうへい）

（第一章参照）

ナーディル・ナデリー

アフガニスタン・ニームルーズ州生まれ。現在、アフガニスタン・イスラム共和国和平交渉団メンバー。カブールで高等教育を受け、2001年に開催されたボン会議にてアフガニスタン青年代表として参加した後、ボン条約にて規定されたアフガニスタン独立行政改革・政府官庁委員会（IARCSC）委員長や、「表現の自由」特使、アフガニスタン大統領上級顧問、アフガニスタン研究評価ユニット（AREU）長官、自由公正選挙財団会長、アフガニスタン独立人権委員会（AIHRC）委員等を歴任。2005年、タイム誌「アジアの英雄」にも選出された。

ヴィーガウダス・ウシャーツカス

リトアニア・スクオダス生まれ。ヴィリニュスおよびノルウェー、デンマークで国際政治を学び、NATOおよびEUへのリトアニア使節団顧問を務めたのち、リトアニア外務省に入省。その後リトアニアのEU・NATO加盟における主席交渉官、駐米大使、駐英大使、リトアニア共和国外務大臣、駐アフガニスタンEU代表部大使、および駐ロシアEU代表部大使等を歴任した。現在、キプロスに本社を置く航空系グローバル企業アヴィア・ソリューションズ・グループ取締役を務める。

アハメド・ラシッド

パキスタン・ラワルプンディ生まれ。ジャーナリスト・作家。イギリスで高等教育を受け、バルーチスタン高原にてパキスタン軍事独裁政権に対する反政府運動に参加したのち著述活動に専念。英デイリー・テレグラフ紙にて、主にアフガニスタン、パキスタン、中央アジア諸国を担当する記者として20年以上従事し、複数の欧米系・パキスタン系メディアや学術誌にも寄稿するなど、多くの著作がある。2000年に発行された著書『タリバン』はベストセラーとなり、日本語を含む22か国語に翻訳され、150万部以上を売り上げた。

■第三章

宇山智彦（うやま・ともひこ）

（第一章参照）

■第四章

高畑洋平（たかはた・ようへい）

1983年生まれ。日本国際フォーラム主任研究員、グローバル・フォーラム世話人・事務局長。早稲田大学大学院修了。2009年日本国際フォーラムに入所後、「e－論壇」編集主幹、グローバル・フォーラム常任世話人などを歴任し、2018年より現職。現在、広報戦略主幹・理事長補佐を兼任。主な業績として、共著『各種の中長期的国際情勢予測に関する研究報告書』（日本国際フォーラム、2010年）がある。

廣瀬陽子（ひろせ・ようこ）

1972年生まれ。慶應義塾大学教授、日本国際フォーラム上席研究員。専門は旧ソビエト連邦地域の国際関係。著書に『旧ソ連地域と紛争――石油・民族・テロをめぐる地政学』（慶應義塾大学出版会、2005年）、『コーカサス――国際関係の十字路』（集英社新書、2008年）、『未承認国家と覇権なき世界』（NHKブックス、2014年）、『ロシアと中国――反米の戦略』（ちくま新書、2018年）、『ハイブリッド戦争　ロシアの新しい国家戦略』（講談社現代新書、2021年）など。

松嵜英也（まつざき・ひでや）

1987年生まれ。津田塾大学学芸学部国際関係学科講師。上智大学大学院グローバル・スタディーズ研究科国際関係論専攻博士課程単位取得満期退学。2019年から現職、専門はウクライナ・モルドヴァ現代政治史、比較政治、国際政治。近著に『民族自決運動の比較政治史：クリミアと沿ドニエストル』（晃洋書房）。

オフルィズコ・ヴォロディミル

ウクライナ・キーウ生まれ。1978年、当時のウクライナ・ソヴィエト社会主義共和国外務省に報道官として入省。ウクライナ軍報道官および書記、外務省報道局書記、さらに参事官室一等書記等を歴任。ソ連崩壊後には、駐オーストリア・ウクライナ大使および複数の国際機関におけるウクライナ常任代表を務めた。2007年から2009年までユシチェンコ大統領のもとウクライナ外務大臣を務めたのち、ウクライナ国家安全保障・国防会議第一副書記を歴任。

■第二章

山本忠通（やまもと・ただみち）

1974年外務省入省、在イギリス、フィリピン、米国大使館勤務。ウルグアイ・ラウンド・サービス交渉主席交渉官、南東アジア第一課長としてカンボディア和平を担当。外務大臣秘書官、北米局北米第一課長、在韓国及び在米国大使館政務公使、在米国大使館特命全権公使、ボストン総領事、外広報文化交流部長、ユネスコ日本政府代表部特命全権大使、アフガニスタン・パキスタン支援担当政府代表、ハンガリー国駐箚特命全権大使などを歴任。2014年10月から国連アフガニスタン支援ミッション（UNAMA）の事務総長副特別代表、2016年3月からアフガニスタン担当の国連事務総長特別代表（～2020年3月）。

監修者・著者紹介

■監修・序論・第八章

渡邊啓貴（わたなべ・ひろたか）

1954年生まれ。日本国際フォーラム理事・上席研究員、帝京大学教授、東京外国語大学名誉教授、国際歴史学会議理事。専門は国際関係論、フランス外交史。東京外国語大学国際関係研究所所長等を経て現職。高等研究大学院（パリ）、ジョージ・ワシントン大学シグール・アジア研究センター客員教授、『外交』編集委員長、グローバル・ガバナンス学会会長、在仏日本国大使館広報文化担当公使等を歴任。1992年『ミッテラン時代のフランス』（芦書房）で渋沢クローデル賞受賞。著書に『フランス現代史――英雄の時代から保革共存へ』（中公新書、1998年）、『ポスト帝国――二つの普遍主義の衝突』（駿河台出版社、2006年）、『米欧同盟の協調と対立――二十一世紀国際社会の構造』（有斐閣、2008年）、『シャルル・ドゴール――民主主義の中のリーダーシップへの苦闘』（慶應義塾大学出版会、2013年）、『アメリカとヨーロッパ――揺れる同盟の80年』（中公新書、2018年）など。

■第一章

今井宏平（いまい・こうへい）

1981年生まれ。日本貿易振興機構アジア経済研究所研究員。専門は現代トルコ外交。著書に『中東秩序をめぐる現代トルコ外交――平和と安定の模索』（ミネルヴァ書房、2015年）、『トルコ現代史――オスマン帝国崩壊からエルドアンの時代まで』（中公新書、2017年）、『国際政治理論の射程と限界』（中央大学出版部、2017年）、編著書に『教養としての中東政治』（ミネルヴァ書房、2022年）など。

宇山智彦（うやま・ともひこ）

1967年生まれ。北海道大学スラブ・ユーラシア研究センター教授。専門は中央ユーラシア近現代史、旧ソ連諸国政治、比較帝国史。編著書に『ロシア革命とソ連の世紀5 越境する革命と民族』（岩波書店、2017年）、『ユーラシア近代帝国と現代世界』（ミネルヴァ書房、2016年）、共編著に『現代中央アジア――政治・経済・社会』（日本評論社、2018年）、『日本の中央アジア外交――試される地域戦略』（北海道大学出版会、2009年）など。

杉田弘毅（すぎた・ひろき）

1957年生まれ。共同通信社特別編集委員。同社テヘラン支局長、ワシントン支局長、論説委員長などを経て現職。明治大学特任教授兼務、2021年度日本記者クラブ賞受賞。著書に『検証 非核の選択　核の現場を追う』（岩波書店、2005年）、『アメリカはなぜ変われるのか』（ちくま新書、2009年）、『「ポスト・グローバル時代」の地政学』（新潮選書、2017年）、『アメリカの制裁外交』（岩波新書、2020年）など。

装幀　日下充典

公益財団法人 日本国際フォーラム
The Japan Forum on International Relations

政府から独立した民間・非営利の外交・国際問題に関する総合的な研究・提言機関を日本にも設立する必要があるとの認識に基づいて、1987年3月に会員制の政策志向のシンクタンクとして設立。2011年4月に公益財団法人となる。

ユーラシア・ダイナミズムと日本(にほん)

2022年7月25日　初版発行

監修　渡邊啓貴(わたなべひろたか)
編者　公益財団法人(こうえきざいだんほうじん) 日本国際(にほんこくさい)フォーラム
発行者　安部順一
発行所　中央公論新社
〒100-8152　東京都千代田区大手町1-7-1
電話　販売 03-5299-1730　編集 03-5299-1740
URL https://www.chuko.co.jp/

DTP　今井明子
印刷　図書印刷
製本　大口製本印刷

Published by CHUOKORON-SHINSHA, INC.
Printed in Japan　ISBN978-4-12-005555-3 C0031